- 教育部人文社会科学研究"中国海外劳工权益保护的法律问题研究——从国际私法的视角"（项目编号：09YJA820039）项目资助成果
- 湖北百思特律师事务所"我国涉外劳动争议解决机制的法律研究"（项目编号：SDHS2011065）项目资助成果

我国对外劳务合作争议解决的法律问题实证研究

The Empirical Analysis on Legal Problems in Chinese Foreign-Related Labor Cooperation

范姣艳　付军华 编著

前　言

　　我国对外劳务合作争议是指我国对外劳务合作机构在组织国内务工人员到其他国家或地区从事有偿性劳务活动中,所涉对外劳务合作公司、外派劳务人员及国外雇主之间,在国内派遣阶段、在国外工作期间及回国之后一段时间内,因合同、侵权等方面的问题产生的争议。随着我国"走出去"步伐加快,越来越多的中国公民通过国际劳务合作走出国门,到世界各地谋职工作,我国对外劳务合作规模不断扩大,对外劳务合作争议也日益增多,我国对外劳务合作争议解决的法律问题逐渐引起各界重视。

　　我国对外劳务合作通常包括三方主体,即对外劳务合作企业、外派劳务人员及国外雇主,三方主体之间通常会签订合同,即对外劳务合作企业与国外雇主之间签订"外派劳务合作合同"、对外劳务合作企业与外派劳务人员之间签订"外派劳务合同"及外派劳务人员和国外雇主之间签订"雇佣合同",我国对外劳务合作通过以上三个合同确立起三种不同的法律关系,对该三种法律关系的认识决定了其争议解决机制及法律适用的不同。我国学术界对这些法律关系性质的认定广有争论。其中焦点之一即为对外劳务合作企业与外派劳务人员之间签订的"外派劳务合同"到底是"劳动合同"还是"中介合同"? 以该合同建立起来的关系到底是劳动法律关系还是民事法律关系? 如果认定为前者,则可以通过劳动争议解决机制解决争议;如果认定为后者,则不能采用劳动争议解决机制,而只能适用一般民事纠纷解决机制。同样在法律适用上,前者可以我国劳动法调整当事人之间的关系,而后者只能适用平等主体之间的民事法律解决纠纷。我国现行立法对此没有明确规定,学术界的争论也颇为激烈。理论上的分歧导致我国司法机关在解决对外劳务合作争议时出现争议解决机制不一致、法律依据多元的情形,从而带来同一或相似案件在不同法院处理程序和结果多样化;外派劳务人员及对外劳务合作企业也往往对自身行为后果缺乏可预见性。因此,我国对外劳务合作争议解决法律问题的理论研究与实务分析,对我国司法机关及相关机构公平合理地解决争议,促进我国对外劳务合作的顺利发展,以及维护我国对外劳务合作当事人的合法权益具有重要意义。

　　本书是作者在完成教育部人文社会科学研究"中国海外劳工权益保护的法律问题研究——从国际私法的视角"（项目编号：09YJA820039）之后，根据研究期间搜集的有关资料，结合主持湖北百思特律师事务所"我国涉外劳动争议解决机制的法律研究"（项目编号：SDHS2011065）项目研究完成的。鉴于我国对外劳务合作法律关系的复杂性，我国司法机关及相关部门在处理对外劳务合作纠纷时往往难以决断，当事人对自身行为亦无从很好把握，本书拟在对我国对外劳务合作法律关系进行理论分析的基础上，结合我国司法实践中处理对外劳务合作争议的相关案例，通过对其中法律关系性质的分析，以及合同、侵权、担保及刑事等各类不同案件处理的方法及法律适用进行分析，以对这些复杂的法律关系提供一些形象直观的剖析。这样，我国司法机关及相关部门在处理对外劳务合作争议时能多一些参考材料，我国对外劳务合作当事人在面对有关问题时对自身会有一个更明确的认识。因此，期望本书能为我国对外劳务合作争议解决提供一点有价值的参考。由于资料掌握的局限性，以及对理论与实践相结合把握能力的不足，本书难免会有不少瑕疵和纰漏，诚望各位朋友包涵。

范姣艳　付军华

2014年3月

内容摘要

我国对外劳务合作经历了从最初的起步到逐步发展壮大的过程。当前，我国对外劳务合作已逐步走向成熟，法律制度不断完善。对外劳务合作在我国经济中占有并将保持重要的地位。开展对外劳务合作，对我国拓宽就业渠道，提高人民生活水平具有重要意义。就公民个体而言，出国务工，虽然面临很多困难和艰辛，但出国务工人员在国外工作，开阔了视野，学习了先进的思想和理念，并带来了家庭的富裕，支援了国家经济的发展。因此，我国对外劳务合作规模不断壮大，我国出国务工人数越来越多。而由此产生的纠纷也不容忽视。这些纠纷因涉及国内外多方当事人，涉及国内外多个法律制度甚至国际条约，我国司法机关及相关机构在解决这些问题时往往面临很多困惑。尤其在当前我国立法尚不健全的形势下，我国对外劳务合作中的许多问题尚无法可依。加强对我国对外劳务合作中的理论与实践问题分析，有利于明确我国对外劳务合作纠纷解决的难点，总结我国处理对外劳务合作纠纷案件的得失与利弊，以促进我国对外劳务合作进入法制化轨道。同时，通过对案例的分析，帮助我国对外劳务合作企业、当事人明确自身权利义务，更规范地参与对外劳务合作活动，维护各方当事人的合法权益。

本书第一编为一般理论问题介绍与分析。在对我国对外劳务合作概况作简要分析之后，澄清了我国对外劳务合作中的有关概念，并分析了我国对外劳务合作中各方当事人之间的法律关系，尤其是对对外劳务合同性质进行了详细分析。在这些理论研究的基础上，本书第二编在第三章、第四章、第五章和第六章分别就我国对外劳务合作中的合同案例、侵权案例、担保及其他案例和刑事案例进行了实证分析。对这些案例的分析，有利于澄清第一编中的理论问题，同时第一编的理论分析，有利于对第二编案例的分析和理解。

目 录

第一编 一般理论问题介绍与分析

第一章 我国对外劳务合作现状分析 ·············· 3
第一节 我国对外劳务合作概况 ·············· 3
第二节 我国对外劳务合作的历史发展 ·············· 5
第三节 我国对外劳务合作存在的问题 ·············· 6
第四节 我国对外劳务合作中的争议及解决 ·············· 8
第五节 我国现行法律制度分析 ·············· 10

第二章 我国对外劳务合作的若干理论问题 ·············· 15
第一节 概念界定 ·············· 15
第二节 对外劳务合作法律关系分析 ·············· 17

第二编 案例实证分析

第三章 我国对外劳务合作中的合同案例分析 ·············· 35
第一节 我国对外劳务合作发展早期的案例 ·············· 35
第二节 我国对外劳务合作进入快速发展时期的案例 ·············· 62
第三节 我国对外劳务合作进一步成熟时期的案例 ·············· 92
第四节 海员外派劳务纠纷 ·············· 118
第五节 对外工程承包带动劳务纠纷 ·············· 123

第四章 我国对外劳务合作中的侵权案例分析 ·············· 130
第一节 人身权益受到非法侵害的案例 ·············· 135
第二节 财产权益受到侵害的案例 ·············· 147
第三节 其他权益受到侵害的案例 ·············· 157

第五章 国际劳务合作担保及其他方面案例分析 ·············· 160
第一节 担保案例 ·············· 160
第二节 其他案例 ·············· 168

第六章	对外劳务合作刑事案例分析	184
第一节	骗取出境证件罪、组织他人偷越国境罪、偷越国境罪以及走私罪	185
第二节	诈骗罪、合同诈骗罪还是非法经营罪	201
第三节	其他刑事案例	223

参考文献 ………………………………………………………… 225
后记 ……………………………………………………………… 227

第一编

一般理论问题介绍与分析

第一章 我国对外劳务合作现状分析

第一节 我国对外劳务合作概况

我国是世界上人口最多的国家,劳动力资源丰富。2009 年中国海外劳工超过 400 万,2010 年达 534 万。[①] 他们分布在全球 180 多个国家和地区,涵盖建筑工程、制造业、服装和机械加工等领域。

我国对外劳务合作主要有 6 种方式:(1)通过国际承包工程带动的劳务合作。各种形式的承包工程需要承包公司派遣相关的项目管理、设计、施工、安装调试和技术培训人员为工程项目提供劳务。这部分劳务输出量占我国整个劳务量的 80%。(2)我国对外劳务合作企业与国外雇主签订劳务合同,派出劳务人员。(3)在境外投资、兴办企业派出管理人员、技术人员及培训人员。(4)通过成套设备和技术出口需本国劳务人员进行安装调试、技术指导、人员培训等而产生的劳务合作。(5)民间劳务合作。劳动者个人通过各种渠道自己联系出国谋职。(6)招募。它是由劳务输入国政府向我国政府提出输入该国的劳务人员类别、人数和要求,经中国政府同意后,由指定的专营公司按要求选派劳务人员,并办理一切劳务输出手续。在所有这些人员中,从事非技术或低技术移民工人,即所谓从事 3D 工作(脏、累、险的工作)的人员占很大比例。据商务部有关统计数字显示,我国在海外从事制造业、建筑业和农林牧渔业的无技术或低技术劳务人员占我国劳工大军的绝大多数,约为 75%,而科

[①] 中国商务部:《2010 年我国对外劳务合作业务简明统计》,中国商务部网站,http://fec.mofcom.gov.cn/article/tjzl/lwhz/201101/1186064_1.html,下载日期:2012 年 5 月。

教文卫、设计咨询和IT服务业高技术人员所占比重均不足1%。

全球化的发展,导致了包括人力资源在内的世界资源进行重新配置,低收入地区的劳动力向高收入地区流动已经成为人口迁移流动的基本趋势。劳务输出是实现劳动力资源合理利用的重要形式。同时,大多数发达国家的人口出生率都很低,人口老龄化问题相当严重,劳动力短缺日渐成为经济增长的瓶颈,客观上形成了对劳务移民的需求。自然和社会条件发展也起到了促进作用,亲情和社会关系网带动了劳动力移动。2010年国际劳务移民总数大约2.14亿,占世界人口的3%,女性占世界移民的50%,移民工人及其家庭成员占世界移民人口总数的90%。

目前,国际劳务市场需要的劳务主要有:(1)劳动密集型:就是以体力劳动为主的一般性劳动,如建筑工人、石油工人、矿山工人、农业工人、园林工人、清洁工人等以消耗体力为主的劳务;(2)技术密集型:就是以技术技艺为主的劳动,如规划设计人员、设备安装人员、高级厨师、工程技术人员、园艺工艺人员等以自身技术为主的劳务;(3)知识密集型:就是以专业知识为主的劳动,如专家教授、高级管理人员、高级研究人员等以消耗脑力为主的劳务。中国对外劳务合作的行业领域主要分布在制造业、建筑业、农林牧渔业、交通运输业和饮食服务业。其中,建筑、纺织、渔工类劳务人员仍占外派劳务总数的80%以上。例如,2006年中国在制造业、建筑业人数都在21万以上,分别占34%,农林牧渔7万多,占12%,饮食服务行业2万,占3%。中国为国际建筑、纺织劳务和海员的重要来源地。此外,也有一些设计咨询管理、科教文卫体、计算机技术服务等高级技术领域的劳务人员,但所占比例不大。

劳务输入国主要以发达国家为多,如美国、德国、法国、瑞士、加拿大、俄罗斯、新加坡、韩国、日本、澳大利亚、新西兰等;也有一些发展中国家,如伊朗、伊拉克、巴西、阿根廷等。国际劳工组织2004年的报告显示,在亚洲、北美和欧洲的外籍工人分别为2210万人、2050万人和2750万人,分别占全球外籍劳工总量的27%、25%和34%,合计占全部外籍工人的86%。中国外派劳务人员人数较多的国家或地区依次为:日本、新加坡、韩国、阿尔及利亚、澳门、俄罗斯、中国香港、阿联酋、苏丹、约旦、塞班、中国台湾和毛里求斯。2009年中国在亚洲海外劳工占所有在外总人数约73%,非洲占14.5%,欧洲占6.3%,北美占2.1%。从对外劳务营业额来看,亚洲占54%,欧洲占6%,非洲占3%,国内占20%。我国海外劳工人数分布比例最大的是亚洲,其次是非洲、欧洲和北美洲。营业额最大的也是亚洲,然后是国内的港澳特区及欧洲。

第一章 我国对外劳务合作现状分析

因此,我国海外劳工多集中在发达国家劳动力普遍短缺、工资较低的劳动密集型行业,纺织、服装、建筑、农业种植、海洋捕捞、水产加工等劳动密集型低层次劳务占了绝大多数。

当前,国际劳务市场具有如下特点:(1)全球外劳总体需求旺盛,国际劳动力流动将继续增加。(2)劳务人员流动呈多元化趋势,南北流动虽占主导地位,但南南流动日趋活跃。(3)劳动密集型行业劳务需求量仍然很大,但已相对稳定,技术密集型和资本密集型的科技劳务需求量有所增加,形成了多行业多层次的需求结构。第三产业的服务型劳务明显增长。医疗卫生和家庭护理需求增加。女性劳工比例上升。(4)物价上涨水平较快,劳务成本不断提高,而激烈的竞争导致劳务价格越来越低,形成畸形剪刀差,非技术工人的工资大幅下降。(5)劳动保护主义盛行,竞争更加激烈。(6)"非正常移民工人"困扰国际劳务合作市场。

第二节 我国对外劳务合作的历史发展

20世纪六七十年代,我国大批的工程技术人员、医护人员、农技人员和工人走向亚非拉进行无偿或优惠的经济技术援助,主要是出于政治因素考虑和人道主义立场,还不是真正意义上的国际劳务合作,但这是我国发展劳务输出的基础。

1979年4月,经国务院批准,中国建筑工程公司、中国公路桥梁公司、中国土木工程公司和中国成套设备出口公司等以承包工程为主的劳务输出率先开展国际劳务合作业务。我国的国际劳务合作开始迈出艰难的第一步。[①] 劳务输出从无偿地为受援国提供劳务,演变为由我国派出各类专业技术人员和工人为雇主提供劳动和服务,形成互利的劳务合作。[②]

20世纪90年代以来,我国国际劳务合作发展速度快、规模迅速扩大。

[①] 伍云嫱:《我国外派劳务关系法律问题研究》,西南政法大学2012年硕士论文,中国知网,http://cdmd.cnki.com.cn/,下载日期:2012年8月1日。

[②] 参见姜爱丽:《我国外派劳务关系法律调整理论与实务》,北京大学出版社2004年版,第2~5页。

因此,我国当代对外劳务合作是通过对外援助项目和对外承包工程带动起来的。回顾我国对外劳务合作的发展历程,大致可分为四个阶段:

1. 起步阶段(1978年至1982年)。期间共批准了29家从事对外承包工程和劳务合作的企业。我国的对外承包劳务队伍第一次走向国际舞台,业务主要集中在西亚、北非。

2. 逐步发展阶段(1983年至1989年)。随着我国对外开放的不断扩大,对外承包工程和劳务合作市场逐步扩大,业务量稳步提升,有对外承包工程和劳务合作经营权的公司增加到88家,为20世纪90年代对外经济合作的发展奠定了基础。

3. 快速发展阶段(1990年至2004年)。企业在竞争激烈的国际市场上经营水平不断提高,在外承揽的业务规模不断扩大,档次不断提高,市场多元化战略初步形成,有对外承包工程和劳务合作经营权的公司增加到1000余家。

4. 优化调整阶段(2004年至现在)。2004年7月,商务部、国家工商总局颁布了《对外劳务合作经营资格管理办法》,将对外劳务合作与对外承包工程分开管理,取消了对企业所有制形式的限制,并允许经批准的外商投资职业介绍机构或中外合资人才中介机构申请经营资格。[①]

第三节 我国对外劳务合作存在的问题

国际劳务合作对促进我国经济发展,提高人民生活水平具有重要作用。经过多年发展,我国对外劳务合作已经取得了重大成果。同时,在我国对外劳务合作中,也出现了一些问题,产生了许多纠纷,需要进一步完善我国对外劳务合作机制,加强法律监管,建立纠纷解决机制,促进我国对外劳务合作更健康有序地发展。当前,我国对外劳务合作中主要存在如下问题。

1. 市场无序,不利于劳工权益保护

由于行政审批的严格限制,早期获得国家授权经营对外劳务业务的只有少数中央大型对外贸易公司,但这些公司自身并不能很有效地接触和招收到劳务人员,而分散在全国的广大基层劳务人员也缺乏与这些大公司直接联系

---

① 参见姜爱丽:《我国外派劳务合作制度论析》,载《山东大学学报》2007年第6期。

和报名的途径。于是,各种劳务中介因此产生,有个人掮客、有私营劳务公司,也有政府部门或"官办"公司参与其中。这些大小中介通过各种途径和手段,从各大"中"字头的外经公司处取得劳务招工(研修)指标,再向社会基层招收劳务人员并输送给上级公司,从中赚取中介费。粥少僧多,中介之间的挤压和竞争非常激烈;缺乏培训和管理,输出的劳务人员质量不高;有的中介商甚至组织打黑工。对外劳务输出是从这样的无序中起步的。①

随着我国对外劳务输出规模不断扩大,暴露出的问题不断增多;随着国家开始加强管理,整顿外经企业,实行严格的许可证制度,限制授予外经权,规范业务运营,对外劳务输出行业的发展也逐步规范化、秩序化。

2. 法规不完善

多年来我国对外劳务合作法律不完善,地方法规不规范,行业垄断严重,对外劳务合作管理部门、经营公司、外派劳务培训中心分别独占了对外劳务输出的管理权、经营权和培训权。单一的输出渠道和狭窄的业务范围,劳务人员的对外输出大多去往日本、韩国、新加坡等亚洲国家,而全球其他地区的广大劳务市场得不到开拓;传统的"官办"模式难以适应当今国际劳务市场小规模、多层次、多批次、短周期的需求特点,在具体操作上也不太灵活。此外,正规出国途径被垄断,还变相刺激了非法劳务中介的抬头。②

3. 监管失位

由于政府部门在某些方面监管失位,机构设置曾经出现多头管理、层层审批的混乱和低效率,并导致监管的失位,各种灰色和非法劳务中介一直比较活跃。培训中心不属于教育系统管辖,不利于人才的培训。

我国的对外劳务输出长期由外经贸部、劳动和社会保障部等不同的国家机关一起管理,实际工作中各相关部门之间权责不明,政令缺乏系统性,可操作性很差,对我国的对外劳务输出带来一些不便,现在这种现状得到了改善,对外劳务合作由商务部统一管理,但是很显然,在劳工权益保护上,仅仅依靠商务部,无法适应对外劳务合作复杂的社会关系与法律需求。③

---

① 刘权、罗俊:《我国对外劳务输出现状与对策》,载《华人华侨研究》2004年3月第1期。

② 付饶:《论对外劳务输出的功能与前景——以河南省新县为例》,载《调研世界》2009年第10期。

③ 参见赵晶:《我国对外劳务输出存在的问题及法律对策探析》,河北大学2013年硕士论文,中国知网,http://cdmd.cnki.com.cn/,下载日期:2012年8月1日。

因此,相关政府机关应逐渐转变角色,尽量少参与对外劳务输出的商业运作,转而认真负起管理和服务的职责。同时,管理部门应加强监管,与公安、司法机关合作,规范市场秩序,促进对外劳务合作有序发展。

4. 市场开放不足

严格的准入限制,使得我国对外劳务输出产业基本由政府部门及其所属公司所垄断,严重缺乏民间组织的参与和补充,这既不符合对外劳务输出发展的需求,更导致了诸多弊端。

反观国外,作为劳务输出的先行者,"亚洲许多国家在劳务输出的实践中均建立了政府机构、非官方机构和个人三种渠道并重的举措,以充分发挥各方面的积极性和能动性,菲律宾、巴基斯坦、泰国、孟加拉国这四国的官方劳务输出渠道所占的比重分别仅为4.6%、7.4%、0.9%、3.3%,其余均为民间和个人渠道"[①]。我们应该放开各种有形、无形的限制,为众多中小企业和民营企业打开渠道,充分发挥各方面的积极性和能动性,构筑多元的输出渠道。

5. 相关部门合作有待进一步加强

对外劳务合作的复杂性,决定其监管及问题处理的艰巨性。因此,实践中需要组织劳动保障、工商、公安、商务等部门组成联合执法检查组,对劳务中介机构及以旅游、商务考察、出国留学等名义出国的劳务行为进行清理、整顿,严厉打击非法劳务行业。各部门有效合作对我国对外劳务合作顺利开展具有重要意义。

第四节 我国对外劳务合作中的争议及解决

近年来,我国对外劳务合作纠纷呈日渐增长的趋势,这与我国对外劳务合作规模日益扩大不无关系。同时,也是随着国际经济、政治的发展,国家之间经济和政治利益冲突日益复杂的体现。当前在我国对外劳务合作比较活跃的地区,各类纠纷不断发生,需要通过诉讼、仲裁、调解等各种机制解决。对外劳务合作法律制度的建立与完善日益引起人们的重视。以我国对外劳务合作大县河南新县为例。2006年至2009年四年间,新县法院共审理各种涉外劳务

---

① 汪涛:《对外劳务输出:各国政府政策面面观》,载《国际经济合作》2000年第6期。

第一章 我国对外劳务合作现状分析

纠纷案件69件。其中,2006年11件;2007年23件;2008年20件;2009年15件。①

1. 案件来源。这些纠纷主要有三种类型:第一种是具有外派劳务资质的劳务输出机构因在劳务培训、人员输出、境外就业等方面存在瑕疵而引起争议,这类纠纷只有2起,占2.9%;第二种是因挂靠从事涉外劳务输出引起纠纷,此类案件有12件,占17.4%;第三种是通过非法途径向境外输出劳务引发纠纷,此类案件有55件,占79.7%。由此可见,非法劳务输出是涉外劳务纠纷的主要来源。

2. 引起纠纷的原因。主要包括:因就业条件、工资待遇等不符合合同约定引起纠纷的,占3%;因中介人收取定金后未能如期办理出国签证,导致原告不能实现出国目的引起纠纷的,占51%;因轻信他人、上当受骗引起纠纷的,占7%;因以旅游或商务考察签证的形式出境进行非法劳务,在出境或入关时查出而被遣回引起纠纷的,占35%;其他原因引起纠纷的,占4%。

3. 出国务工人员情况。新县法院受理的69件涉外劳务纠纷案件的原告全部是要求出国务工的人员,仅从这一视角来看,这些人员的年龄多集中在25岁至40岁之间,平均年龄为34岁,绝大部分是农村居民、城镇下岗职工及无业人员。

4. 案件审理情况。从上述情况来看,涉外劳务纠纷大多是由非法劳务中介引起的,在审理该类案件时法院面临着困境:一是当事人的损失究竟该不该保护?依照相关法律精神,违反法律规定、规避法律的民事行为不受法律的保护,这就意味着当事人在非法外派劳务中造成的损失就不能获得司法上救济。可事实上,有相当一部分人由于知识储备的不足,对自己出国劳务的形式是否合法事先并不知晓,更多的是受人蒙骗,自己的权益如果得不到法律的保护,就显失社会公平。二是法律关系难认定。我国目前对外派劳务中介市场实行的是资格管理,从事对外劳务输出必须取得相应的资质,即由国家劳动和社会保障部颁发的《境外就业中介经营许可证》,且个人不享有这种资格。因此,确定中介方的"身份",准确认定双方的法律关系,对这类案件的审理起着至关重要的作用。如果中介方具有合法的身份,按照外派劳务中介合同纠纷处理是毫无异议的,但在因非法劳务输出引起纠纷的案件中,各种情形纷繁复杂,审判人员时常会面临着当事人之间法律关系难以确定的难题。

---

① 柳斌:《涉外劳务中介市场亟待规范》,载《检察风云》2012年第3期。

第五节　我国现行法律制度分析

(一)国内法

在2012年8月1日我国《对外劳务合作管理条例》(以下简称《条例》)生效前,我国除了在《劳动法》《劳动合同法》《涉外民事关系的法律适用法》等法律中有相关条款之外,关于对外劳务合作及海外劳工权利保护的法律很少,没有专门的法律或法规,只有以行政法规和通知的形式予以规定实践中的一些操作程序。

国内法主要涉及外派人员出国手续办理、申办签证、出国手续、合作项目审查、培训管理等方面。这些以法律规范或部门规章形式出现的国内法,规定了国内各部门行业对劳务合作的综合管理、行政管理、行业管理、境外领事保护和服务、财政扶持、统计制度、行业准入、经营资格、雇佣金制度和市场准入及管理等广泛的内容。这些法律规范主要有:(1)外经贸部、外交部、公安部《办理外派劳务人员出国手续的办法》(2002)。(2)外交部领事司《外派劳务人员申办签证实施细则(试行)》(2002)。(3)中华人民共和国公安部《关于执行〈办理劳务人员出国手续办法〉有关问题的通知》(2003)。(4)中华人民共和国公安部《关于执行〈办理劳务人员出国手续的办法〉有关问题的补充通知》(2003)。(5)对外贸易经济合作部《对外劳务合作项目审查有关问题的规定》(2002)。(6)中华人民共和国商务部《对外劳务合作项目审查有关问题的补充通知》(2003)。(7)商务部办公厅《关于进一步加强外派劳务培训管理工作有关问题的通知》。(8)中华人民共和国对外贸易经济合作部《外派劳务人员培训工作管理规定(修订稿)》(2002)。(9)商务部《外派劳务培训管理办法》(2004)。(10)外经贸合发《关于外派劳务培训收费标准的规定的通知》(1996)。(11)商务部办公厅《关于进一步加强外派劳务培训管理工作有关问题的通知》(2004)。(12)外经贸合发《关于印发〈劳务输出合同主要条款内容〉的通知》(1996)等。①

---

① 参考单海玲:《我国涉外劳动合同立法之完善》,载《政治与法律》2002年第4期。

第一章 我国对外劳务合作现状分析

总之,国内关于涉外劳工的法律可以用三个字来概括:少、杂、乱。我国在涉外劳工方面涉及的法律很少,迄今为止尚无一部基础性法律或法规,大多以行政法规和通知的形式表示,法律位阶低,且法规与法规之间、通知与通知之间缺乏必要的衔接,不成体系。另外,各部门间职权分工不明,各部门的行政法规和通知存在重合之处,制定法规和发布通知的目的模糊,缺乏稳定性。因此不利于我国海外劳工在实践中应用,不利于劳工权益的保护,需要进一步完善相关立法。

2012 年 8 月 1 日《条例》生效,我国对外劳务合作进入一个新的时期,我国对外劳务合作环境将更为规范。《条例》明确其制定目的之一是保护我国海外劳工利益,其内容更有利于海外劳工权益保护。

《条例》第 21~28 条规定了对外劳务合作企业应该承担的义务,明确了对外劳务合作企业与国外雇主和劳务人员订立合同的有关要求。其中明确规定合同应包含与劳务人员权益保障相关事项并有将此类事项及其他情况告知劳务人员的义务,对外劳务合作企业与劳务人员相互之间有信息告知义务。同时《条例》规定了服务费及有关费用的收取、合同备案、协助劳务人员与国外雇主订立确定劳动关系的合同,以及保证合同中有关劳务人员权益保障的条款与劳务合作合同相应条款内容一致等义务。

《条例》第 12 条规定了对外劳务合作企业安排劳务人员职业培训的义务(第 33 条规定国家财政对职业培训给予必要的支持,人力资源社会保障部门应加强指导和监督)。第 13 条规定了对外劳务合作企业为劳务人员购买在国外工作期间的人身意外伤害保险的义务。第 14 条规定对外劳务合作企业应当为劳务人员办理出境手续,并协助办理劳务人员在国外的居留、工作许可等手续,并在组织劳务人员出境后,向中国驻用工项目所在国使馆、领馆报告。遵守《条例》上述规定,有利于派遣阶段纠纷的预防与解决,促进我国对外劳务工作的顺利开展。

对外合作企业的规范活动对海外劳工权益保护具有重要作用。《条例》规定对外合作企业应当:(1)遵守法律,不组织劳务人员赴国外从事与赌博、色情活动相关的工作(第 11 条)。(2)严格合同把关并协助在外劳务人员维权,并在一定情况下承担赔偿责任(第 29 条)。(3)遵守当地法律,尊重当地宗教信仰、风俗习惯和文化传统(第 15 条)。(4)跟踪了解劳务人员在国外的工作、生活情况,协助解决劳务人员工作、生活中的困难和问题,及时向国外雇主反映劳务人员的合理要求。对外劳务合作企业向同一国家或者地区派出的劳务人员数量超过100人的,应当安排随行管理人员,并将随行管理人员名单报中国驻用工项目所在国使馆、领馆备案(第16条)。(5)制定突发事件应急预案,突发事件发生时应当及时、妥善处理,并立即向中国驻用工项目所在国使馆、领馆和国内有关部门报告(第17条)。用工项目所在国家或者地区发生战争、暴乱、重大自然灾害等突发事件,中国政府作出相应避险安排的,对外劳务合作企业和劳务人员应当服从安排,予以配合(第18条)。

《条例》第30~38条规定了我国商务主管部门及相关政府部门的工作,这些工作主要涉及制度的建立与健全,如国务院商务主管部门会同国务院有关部门建立对外劳务合作信息收集、通报制度,对外劳务合作风险监测和评估机制、统计制度,对外劳务合作不良信用记录和公告制度,突发事件预警、防范和应急处置机制,违法违纪行为举报制度,以及防范和制止非法组织劳务人员赴国外工作行为的相关管理制度等。县级以上地方人民政府根据本地区开展对外劳务合作情况,组织建立对外劳务合作服务平台并加强对服务平台运行的指导和监督。这些制度的建立健全及有效运行对整个对外劳务合作活动期间纠纷的预防与解决具有制度保障的作用。

《条例》第39~47条规定了对外劳务合作当事人违反《条例》规定应承担的民事及刑事责任。这些制度的确立,对从法律强制实施上保障对外劳务合同的有序进行,预防和减少纠纷的发生,并最终有利于我国海外劳工权益保护,有利于我国对外劳务合作活动的更好发展。

(二)双边条约

自从我国开展对外劳务合作以来,分别在国家间双边经济合作协议中约定了劳务合作的规范,另外,我国也同不少国家签订了专门的对外劳务合作条约,如《关于中华人民共和国公民在俄罗斯联邦和俄罗斯联邦公民在中华人民共和国的短期劳务协定》《关于输往香港普通劳务审批管理规定》《中华人民共和国商务部和大不列颠及北爱尔兰联合王国卫生部关于招聘护理专业人员合作意向书》《中华人民共和国政府和毛里求斯共和国政府关于双边劳务合作的协定》《中华人民共和国政府和阿拉伯联合酋长国政府关于双边劳务合作的谅解备忘录》《中华人民共和国商务部和大韩民国劳动部关于启动雇佣许可制劳务合作的谅解备忘录》及《中华人民共和国政府和新西兰政府自由贸易协定》等。

如中俄《关于中华人民共和国公民在俄罗斯联邦和俄罗斯联邦公民在中

第一章 我国对外劳务合作现状分析

华人民共和国的短期劳务协定》第4条、第8条、第9条、第10条规定了许可证制度,第12条规定了保险赔偿制度;中国商务部和英国卫生部《关于招聘护理专业人员合作意向书》承诺将中国从不鼓励护理专业人员招聘的发展中国家名单中删除,并确定了《商业招聘机构道义框架》;中国和毛里求斯《关于双边劳务合作的协定》就劳动检查制度、雇佣合同解释制度及定期交流制度等作了规定;中国和阿拉伯联合酋长国《关于双边劳务合作的谅解备忘录》规定了汇款制度及轮流开会制度;中国商务部和韩国劳动部《关于启动雇佣许可制劳务合作的谅解备忘录》信息保留制度及考试资格制度等;中国和新西兰《自由贸易协定》规定了市场准入制度。

就国内区际劳务合作而言,《对澳门地区开展普通劳务合作管理办法》第5条、第6条规定了合同的签订及审批制度,第12条、第13条、第14条规定了分级管理制度,第15条、第16条、第17条规定了总量控制与配额确定制度。《关于输往香港普通劳务审批管理规定》第12条、第13条、第14条规定了派往香港工人的合同制度,第17条、第19条、第22条规定了人员选派制度,第25条规定了保证金制度,第26条规定了劳务管理费制度,第42条规定了裁决制度;《对香港地区劳务合作管理办法》在有关条款规定了收费制度、报告制度;《海峡两岸渔船船员劳务合作协议》规定了双方协调机制和交流互访机制。

这些双边条约,是我国对外劳务合作法律制度的重要组成部分,连同我国批准参加的国际劳工标准及我国参加的有关国际条约,构成我国海外劳工权益保护法律制度体系,为劳动者、企业和有关管理部门所遵守。

(三)国际条约

当前我国已经批准的国际劳工公约有:《1981年职业安全和卫生及工作环境公约》、《确定准许儿童在海上工作的最低年龄公约》、《航运的重大包裹标明重量公约》、《船舶装卸工人伤害防护公约》(1932年修正)、《确定准许使用儿童于工业工作的最低年龄公约》(1937年修正)、《各种矿场井下劳动使用妇女公约》、《海员协议条款公约》、《海员遣返公约》、《制订最低工资确定办法公约》、《建筑业安全卫生公约》、《作业场所安全使用化学品公约》、《本国工人与外国工人关于事故赔偿的同等待遇公约》、《1999年禁止和立即行动消除最恶劣形式的童工劳动公约》、《工业企业中实行每周休息公约》、《(残疾人)职业康复和就业公约》、《在海上工作的儿童及未成年人的强制体格检查公约》、《三方协商促进履行国际劳工标准公约》、《确定准许使用未成年人为扒炭工或司炉工的最低年龄公约》、《就业政策公约》、《准予就业最低年龄公约》、《工业企业中实行每周休息公约》、《对男女工人同等价值的工作付予同等报酬公约》、《农业工人的集会结社权公约》、《确定准许儿童在海上工作的最低年龄公约》、《1958年消除就业和职业歧视公约》等20多项。这些标准对我国海外劳工权益保护无疑具有重要意义。这些条约对与我国同为批准国的移民工人保护提供了法律依据。尤其是1958年消除就业和职业歧视公约、本国工人与外国工人关于事故赔偿的同等待遇公约等，具有针对性，有利于劳工权益保护。

但是，我国并没有参加1990年联合国《移民工人及其家庭成员权利保护公约》，也没有参加本书前面介绍的其他专门劳务移民劳工标准。这些专门性的劳工标准的批准，随着我国对外劳务合作的进一步发展，有可能提上议事日程。它们将与前述国内法与双边条约一起，共同构筑我国海外劳工权益保护法律体系。

第二章 我国对外劳务合作的若干理论问题

第一节 概念界定

（一）对外劳务合作、劳务输出、对外劳务派遣及劳务移民

我国向国外派出劳务人员的行为有多种表述，我国商务部等部门通常称"对外劳务合作"或"国际劳务合作"，国际组织或一些国际法律文件称"劳务移民"或"雇佣移民"，我国对外贸易领域称之为"劳务输出"，劳动合作领域称之为"对外劳务派遣"。尽管这些概念本身不乏差异，但无论如何，它们均表明，这种行为是我国公民通过各种途径移动到本国之外，从事有报酬活动的行为。因此，这些概念常被混合使用。在实践中，当涉及具体的法律纠纷时，是否需要区别不同的情形，分别适用不同的法律，则需另行考虑。

从工人权益保护方面来看，1975年《移民工人公约（补充条款 C143 关于处于受虐待地位的移民以及提高移民工人待遇和平等机会的公约）》(1978年12月生效)在序言部分重申了国际劳工组织宪章的有关规则以及相关公约的有关规定。这些规则适用于国际劳务移民活动的各个方面，它们是：保护"受雇于其他国家工人利益"；坚持"劳动力不是商品"的原则。因此，"劳务输出国"(labour export country)与"劳务输入国"(labor import country)这些概念的采用常常受到一些批评。我国强调劳动者权利保护，各界也不主张适用劳务输出的概念,而通常称之为国际劳务合作。①

我国 2012 年 8 月生效的《对外劳务合作管理条例》第 2 条称对外劳务合作,是指组织劳务人员赴其他国家或者地区为国外的企业或者机构(以下统称国外雇主)工作的经营性活动。实际上,如前所述,我国对外劳务合作形式多样,既有工程带动劳务合作,也有亲友介绍出国务工等。因此,从广义上说,我国对外劳务合作是指经过我国具有国际劳务输出资格的企业派遣、我国对外承包工程公司招聘或直接与海外雇主签订合同,在不属于中华人民共和国领土范围内工作而在任何其他国家或地区从事劳动并获取报酬的中国公民。

(二)其他相关概念

1. 3D 工作

从前面我国对外劳务合作情况看,我国公民在国外主要从事非技术类的工作,通常是当地工人不愿意做的脏、险和困难(急需)的工作,即 3D 工作(英文 Dirty、Dangerous 和 Difficult 的缩写)。毫无疑问,此类工作具有艰巨和危险性,但移民工人从事的工作本身绝不"肮脏",该表述不能体现劳动的尊严。这是一个事实,由于经济的快速发展和生活水平的提高,一些工作对当地劳动者正变得越来越没有吸引力。Bohning 在 1996 年创造了 SALEP 这个术语,意指"除了最穷的人之外,所有人都不愿意干"(Shunned by All Except the very Poorest)的活。②

2. 当事国的表述

UN 移民工人公约第 6 条采用"原籍国"(State of origin)与"就业国"(State of employment)的概念。"原籍国"指当事人为其国民的国家,"就业国"指视情形而定,移徙工人将要、正在或已经从事有报酬活动的所在国家;同时,公约还界定了"过境国"(State of transit)的概念,它是指当事人前往就业国或从就业国前往原籍国或惯常居住国的任何旅途中所通过的任何

---

① 王贵勤、陈步雷、周贤日:《欧盟法的基本自由与劳工权利保护》,载《中国劳动关系学院学报》2010 年 6 月第 24 卷第 3 期。

② 国际劳工组织:《在全球经济中为移民工人谋求公平待遇》,国际劳工大会 2004 年第 92 届会议报告六,国际劳工网站,http://www.ilo.org/ilc/ReportsavailableinChinese/WCMS_ILC_92_REP-VI_ZH/lang--en/index.htm,下载日期:2012 年 5 月 30 日。

国家。

一些法律文件或文献中,采用"来源国"(origin)与"目的地国"(destination)称谓,前者指移民工人来自的国家,后者指移民工人前往工作的国家。该称谓以移民工人的所处的地理位置来考虑,不考虑移民工人的国籍。

"母国"(home country)与"东道国"(host country)指移民工人的国籍所属国和所在从事国际劳务活动的国家。采用该概念是为了与对一般国际经济活动中当事国的称谓保持一致。

"派遣国"(sending country)与"接受国"(receiving country)则似乎更多是从国际劳务派遣的角度来考虑,反映了一种动态的国际劳务交流活动。派出劳务人员的国家为派遣国,接受劳务派遣人员的国家为接受国。

实践中,这几种称谓常常相对应使用,但它们在含义上并没有实质的区别,均指移民工人来自的国家或从事工作的国家,因此常常交叉使用,不加区分,虽然有学者更倾向于采用第二组称谓。

另外,"劳务输出国"与"劳务输入国"在一些场合采用,但是由于当前国际经济活动中主张人权保护,认为劳动力不是商品,劳动力出口和进口的概念应被废除。因此该概念的采用受到一定的限制。实践中,劳动力派遣或劳动力接受,劳动力移出或劳动力移入概念更容易令人接受。因此,前述几组概念较之劳务输出与劳务输入更容易为人们采用。我国也不适用劳务输出的概念,而通常称之为国际劳务合作。

第二节 对外劳务合作法律关系分析

我国对外劳务合作法律关系,是指我国相关法律规范所调整的,具有外派劳务经营权的企业,按照与境外雇主签订的外派劳务合作合同的规定,向境外派出劳务人员,提供各种劳动和服务过程中所产生的权利义务关系。

我国对外劳务合作活动开展以来,理论界对我国对外劳务合作中的法律关系认识争议颇多,其中包括对各法律关系性质的认识、对外派劳务法律关系的主体、客体以及主体应享有的权利和义务认识的分歧,由此引发实践中的种种问题,如我国法院、仲裁机构处理对外劳务合作纠纷往往显得无所适从,对相同或相似案件的处理也没有统一的认识和做法。① 因此,对外劳务合作法律关系的厘清是合理处理对外劳务合作纠纷的前提,也是我国外派劳务进入法制化轨道的重要保证。

(一)三方法律关系

一般说来,国际劳务合作法律关系通常具备三方主体②,即国际劳务合作企业(派遣公司)、国际劳务合作人员(出国务工人员)及劳务合作目的地国的雇主。三方之间均会签订合同。国际劳务合作企业与境外雇主之间签订"对外劳务合作合同";对外劳务合作企业与国际劳务合作人员之间签订"外派劳务合同",国际劳务合作人员和境外雇主之间签订"雇佣合同"。因此,外派劳务法律关系是以两个连环合同及三方当事人的权利义务为主要表现形式的,只有在对"两个合同、三方主体"全面认识的基础上,才能更好地规范我国对外劳务合作法律关系。

1. 对外劳务合作合同的性质

对外劳务合作合同,是指我国具有外派劳务资格的企业与境外允许招收或雇佣外籍劳务人员的公司、中介机构或私人雇主签订的,关于招聘、选拔、派遣中国公民到境外为外方雇主提供劳务的活动中,确定双方权利义务关系的协议。对外劳务合作合同是签订外派劳务合同的基础,也是外派劳务合同内容的根据。对于该合同的性质,理论界争议不大。一般认为,这是一种平等主体之间订立的国际民商事合同法律关系,属于民事法律关系的范畴,但是它也有与其他国际民商事法律关系不同的方面:首先,外派劳务合作合同的客体是劳务行为,而劳务行为的存在和支出与劳动者的人身不可分离。这就使得外派劳务有别于其他民事法律关系,更多带有人格利益的属性。外派劳务人员是有思想、有人格的生命体,并具有特定的文化背景和民族性格。外派劳务合同发生纠纷不仅会损害当事方的经济利益,还可能伤及人格和情感,在纠纷处理中应与一般民事关系区别对待。其次,外派劳务合作合同体现了国家权力对民商事主体意识自治的限制,正是由于其客体的特殊性,国家为了减少外派

---

① 参见倪弦:《我国外派劳务关系的法律规制》,华侨大学 2011 年硕士论文,中国知网,http://cdmd.cnki.com.cn/,下载日期:2012 年 8 月 1 日。

② 实践中,承包工程带动劳务输出的法律关系,以及亲友介绍直接出国务工,可能会有所不同。

第二章 我国对外劳务合作的若干理论问题

劳务企业一味追求利润,忽视保护外派劳务人员利益的风险,通过合同危害劳务人员的利益,在一定程度上限制对外劳务合作主体的私法自治。1996年外经贸部制定并颁布了《劳务输出合同主要条款内容》,其中要求我国经营劳务输出的企业对外签订劳务输出合同时必须包括从事的工作,工作地点,雇用期,法律手续,工资,国际旅费,交通,工作日和工作时间,节假日和带薪休假,加班,工作条件,食宿,劳动保护,保险,工伤、亡及病故,不可抗力和意外事件,税金的缴纳,仲裁等内容,并需经商务主管部门审核和备案。尽管如此,当前外派劳务合作合同中还是存在诸多问题,不仅影响合同的正常履行,也给外派企业和外派劳务人员带来不必要的损失和麻烦,亟待解决。这些问题主要表现在:第一,外派企业为追求短期利益,扩展国际市场,曲意迎合境外雇主无理要求,接受不公平条款。第二,外派劳务合作合同条款不完善、不完备,埋下争议隐患,导致解决外派劳务人员受侵害的纠纷的依据不足。第三,外派劳务合作合同审批流于形式,形同虚设,出现"阴阳合同",防不胜防。因此,明确外派劳务合作合同的民事合同性质,并针对该性质可能对外派劳务人员产生的不利,以及保障对外劳务合作企业严格履行义务,制定合理的规范,有利于减少纠纷,保障对外劳务合作关系的顺利进行。[①]

2. 外派劳务合同的性质

理论上争议最大的是对外劳务合作企业和劳务人员之间订立的外派劳务合同的性质。实践中,我国大多数对外劳务合作争议均产生于这种合同。这主要是由于外派劳务合同是确定外派劳务人员与国内企业之间权利义务的最主要法律依据,当外派劳务人员合法权益受到侵害时,首先想到的是与之签订劳务合同的外派企业,并根据外派劳务合同来主张权利和解决纠纷。但是,我国学术界和实务界对外派劳务合同性质的认定一直没有统一的认识。目前学术界存在多种观点,总体来看,主要有如下四种观点,即认为其属于劳动合同关系、行政合同关系、居间合同关系或特殊类型的合同关系。理论上的分歧使得司法机关在解决外派劳务合同纠纷时出现法律依据多元、争议解决机制不一致等情形,从而带来同一或相似案件在不同法院处理程序和结果多样化。我国外派劳务人员甚至对外劳务合作企业在操作中往往存在困惑,缺乏对自身行为后果的可预见性。因此,厘清外派劳务合同的性质,不仅有助于司法实

[①] 参见倪弦:《我国外派劳务关系的法律规制》,华侨大学2011年硕士论文,中国知网,http://cdmd.cnki.com.cn/,下载日期:2012年8月1日。

践部门定分止争,还有利于我国对外劳务合作主体明确自身权利义务,维护自身权益。

前述四种观点中,第一种观点认为外派劳务合同属于劳动合同。早期我国劳动部门在针对对外劳务合作法律关系的意见和谈话中表明了这种观点。① 我国学界也有不少学者坚持这种观点。从这种角度考虑,主要考虑保护出国务工人员的权益,但是对对外劳务合作企业也无疑加重了负担。第二种观点认为属于行政合同性质。此种观点以最高人民法院1990年10月9日作出的《关于劳务输出合同的担保纠纷人民法院应否受理问题的复函》为代表,认为外派企业与外派劳务人员之间不存在民法和合同法意义上的合同关系,而是外派企业为达到依其享有的行政职权对外派劳务人员进行管理的目的而与外派人员订立的行政性质的合同。第三种观点认为外派劳务合同属于居间合同关系。该种观点认为外派企业与外派劳务人员之间合同关系的法律性质,应适用《中华人民共和国合同法》的有关规定。实践中,发生的争议也是依据合同法的相关规定由我国仲裁机构或人民法院处理,而不是依据劳动法由劳动仲裁机构处理。第四种观点是折中观点,认为外派劳务合同属于特殊类型的合同,此种观点或认为外派企业与外派劳务人员之间合同关系的法律性质兼具行政和劳动法律关系,或认为兼具民事和劳动法律关系,不属于合同法或任何专门法调整,应作特殊规定。

从前述各种观点看,第二种观点显然不可取。虽然在新中国成立后早期我国派出国外进行技术或经济援助的工人,很多带有行政派遣的性质,但是随着市场经济的发展,我国对外劳务合作更多进入民商法或劳动法领域,早就摆脱了其行政性质。实践中,外派劳务合同通常是商务部门拟定的范本,且签订后需要相关部门进行审核和备案,在表面上看来确实具有契约和行政的双重属性,但从本质上看,其并不具有行政合同的要件,行政合同的当事人一方必须是行政主体,在行政合同的履行、变更或解除中,行政机关享有行政优益权,行政合同的订立通常采用公开竞争的原则,而这些都是外派劳务所不具备的。

第三种观点在当前受到很多对外劳务合作企业赞成,认为对外劳务合作企业和外派劳务人员是平等主体间的民事关系,外派劳务合作企业与劳务人

---

① 1995年,原劳动部副部长赵雅芝就以"认真贯彻劳动法,依法维护外派劳务人员的合法权益"为题发表讲话,并指出外派企业应当按照《劳动法》的规定,与外派劳务人员签订劳动合同,二者之间因合同关系发生的争议应由劳动法的相关规定调整。

员只是签订的居间合同或者委托代理合同,因此可以不承担对劳务人员劳动法上的义务。外派劳务合同的双方主体是我国的对外劳务合作企业和外派务工人员。这个合同的内容规定的是外派机构以其自身为一方主体在选定劳务人员、进行培训并且派送到境外工作的过程中合同双方的权利和义务。从实践看,由于民事合同中劳务人员不享有劳动法的保护,当劳务人员的权利受到国外雇主的侵害时,由于在国外维权和寻求救济往往很困难,或者几乎不可能,劳务人员的权益因此得不到有效的保护。

从有利于劳动者利益角度看,第一种观点最有效。在这种观点下,外派企业需要承担更大的义务,劳动者受到更好的保护,但是也因此引起对外劳务合作领域各方当事人权利义务对等的问题。如果企业承担过大的负担,在经营中不能获得合理的回报,这个企业可能无法经营下去。因而也关系到我国对外劳务合作发展的问题。事实上,由于远在海外,对外劳务合作企业对外派劳务人员,不如国内派遣那样更方便管理的问题。同时劳动者在海外劳动保障等方面的手续办理不方便,对外劳务合作企业要付出更多的劳动。另外,通常我国和劳务目的地国的工资水平有差异,对于劳务人员误工期间的工资计算等对外派企业不利。因此,实践中有许多问题难以解决。从理论上看,如果认为外派企业与外派劳务人员之间形成劳动关系,劳动关系的构成要件包括双方主体合格、有劳动给付和接受行为、双方关系符合"从属性"标准要求,三个条件必须同时具备。显然在外派劳务中外派企业与外派劳务人员间并无劳动给付和接受行为。

因此,第四种观点常常为人们所乐道,即外派劳务合同属于特殊类型的合同,兼具行政和劳动法律关系性质,或者兼具民事和劳动法律关系性质,不属于合同法或任何专门法调整,应作特殊规定希望能从折中中找到更好的解决方案。这种观点往往从对外劳务合作的过程分析,认为如果仅仅为民事居间合同,外派企业把劳务输出人员派送到境外之后,就不再和此次劳务输出存在关联。但是依据商务部规定,外派企业与境外雇主签署订立"对外劳务合作合同"的同时,外派劳务人员要与外派企业订立外派劳务合同。外派企业是劳务合作法律关系的一方主体,而居间合同居间人并不参与订立合同,只向双方提供订约信息,在当事人签订合同后,居间人即履行了自己的义务。因此,如果把外派企业与境外雇主的关系认为是简单的媒介关系,从劳务人员派遣至用工单位,外派企业就完成了所有义务和责任,对外派劳务人员的权益一定会造成损害。相反,如果把外派企业定位于对外劳务合作法律关系的主体,甚至将外派企业视为劳务人员的雇主,当劳务人员的权益得不到保障的时候,其可以通过对国内的外派企业进行起诉而获得本国的司法救济,从而使自己的权益得到保障。因此,在这种特殊类型的合同中,从民事合同性质看,对外劳务合作企业必须遵守我国劳动法的有关规定,违反我国劳动法的规定签订的此类合同,属于民法上的无效合同,对外派劳务人员不发生法律效力,对外派劳务人员利益造成损失的,外派劳务企业应当承担相应的责任。因而又掺入了劳动合同的性质。另外,对外派劳务合同的性质认定,还有一种观点认为应该从对外劳务合作企业的收费多少来看。当对外劳务合作企业向劳务人员收取了大额劳务合作费时,其义务就并不仅仅只是中介居间,提供信息,促使当事人缔结合同,还包括保障对外派劳务合同履行、实现合同目的的义务。当履行义务不符合约定,对劳务人员造成损害时,应承担相应的责任。①

事实上,我国现行法律并没有对外派劳务合同的性质作出明确的规定,所以由此所产生的纠纷解决往往面临很多困难。在外派劳务合同的法律关系中,外派务工人员实际上在对境外雇主支付劳务,境外雇主毫无疑问是其用人单位。但是,对外劳务合作企业与境外雇主自由协商过程中,很可能由于其市场能力有限而不能行使雇主所享有的权利。因此,对外劳务合作企业很可能并不能最终决定外派务工人员的相关报酬、劳动休息时间、工作生活条件等,劳动控制权实际由境外雇主行使,工人权利取决于在对外劳务合作企业与境外雇主订立的劳务合作合同。因此,对外劳务合作企业应保障境外雇主履行其合作合同下的义务,否则应向劳务人员承担相应的责任,当劳务人员的劳动权利受到侵害时,对外劳务合作企业有单独或协助劳务人员维权的义务。外派劳务合作企业有权利和义务依照其与外国雇主的合作合同,要求外国雇主保障务工人员的合法权利。虽然外派劳务人员是具体劳务的实施者,但外派企业仍要对外派劳务人员的行为负责,在法律上提供劳务的仍然是外派企业。因此,这类合同不能完全等同于民事合同。

我国的现行国内法规定,国内务工人员只能与一个主体建立完整的劳动关系。虽然外派务工人员直接受对外劳务合作企业的指导和安排,但是却与境外雇主存在着劳动关系。因而,由于对外劳务合作企业缺乏劳动控制权,实质上就影响了其对雇主责任的承担,而使外派务工人员的劳动权利受制于境

---

① 参见倪弦:《我国外派劳务关系的法律规制》,华侨大学2011年硕士论文,中国知网,http://cdmd.cnki.com.cn/,下载日期:2012年8月1日。

第二章 我国对外劳务合作的若干理论问题

外雇主,因此似乎可以据此认定务工人员同境外雇主是劳动关系,而同我国对外劳务合作企业则不成立劳动关系。但是我国并不是以实际的控制与被控制事实,而是以书面合同作为认定劳动法律关系的依据,我国法律只认可与外派务工人员签订外派合同的主体具有劳动法律关系。因此,并不能明确认定务工人员同外派劳务企业不存在劳动关系。世界其他国家有不同的做法。如美国的法院是通过具体的案例,审查外派机构、雇佣单位对务工人员的实际劳动控制权,根据真正的雇佣关系认定务工人员是外派劳务输出机构、境外雇主或者二者的雇员,雇主要承担相关的责任和义务。但美国并没有专门对外派合同的法律关系做统一的规定。我国对于外派合同法律关系的规定尚不健全,当前的法律没有明确界定务工人员同外派劳务企业的关系。[①] 我国《对外劳务合作管理条例》规定了对外劳务合作企业的广泛义务,显然不是将其与一般民事法律关系等同,而是更强调了行政法上或劳动法上的义务。如何认定这种法律关系的性质,具体问题具体分析是一种现实的方法,但是权衡各方利益,通过立法对其作明确统一的界定,无疑有利于我国对外劳务合作的长远发展。

因此,我们认为,对外劳务合作企业与外派劳务人员之间是一种特殊的劳动合同关系,它与传统劳动合同的概念有所差异。传统劳动合同,根据《中华人民共和国劳动法》第16条第1款的规定:"劳动合同是劳动者与用工单位确立劳动关系,明确双方权利和义务的协议。"由此,合同当事人分为劳动者与用人单位。劳动者是指以从属的地位提供劳务给付,而用人单位是指支付报酬工资者。劳动者应受劳动法的保护。它也不属于一般合同关系。在一般合同关系中,合同双方当事人处于平等地位,对外劳务合作企业与外派劳务人员之间只是一种民事合同关系,不受劳动法的调整。关于劳动者权利保护的规则不适用于外派劳务人员。纠纷发生后,依合同处理。

在这种特殊劳动合同关系中,劳动者的义务是听从外派企业的指示,前往境外为雇主提供劳务;到境外后,服从雇主指挥劳动。因此,劳务人员与外派企业和境外雇主之间均存在劳动合同关系,受劳动合同规定的约束。这里可以理解为外派企业在得到外派劳务人员的同意下,将本身的劳动请求权与劳务指挥命令权转移给了境外雇主。因而它是一种特殊的劳动合同关系。劳务使用与劳务雇佣的分离,劳务外派合同一旦成立后,双方当事人即约定外派劳

[①] 赵晶:《我国对外劳务输出存在的问题及法律对策探析》,河北大学2013年硕士论文,中国知网,http://cdmd.cnki.com.cn/,下载日期:2012年8月1日。

务人员的主要给付义务,是向境外雇主提供劳务给付,并服从其指挥监督,且境外雇主享有独立的、原始的劳务给付请求权。如果外派劳务人员有不为给付的情形,外派企业与境外雇主均具有内容不同的债务不履行的损害赔偿请求权。从这一角度分析,外派企业与外派劳务人员所订立的劳务外派合同应为真正第三人利益合同。

我国《对外劳务合作管理条例》第 29 条规定:"劳务人员在国外实际享有的权益不符合合同约定的,对外劳务合作企业应当协助劳务人员维护合法权益,要求国外雇主履行约定义务、赔偿损失;劳务人员未得到应有赔偿的,有权要求对外劳务合作企业承担相应的赔偿责任。对外劳务合作企业不协助劳务人员向国外雇主要求赔偿的,劳务人员可以直接向对外劳务合作企业要求赔偿。劳务人员在国外实际享有的权益不符合用工项目所在国家或者地区法律规定的,对外劳务合作企业应当协助劳务人员维护合法权益,要求国外雇主履行法律规定的义务、赔偿损失。因对外劳务合作企业隐瞒有关信息或者提供虚假信息等原因,导致劳务人员在国外实际享有的权益不符合合同约定的,对外劳务合作企业应当承担赔偿责任。"可见我国对外劳务合作企业与劳务人员之间的外派劳务合同,并不仅仅是民事中介合同这么简单。因为这种合同的特殊性,对外劳务合作企业要承担劳动法上的一些义务。

3. 境外雇主和外派劳务人员之间合同的性质

境外雇主和外派务工人员之间的关系十分难以明确。依据商务部发布的相关政策性文件,境外雇主和外派务工人员应签署订立雇佣合同。当前实践中,根据我国《劳动合同法》关于劳务派遣的法律规定,我国外派劳务人员没有与境外雇主签订劳动合同的权利,因为外派劳务人员是国内劳动法律关系的主体,而不能成为外派劳务法律关系的主体。从这个意义上看,境外雇主和外派劳务人员之间的合同不是劳动雇佣合同。但是,对外劳务合作法律关系不同于国内劳务派遣法律关系,将境外雇主和外派劳务人员之间签订的合同界定为劳动合同,才更有利于务工人员权利的保护。而实际上,无论从控制理论,还是具体情况,他们之间通常是一种劳动关系。

(二)对外劳务合作法律关系的主体[①]

对外劳务合作法律关系主体不同于国内劳务派遣关系,它包含三方主体。

---

① 参见倪弦:《我国外派劳务关系的法律规制》,华侨大学 2011 年硕士论文,中国知网,http://cdmd.cnki.com.cn/,下载日期:2012 年 8 月 1 日。

第二章 我国对外劳务合作的若干理论问题

一方为我国享有外派劳务经营权的单位,一方是境外雇主,第三方是外派劳务人员,各方主体分别享有不同的权利,承担不同的义务。

1. 对外劳务合作企业

我国对对外劳务合作企业的要求非常严格,根据2004年7月26日颁布的《对外劳务合作经营资格管理办法》第4条规定:"从事对外劳务合作的企业须经商务部许可,依据本办法取得对外劳务合作经营资格,并在领取《中华人民共和国对外劳务合作经营资格证书》后,方可开展对外劳务合作经营活动。"2012年8月颁布实施的《对外劳务合作管理条例》对对外劳务合作企业作了更严格的规定。因此,对外劳务合作企业的资格条件是非常严格的,《对外劳务合作管理条例》还提高了注册资本金和备用金,提高了对外劳务合作的入门门槛。虽然有人认为这样严格的规定限制了外派劳务关系主体的范围,不利国内企业公平竞争,也不利于外国企业、境外企业在平等条件下进行竞争,限制了我国对外劳务合作规模的扩大,但是高标准是基于保护外派劳务人员的权利和增强外派劳务风险预防和承受能力,也是近年来我国对外劳务合作乱象丛生的治理需要,也有利于我国对外劳务合作企业整体水平的提高。

2. 境外雇主

关于境外雇主,我国法律并没有直接对其主体资格进行限制,《对外劳务合作经营资格管理办法》第3条规定,与我国外派劳务企业签订外派劳务合作合同的外国雇主是国外"允许招收或雇佣外籍劳务人员的公司、中介机构或私人雇主"。范围还是比较宽的,然而实践中,国外雇主若想成为我国外派劳务法律关系的一方主体,必须具有其所在国(或地区)所赋予的引进劳务的权利。一般而言,外国引进外国劳务是有严格规定的,如美国通过签证制度严格限制劳务输入,德国通过发放工作许可证的方式限制劳动力进口,而日本原则上不向国外开放劳动力市场,只有少数企业才有资格享有向海外引进研修生的配额。

其实各国特别是发达国家为了保证其国民充分就业和维护经济安全都或多或少地对劳务输入作出限制,通过劳动监察、海关、边境管理等手段予以限制。没有资格对外签约的雇主,即使与我国外派企业签订外派劳务合作合同,也将因主体不适格导致合同无效。退一步说,即使合同有效,因其无法办妥劳务人员的入境许可,也会最终导致外派劳务合作合同无法履行。另外,由于国际政治经济形势的动荡,我国出于保护外派劳务人员人身安全、身心健康的考虑,对境外雇主实行地区、行业限制,如商务部2000年发布的《关于向海湾国家派遣劳务应注意的几个问题的紧急通知》,2005 年发布的《商务部公安部关于严禁向境外博彩色情经营场所派遣劳务人员的通知》。2012 年我国《对外劳务合作管理条例》第 22 条规定:"对外劳务合作企业与国外雇主订立劳务合作合同,应当事先了解国外雇主和用工项目的情况以及用工项目所在国家或者地区的相关法律。用工项目所在国家或者地区法律规定企业或者机构使用外籍劳务人员需经批准的,对外劳务合作企业只能与经批准的企业或者机构订立劳务合作合同。对外劳务合作企业不得与国外的个人订立劳务合作合同。"该规定明确要求我国对外劳务合作企业尊重与其进行合作的外国雇主所在国的法律,并将个人排除境外雇主之列,无疑有利于对我国务工人员权利的保护,保持对外劳务合作关系的稳定性。

3. 外派劳务人员

对于外派劳务人员,我国有关对外劳务合作的法律法规并没有做主体资格上的明确限定,而其他几个亚洲劳务输出大国对此有明确规定。如印度政府规定印度公民到国外工作须经批准,劳工出国前,印度劳工部和移民保护局须考虑和审查其职业、毕业后的状况和收入状况等,同时还要考虑其出国后的工作和工资状况。印度尼西亚政府还明确规定,凡被纳入外派劳工计划的劳工年龄至少应在 18 岁,达到规定的最低教育程度,有合乎工作标准的技能、专门知识或一定经验,身体健康,智力要达到要求,并设立专门机构对他们的学历及工作资历进行评估和鉴定,依据教育程度、技术水平等考核因素对输出劳工进行了分类。划分一定的等级,外派人员可依据该等级向外雇主主张一定的"政府指导价"。我国现行对外劳务立法虽然没有对外派劳务人员作出具体规定,但是因对外劳务涉及劳动力的跨国流动,所以同样需要受到国家出入境管理制度的约束,通常来说,这些规定常常带有普遍性,大部分不符合条件的外派劳务人员可以在外派企业招募的过程中进行过滤,为了进一步加强管理,主管部门还规定了其他一些条件。另外,我国《对外劳务合作管理条例》也规定了劳务人员应遵守的义务,如该条例第 15 条规定:"对外劳务合作企业、劳务人员应当遵守用工项目所在国家或者地区的法律,尊重当地的宗教信仰、风俗习惯和文化传统。对外劳务合作企业、劳务人员不得从事损害国家安全和国家利益的活动。"但是相对其他国家地区而言,我国外派劳务人员范围还是相对宽泛,并未对教育程度、技术熟练程度等做具体规定。这主要是由于当前我国国内就业压力巨大,通过国际劳务市场消化剩余的劳动力将成为有效方式之一,出于促进对外劳务合作考虑,没有做过多限制。但是,随着科技的发展和国际劳务市场对技术人才的需求来看,劳动者素质的提高是提高我国对外劳务合作水平,有利我国对外劳务合作的长远发展的重要条件。

(三)外派劳务法律关系的客体

对外劳务合作法律关系的客体,就是指对外劳务合作法律关系中权利和义务共同指向的对象,即外派劳务人员的劳务行为。在外派劳务中,境外雇主在与对外劳务合作企业签订劳务合作合同时,是基于对方是否能够提供优质廉价的劳动,即能为境外雇主降低生产成本,提高经济效益,创造价值,产生利润。对外劳务合作企业在挑选外派劳务人员时最重要的考虑是国内劳动者是否有能力完成按劳务合作合同规定的目标工作,即是否能够提供完成目标工作所需的劳务行为。而对外劳务合作企业本身也是依靠向境外雇主提供可以利用的劳务以履行劳务合作合同规定下的义务,而获取该合同约定的权利,即获取服务费,以维系企业的生存和发展。劳务人员则通过体力或脑力活动的付出,通过该劳务行为,获得了劳动报酬,增进了个人及家庭福祉。因此可见无论是对外劳务合作企业与境外雇主形成的外派劳务合作关系,对外劳务合作企业与外派劳务人员形成的外派劳务关系,还是外派劳务人员与境外雇主之间形成的劳动关系,都指向同一对象,即外派劳务人员的劳务行为。

(四)对外劳务合作法律关系的内容

对外劳务合作法律关系的内容,是指对外劳务合作法律关系主体所享有的权利和承担的义务,是整个对外劳务合作法律关系的核心内容,也是各主体依法享有权利和承担义务的根据。

1. 对外劳务合作企业的权利和义务

对外劳务合作企业的权利可分为法定权利和协定权利。协定权利包括劳务合作合同和劳务合同约定的权利。法定权利是我国法律规章为对外劳务合作企业赋予的权利,协定权利是当事人之间在不违反我国强制性法律规定的前提下,对权利所作的约定。

(1)对外劳务合作企业的权利。从理论上说,作为具有独立法律人格的对外劳务合作企业,在国际劳务市场上享有根据市场规律自主经营的权利,对外可与境外雇主自由协商,签订劳务合作合同,对内招募外派劳务人员,订立外派劳务合同。但是,对外劳务合作不同于一般的国际贸易,具有特殊性。其向国际劳务市场提供的不是商品,而是劳动,是对外劳务合作关系中的另一主体外派劳务人员的劳动。因此,对外劳务合作企业在追求利润时,不得不顾外派劳务人员的基本人权和利益。各国均对对外劳务合作活动通过行政法规进行管理和规制,对对外劳务合作企业的经营活动进行限制,对外劳务合作企业不享有许多赋予一般国际对外贸易企业的权利。而且,近年来,我国对外劳务合作纠纷频繁发生,对外劳务合作企业在市场运作中存在许多不规范的行为,如乱收费、违约、管理不力,甚至勾结境外雇主侵犯我外派劳务人员合法利益。仅仅通过市场规律调节无法满足保护广大外派劳务者合法权益的维护外派劳务市场正常秩序的需要,需要国家的适当介入,通过财政、税收、行政、法律等手段,监督和引导对外劳务合作企业有序经营。因此,我国对外劳务合作企业在经营中要遵守我国法律规定的许可证管理制度、备用金制度、培训制度等。因此我国对外劳务合作企业的权利受到诸多法律和行政法规的限制。在此基础上,我国对外劳务合作企业最主要的权利是收取服务费。除此之外,还享有其他一些权利。①知情权。我国《对外劳务合作管理条例》第24条规定,在与劳务人员订立服务合同或者劳动合同时,对外劳务合作企业有权了解劳务人员与订立服务合同、劳动合同直接相关的个人基本情况,劳务人员应当如实说明。②享用政府部门提供无偿帮助的权利。如我国《对外劳务合作管理条例》第30条、第31条、第34条及第35条规定,国务院商务主管部门会同国务院有关部门建立对外劳务合作信息收集、通报制度,为对外劳务合作企业和劳务人员无偿提供信息服务。"国务院商务主管部门会同国务院有关部门建立对外劳务合作风险监测和评估机制,及时发布有关国家或者地区安全状况的评估结果,提供预警信息,指导对外劳务合作企业做好安全风险防范;有关国家或者地区安全状况难以保障劳务人员人身安全的,对外劳务合作企业不得组织劳务人员赴上述国家或者地区工作。""国家财政对劳务人员培训给予必要的支持。""县级以上地方人民政府根据本地区开展对外劳务合作的实际情况,按照国务院商务主管部门会同国务院有关部门的规定,组织建立对外劳务合作服务平台(以下简称服务平台),为对外劳务合作企业和劳务人员无偿提供相关服务,鼓励、引导对外劳务合作企业通过服务平台招收劳务人员。"③享用我国驻外机构提供帮助的权利。我国《对外劳务合作管理条例》第35条规定,"中国驻外使馆、领馆为对外劳务合作企业了解国外雇主和用工项目的情况以及用工项目所在国家或者地区的法律提供必要的协助,依据职责维护对外劳务合作企业和劳务人员在国外的正当权益。"

第二章 我国对外劳务合作的若干理论问题

(2)对外劳务合作企业的义务。相对于享有的权利,对外劳务合作企业的义务则更多。除了商务部及有关部门制定的规章外,我国《对外劳务合作管理条例》第二章、第三章具体规定了对外劳务合作企业应遵守的诸多义务。归纳起来,主要包括:①经营资格的申请与取得中应遵守的义务。如我国《对外劳务合作管理条例》第5条、第6条、第7条规定,"从事对外劳务合作,应当按照省、自治区、直辖市人民政府的规定,经省级或者设区的市级人民政府商务主管部门批准,取得对外劳务合作经营资格。""申请对外劳务合作经营资格,应当具备下列条件:符合企业法人条件;实缴注册资本不低于600万元人民币;有3名以上熟悉对外劳务合作业务的管理人员;有健全的内部管理制度和突发事件应急处置制度;法定代表人没有故意犯罪记录。""未依法取得对外劳务合作经营资格证书并办理登记,不得从事对外劳务合作。"②遵守备用金制度。我国《对外劳务合作管理条例》第9条、第10条规定,"对外劳务合作企业应当自工商行政管理部门登记之日起5个工作日内,在负责审批的商务主管部门指定的银行开设专门账户,缴存不低于300万元人民币的对外劳务合作风险处置备用金(以下简称备用金)。备用金也可以通过向负责审批的商务主管部门提交等额银行保函的方式缴存。负责审批的商务主管部门应当将缴存备用金的对外劳务合作企业名单向社会公布。""备用金用于支付对外劳务合作企业拒绝承担或者无力承担的下列费用:对外劳务合作企业违反国家规定收取,应当退还给劳务人员的服务费;依法或者按照约定应当由对外劳务合作企业向劳务人员支付的劳动报酬;依法赔偿劳务人员的损失所需费用;因发生突发事件,劳务人员回国或者接受紧急救助所需费用。备用金使用后,对外劳务合作企业应当自使用之日起20个工作日内将备用金补足到原有数额。"③经营管理中应遵循的义务。我国《对外劳务合作管理条例》第11条、第12条、第14条规定,"对外劳务合作企业不得组织劳务人员赴国外从事与赌博、色情活动相关的工作。""对外劳务合作企业应该对劳务人员进行培训,应当为劳务人员办理出境手续,并协助办理劳务人员在国外的居留、工作许可等手续"。④保障外派劳务人员的合法权益的义务。我国《对外劳务合作管理条例》第27条规定,对外劳务合作企业应当负责协助劳务人员与国外雇主订立确定劳动关系的合同,并保证合同中有关劳务人员权益保障的条款与劳务合作合同相应条款的内容一致。第13条规定对外劳务合作企业应该为对外劳务人员购买在国外工作期间的人身意外伤害保险。第29条规定,劳务人员在国外实际享有的权益不符合同约定的,对外劳务合作企业应当协助劳务人员维护合法权益,要求国外雇主履行约定义务、赔偿损失。因对外劳务合作企业隐瞒有关信息或者提供虚假信息等原因,导致劳务人员在国外实际享有的权益不符合合同约定的,对外劳务合作企业应当承担赔偿责任。等等。

总之,比较而言,对外劳务合作企业所承担的义务分量较大。这是维护对外劳务合作秩序,维护外派劳务人员利益所必需的。同时,也要适当考虑对外劳务合作企业利益的平衡,维护对外劳务合作的正常发展。

2. 境外雇主的权利和义务

境外雇主有按照所在地法律、法规、国际劳工立法、国际惯例及其内部劳动规章制度使用和管理外派劳务人员的权利,有权依法考核、奖惩和辞退外派劳务人员,以及外派劳务合作合同规定的其他权利。根据外经贸部《劳动输出合同主要条款内容》的规定:外国雇主应负责办理劳务人员的入境、劳务许可、居留等法律手续,并承担有关费用;支付不应低于所在国法律规定的同行业、同工种或雇佣外籍劳务人员的最低工资;按照其国内法或国际劳工立法明确工作日、工作时间、节假日、带薪休假、加班等事项,不得以任何形式违反此类规定而剥削外派劳务人员;按照外派劳务合作合同约定及所在地法律、法规、国际劳工立法为外派劳务人员提供适宜和方便的工作条件和设施及住宿条件和卫生设施;缴纳税金及为外派劳务人员办理医疗和社会保险,并承担必要费用;按照国际劳工立法和国际惯例还应当维护我外派劳务人员的人格尊严、风俗和生活习惯,不干涉劳务人员非工作时间的活动自由,保障其人身安全和正当权益。

3. 外派劳务人员的权利和义务

外派劳务人员在我国对外劳务合作中,相对于对外劳务合作企业和外国雇主,属于弱势一方当事人。我国注重保护劳动者利益,加强对弱势一方当事人利益保护符合国际社会发展的趋势。我国现有法规十分注重外派劳务人员权利的保护。具体而言,我国外派劳务人员的权利包括:(1)获得劳动报酬的权利,这是外派劳务人员最主要的权利。(2)外派劳务人员还享有雇主所在地国法律、法规所赋予外籍劳工的权利,这些权利因国而异。但从当前世界各国的立法来看,赋予外籍劳工的权利还是比较广泛的,一般推行国民待遇,普遍采用平等和对等原则,享有平等就业和选择职业、获得劳动安全卫生保护、接受技能培训、职位晋升提请劳动争议处理、申请仲裁或诉讼、获得赔偿等权利。仅在社会保险、医疗保险上世界上少数福利国家作了保留,比如美国。再次,外派劳务人员还享有外派劳务合同所规定的权利。(3)外派劳务人员还享有国际劳工立法或国际惯例及其他国际条约规定的作为劳动者所应获得的经济、社会、文化权利,如平等权、工作权、人格尊严得以尊重等。

从国内法上看,我国《对外劳务合作管理条例》规定了我国外派劳务人员的诸多具体权利,如劳务人员有权向商务主管部门和其他有关部门投诉对外劳务合作企业违反合同约定或者其他侵害劳务人员合法权益的行为。接受投诉的部门应当按照职责依法及时处理,并将处理情况向投诉人反馈,劳务人员权益受到侵害未得到应有赔偿的,有权要求对外劳务合作企业承担相应的赔偿责任,等等。虽然有这些规定,但关键之处在于,这些权利要得到贯彻和保障。

从国际法上看,1990年联合国《移民工人公约》及国际劳工组织制定的相关条约从原则上赋予了外派劳务人员诸多的权利,如自由移动权、生命权、财产权、人身安全与自由、免遭驱逐的权利,等等。这些权利有利于我国外派劳务人员权利在国外的保护,但是这些条约的实施机制在成员国批准的基础上,尚有许多不完善的地方。同样,外派劳务人员享有劳务目的地国家劳动法对其权利的保护,尤其是一些发达国家的劳动法是很完善的,但是这些国家是否赋予我国外派劳务人员劳动法上的权利,要根据这些国家法律的规定。当前,在对外劳务合作中,大部分国家的法律是承认外国劳动者的劳动权利的。

同样,外派劳务人员作为履行外派劳务合作合同的真正主体,不仅要受外国雇主的制约也要服从外派企业的管理,其有交纳服务费的义务,包括管理费用、培训费及办理各种证件的费用。再者外派劳务人员必须服从外国雇主所在国的法律、法规及内部劳动规章制度所规定的义务,包括完成劳动任务、提高职业技能、执行劳动安全卫生章程,遵守劳动纪律和职业道德,遵守所在国公共秩序、风俗、习惯等。

(五)对外劳务合作法律关系的特点

综上所述,对外劳务合作关系是一种不同于国内劳务派遣关系的特殊法律关系,归纳起来,其具有如下特点:

1. 国际劳务法律关系主体的多方性

一般说来,国际劳务合作通常具备三方主体(实践中,承包工程带动劳务输出的法律关系,以及亲友介绍直接出国务工,有所不同),即国际劳务合作企业(派遣公司)、国际劳务合作人员(海外劳工)及劳务合作目的地雇主。三方之间均会签订合同。对外劳务合作企业与劳务合作人员之间签订"对外劳务合作合同",该合同性质至今仍存争议(这将在后文阐述);国际劳务人员和境外雇主之间签订"雇佣合同",适用劳动法有关规则的保护;劳务合作企业与境外雇主之间是委托代理关系,他们之间是委托合同关系。实践中,国际劳务合作法律关系还可能牵涉到更多方主体,如对外劳务合作公司可能委托下属的劳务公司或中介机构代理招工。此时,他们之间是代理关系,其下属公司或中介机构的行为后果由对外劳务合作公司承担责任。当前,我国具有对外劳务合作经营资格的公司由国家商务部统一授权,未授权企业或机构的招工权限受到严格限制。我国实践中非法中介极容易由其衍生。

2. 外派劳务法律关系内容的复杂性

对外劳务合作法律关系主体的多元性决定了其内容的复杂性。在对外劳务合作合同中应当明确的内容一般应包括如下规定:对劳务人员的基本要求;劳务人员的工资待遇、工作条件、生活条件及社会保险;在外劳动纪律;劳务企业对劳务人员的管理责任;违反劳务合同的责任以及劳动争议的处理;等等。当然,对外劳务合作合同确立的只是一些框架性条款,在签订具体的外派劳务合同时,劳务人员与境外雇主各方共同商定雇佣合同,以确定双方的具体权利义务内容。三个基本主体之间均存在合同,各合同内容虽由各合同双方协商确定,但基本内容应保持一致。

3. 国际劳务法律争议具有多样性

国际劳务合作争议的产生具有两方面的根源:首先,国际劳务法律关系的建立基于劳务各方的共同利益需求,在实践中,由于各方利益上有一些难以协调的方面,如境外雇主通常希望以最少的成本获取最高利润,而劳务人员则期望正常的工作条件和比国内更高的报酬,利益上的冲突容易产生争议。① 其次,国际劳务合作活动的复杂性,不仅因为国际劳务关系涉及劳务合作企业、出国务工人员和国外雇主三方当事人之间的复杂关系,对外劳务合作的跨国性,以及不同法律制度的适用,涉及的法律体系往往更加复杂,法律争议因而更具有复杂多样性。同时,由于实践中法律制度不完善或法律实施中的缺陷,严重影响对外劳务合作人员的利益,有关海外劳工利益争议的解决更具有重要性。

---

① 王明:《论我国外派劳务人员的法律保护》,2010年安徽大学硕士论文,中国知网,http://cdmd.cnki.com.cn/,下载日期:2012年8月1日。

第二编

案例实证分析

第三章 我国对外劳务合作中的合同案例分析

第一节 我国对外劳务合作发展早期的案例

我国对外劳务合作初步发展时期,许多法律制度还没有建立,对外劳务合作程序尚有许多不规范之处,无论是理论还是司法实践,都没有理顺当事人之间的法律关系。法院在处理相似案件时,会有不同的认识,从而导致不同的判决结果,不利于对出国劳务人员利益的保护和对外劳务合作市场的规范发展。同时,该时期,非法劳务输出活动较多,诸多无对外劳务合作经营权的企业参与对外劳务合作,危害了出国务工人员的权益,增加了纠纷和争议的产生。①

1. 周某燕与诸暨中某国际经济技术合作有限公司、浙江省某粮油食品进出口股份有限公司居间合同纠纷案②

【案情】→

1999年1月22日,浙江省某粮油食品进出口股份有限公司(以下简称某

---

① 本文案例多引自110法律咨询网,http://www.110.com/ziliao/category-26-page-1.html。

② 参见《周某燕与诸暨中某国际经济技术合作有限公司、浙江省某粮油食品进出口股份有限公司居间合同纠纷案》,110法律咨询网,http://www.110.com/panli/panli_20985.html,下载日期:2012年10月20日。

粮油公司)与柬埔寨金边四季服装厂(下称金边服装厂)签订了聘用协议,合同约定由某粮油公司选派从事制衣专业岗位两年以上的技术劳务人员赴金边服装厂工作,各具体岗位见金边服装厂与个人所签合同,劳务人员在柬埔寨工作时间为二年,自到达柬境内起至离开其国境止。劳务人员在工作期间,金边服装厂应给予劳务人员一般医疗、劳保用品、免费提供膳食、提供住房、室内有卫生家具等必需的生活设施;享受柬埔寨王国政府规定的节假日、公休日;如因病或工伤事故需要医治或休养,按柬埔寨王国政府的规定办理。合同结束后,免费提供劳务人员回国机票。劳务人员的工薪,根据实际担任职务在个人合同中予以明确规定。金边服装厂负责办理劳务人员在其国内居留、工作的合法手续及其他必要的手续及其费用,并负责管理和照顾工作。某粮油公司负责在中国的全部有关出境手续,并承担费用,教育劳务人员遵守柬国家的法律、法规和当地的风俗习惯,遵守金边服装厂的工作制度、服从安排。同时约定若有争议由中国对外经济贸易仲裁委员会仲裁。合同还对其他事项作了约定。另规定金边服装厂与劳务人员所签的个人合同为本合同不可缺少的附件,具有同等法律效力。对合同未及之处,凡涉及劳务人员权益的,以柬埔寨王国现行法律为依据。

1999年1月28日,诸暨中某国际经济技术合作有限公司(以下简称中某公司)根据上述合同,发出了招工简章,内容为:月薪300美元,要求每人完成挖袋150双,超过给予奖励或加薪,合同期二年,无探亲假,完成合同期限后雇主提供回程机票,收费为14000元(含护照押金500元),同时还对杂费、年龄、考试时间、地点及出国时间等作了说明。1999年2月12日,被告中某公司与被告某粮油公司签订了劳务合作协议。协议约定,由某粮油公司申办外派劳务出境事宜,即出境审批工作。中某公司按审批要求提供所有材料,材料必须真实有效,并负责劳务人员的招收、培训、管理工作,按规定收取合理费用等,协议还对其他事项作了约定。中某公司在收取原告14000元费用后,对赴柬劳务人员进行培训考试,并于1999年3月14日经考试后确定的周某燕等26名劳务人员作为某粮油公司与金边服装厂所签劳务合同的附件报某粮油公司。1999年2月3日,某粮油公司的主管单位浙江省对外贸易经济合作厅(下称省外贸厅)以(99)浙外经贸函字(03)号致函中国驻柬埔寨大使馆经济商务参赞处(下称经商参赞处),以某粮油公司与金边服装厂签订了派遣服装工劳务合同的征求意见函。1999年3月3日,经商参赞处根据上述征求函对金边服装厂的负责人作了谈话,查验有关注册文件、察看了解工厂运行等情况

第三章 我国对外劳务合作中的合同案例分析

后,函告浙江省对外贸易经济合作厅,认为某粮油公司可以向金边服装工厂派遣服装制衣工。同时还对劳务公司应注意的事项作了具体要求。

1999年2月,周某燕与金边服装厂签订了1份聘用协议书,周某燕为受聘人,金边服装厂为聘请人。协议约定,受聘人有独立工作能力,每天能完成12.5打(即150双)的定额,每月薪金300美元;合约期2年,试用期1个月,赴柬工作机票由受聘人负担,聘约期满,聘请人负责受聘人回国单程机票。聘请人免费安排受聘人工作之住宿及膳食。如受聘人完不成定额,聘请人提出辞退,应无条件服从,回国所需费用全部由受聘人负担。受聘人在任职期间应遵守柬埔寨王国法律,如有违反,聘请人将取消担保及其在柬之居留证。合同还对加班及超出定额,以厂单价计算等作了约定。1999年3月18日,原告及其他赴柬女工在被告中某公司工作人员带领下到达柬埔寨王国首都金边市。1999年3月22日,原告与金边服装厂重新签订了1份聘用协议,协议除由原定8小时内完成定额150双变更为10小时内完成150双定额外,其余内容未作变更。原在诸暨市所签聘用协议作废,双方并照变更合同履行。

1999年6月,原告与金边服装厂发生劳资纠纷,周某燕等劳务人员集体向金边服装厂请假遭厂方拒绝。1999年6月25日,金边服装厂致函某粮油公司和中某公司,以在该厂23名中国车工中除3名经劝告自愿留厂继续工作外,其余20名女工(包括原告周某燕)由于无视厂纪,不服从工作安排,经劝阻无效,作罢工处理,予以辞退,并言明已结算工资。在劳资纠纷发生过程中,中某公司工作人员前往柬埔寨王国进行过协调处理。1999年6月28日,周某燕与其他部分劳务人员回到国内。嗣后,周某燕以中某公司有欺诈行为,要求中某公司退还费用未果后起诉。审理中,一审法院依法追加某粮油公司为本案被告参加诉讼。

被告某粮油公司经中华人民共和国对外贸易经济合作部(下称外经贸部)审核,持有外派劳务人员许可证,具有从事经营外派劳务业务的资格。原告周某燕向被告中某公司交纳的费用14000元,除原告周某燕将护照交还被告某粮油公司后可退还500元外,余款13500元作为原告培训费、保险费用、赴柬机票、佣金等开支8600元,余款为两被告业务费收入。

法院认为,被告某粮油公司于1999年1月22日与金边服装厂签订了劳务合同,该合同约定被告某粮油公司向金边服装厂派遣中国制造业技术劳务人员合作事宜,被告某粮油公司经中华人民共和国对外经济贸易合作部审核,持有外派劳务人员许可证,具备从事对外派遣生产及服务行业劳务人员的资格。其行为符合国务院1992年11月14日颁发的《境外就业服务机构管理规定》关于开展境外就业服务,实行许可证制度的规定。被告某粮油公司为了更好地完成外派劳务工作与被告中某公司签订了劳务合作协议,并约定由被告中某公司负责对劳务人员的培训考试及选审工作、被告某粮油公司负责申报外派劳务出境事宜,并未违反法律规定。被告某粮油公司为了切实保障劳务人员的合法权益,经其主管部门省外经贸厅致函经商参赞处核实金边服装厂的资信情况,并在经商参赞处的调查情况复函后再派遣劳务人员出境,符合国家贸易经济合作部、国家体改委、国家经济贸易委员会1993年11月5日联合发出的关于印发《对外劳务合作管理暂行办法的通知》的有关规定。两被告依据经商参赞处对金边服装厂的调查核实情况,促成原告周某燕与金边服装厂签订了劳务合同,该合同系双方自愿签订,且已履行,不存在欺诈行为。两被告至此已依约完成居间服务,现原告周某燕以被告中某公司在介绍劳务时有欺诈行为的主张不能成立。由于原告周某燕与金边服装厂所签合同是计件工资制,原合同约定在8小时内完成定额150双变更为10小时内完成定额150双,并不是劳动强度的增强,且依据被告提供的月工资清单,原告等劳务人员签收的月工资均在300美元以上的事实,故原告周某燕诉称被告中某公司逼其就范,损害了其合法权益的主张不能成立。当原告周某燕在金边服装厂工作期间,与厂方发生纠纷时,不管原告的合法权益是否受到侵害,被告中某公司及时派人赴柬予以协调处理,是符合《对外劳务合作管理暂行办法》第19条关于劳务人员在国(境)外工作期间合法权益受到侵害时,企业应负责予以维护的规定要求的。原告周某燕以被告中某公司未对金边服装厂的资信进行核实,又不能维护其合法权益为由而要求两被告返还所交费用及负担返程机票、赔偿经济和精神损失费的请求,证据不足,不能成立。最后1999年12月16日法院依照《中华人民共和国民法通则》第6条,参照《中华人民共和国合同法》第425条第1款、第426条的规定,判决驳回原告周某燕的诉讼请求。

【分析】

这是我国对外劳务合作进入迅速发展时期的一个案例。当时我国对外劳务合作已经得到了很大的发展,对外劳务合作规模不断扩大,有对外承包工程和劳务合作经营权的公司增加到1000余家,对外劳务合作初显繁荣,但各种矛盾与冲突也不断凸显。虽然国家贸易经济合作部、国家体改委、国家经济贸易委员会印发了《对外劳务合作管理暂行办法》的通知,但是我国对外劳务合作的法律理论与实践仍处于探索时期。对对外劳务合作法律关系的认识尚不

第三章 我国对外劳务合作中的合同案例分析

成熟。因此,司法实践中,对法律关系的认识及法律适用有许多值得探讨和斟酌的方面。

本案对外劳务合作实践是我国早期比较成功、操作比较规范的一个实例。整个对外劳务合作流程符合当时法规的要求,即使今天来看,也是很规范的。法院在处理周某燕与两被告中某公司和某粮油公司的纠纷中也认识到这一点,因此作出了有利于被告的判决。但是法院对对外劳务合作法律关系的认识,囿于当时对其了解的不充分,前后有相互矛盾的方面,在当前仍有值得斟酌的方面。

本案中中某公司、某粮油公司、金边服装厂及原告之间的关系,看似比较复杂,归纳起来,主要有如下几层关系:一是某粮油公司与金边服装厂之间的关系;二是中某公司与某粮油公司之间的关系;三是金边公司与原告之间的关系;四是某粮油公司与原告之间的关系;五是中某公司与原告周某燕等之间的关系。具体而言:

(1)某粮油公司与金边服装厂之间签订的聘用协议为劳务合作合同,金边服装厂委托某粮油公司代为招收工人,他们之间是一种委托代理关系。

(2)中某公司与某粮油公司签订了劳务合作协议,他们之间是一种委托关系。中某公司接受某粮油公司委托,代为进行劳务人员的招收、培训、管理工作,并按审批要求提供所有材料,按规定收取合理费用等。中某公司在收取原告14000元费用后,对赴柬劳务人员进行培训考试,并于1999年3月14日经考试后确定原告周某燕等23人作为某粮油公司派往金边服装厂的劳务人员。中某公司对某粮油公司依约完成了合同义务。

(3)金边服装厂与原告之间聘用协议书为雇佣合同,他们之间是雇佣关系,受相关劳动法的保护。

(4)某粮油公司与原告之间的关系,由于某粮油公司与金边服装厂签订聘用协议,协议约定由某粮油公司选派从事制衣专业岗位两年以上的技术劳务人员赴金边服装厂工作,并约定协定具体内容。因此,法院认定他们之间是劳务派遣合同关系。但是法院认定这种劳务派遣合同关系属于民事法律关系范畴,适用我国《民法通则》和《合同法》的有关规定。我国《民法通则》第6条规定,民事活动必须遵守法律,法律没有规定的,应当遵守国家政策。因此,法院在判决中,适用了《境外就业服务机构管理规定》等规定。同时,适用《合同法》第425条第1款、第426条关于居间合同的规定来确定当事人之间的权利义务关系。

(5)中某公司与原告周某燕等之间为中介服务关系。中某公司接受某粮油公司委托代为对原告周某燕等招聘、培训、管理,并收取一定费用。因此,其与原告周某燕等人并无劳动法上的关系。

因此,法院认为两被告与周某燕等之间均为居间关系,无劳动法上的权利义务,因此无须对周某燕等承担劳动法上的责任。他们与周某燕等之间的关系属于居间关系,适用《民法通则》和《合同法》的有关规定。居间合同是居间人向委托人报告订立合同的机会或者提供订立合同的媒介服务,委托人支付报酬的合同。《合同法》第425条规定,居间人应当就有关订立合同的事项向委托人如实报告。居间人故意隐瞒与订立合同有关的重要事实或者提供虚假情况,损害委托人利益的,不得要求支付报酬并应当承担损害赔偿责任。第426条规定,居间人促成合同成立的,委托人应当按照约定支付报酬。对居间人的报酬没有约定或者约定不明确,依照本法第61条的规定仍不能确定的,根据居间人的劳务合理确定。因居间人提供订立合同的媒介服务而促成合同成立的,由该合同的当事人平均负担居间人的报酬。居间人促成合同成立的,居间活动的费用,由居间人负担。

本案中,法院认为,没有证据证明被告存在欺诈行为,以及未对金边服装厂的资信进行核实的过错。两被告依法履行了合同义务,不需要承担任何责任,原告的损失由自己承担。正如前所述,两被告在周某燕等对外劳务合作中的操作是比较规范的,即使在今天,也是符合我国对外劳务合作管理的各项规定。法院对案件的判决也是基本合理的。但是,本案中,法院对某粮油公司与原告之间的关系认定为劳务派遣关系,但是却适用《民法通则》和《合同法》关于居间合同的规定,这与我国当前的法律规定有些区别。

2008年1月1实施的我国《劳动合同法》第58条规定,劳务派遣单位是本法所称用人单位,应当履行用人单位对劳动者的义务。劳务派遣单位与被派遣劳动者订立的劳动合同,除应当载明本法第17条规定的事项外,还应当载明被派遣劳动者的用工单位及派遣期限、工作岗位等情况。劳务派遣单位应当与被派遣劳动者订立二年以上的固定期限劳动合同,按月支付劳动报酬;被派遣劳动者在无工作期间,劳务派遣单位应当按照所在地人民政府规定的最低工资标准,向其按月支付报酬。由此可见,派遣单位和劳动者之间存在劳动关系,而不是《合同法》上的居间关系。

本案反映了我国对外劳务合作早期,对对外劳务合作法律关系,尤其是对外劳务合作公司和劳动者之间的法律关系认定的混沌与困惑。如果被认定为劳务派遣关系,根据我国当前的法律,对外劳务合作企业对劳动者要承担劳动法上的义务。关键问题是,对外劳务合作关系中,对外劳务合作公司和劳动者之间是否能被认定为劳务派遣关系?如果认定,则确定他们之间存在劳动关系,若不认定,他们之间到底是一种什么关系?因此,有各种不同的观点,此在前文理论部分已有阐述。

2. 申某雨诉牡丹江某劳务输出服务处、中国黑龙江省国际经济技术合作公司出国劳务合同纠纷案[①]

【案情】→

牡丹江某劳务输出服务处(以下简称"服务处")为组织赴美国劳务输出人员,在牡丹江市范围内进行招募。申某雨之父得知后,于1992年3月到牡丹江市与服务处联系,为女儿办理出国劳务服务事宜。服务处因没有对美国劳务输出权,于1992年5月委托中国黑龙江省国际经济技术合作公司(以下简称"黑龙江合作公司")为其代理输出劳务人员。黑龙江合作公司同意代理,并委托服务处工作人员李民革去美国塞班岛为其全权代理,联系劳务业务。1992年8月,服务处与美国塞班岛2KS公司签订了劳务输出合同。合同规定,黑龙江合作公司向塞班岛派遣300名劳务人员,工种为建筑和服装工人等,合同期限为一年。黑龙江合作公司将该合同及项目可行性研究报告报送国家对外经济贸易部技术合作司审批。1992年11月7日,国家对外经济贸易部技术合作司发文同意黑龙江合作公司向塞班岛2KS公司派遣300名劳务人员,但批准工种为建筑劳务,无其他内容。黑龙江合作公司与被告于1992年11月14日签订了协议书。协议规定黑龙江合作公司同意为服务处代理向塞班岛2KS公司派遣300名劳务人员,没规定工种。由于黑龙江合作公司与2KS公司的合同于8月份签订已生效,2KS公司在同年10月就向被告寄来了申某雨等8人的入境签证及许可证手续。因为当时经贸部审批文件未到,为不违反与2KS公司的合同,服务处经黑龙江合作公司同意后,先行办理了该8人的因私出国手续。1992年12月22日,申某雨与服务处签订了劳

---

① 参见《申某雨诉牡丹江某劳务输出服务处、中国黑龙江省国际经济技术合作公司出国劳务合同纠纷案》,中国劳动争议网,http://www.btophr.com/s_case/case1304.shtml,下载日期:2013年3月20日。

务合同,合同规定服务处同意申某雨前往美国塞班岛从事劳务服务工作,期限为一年,如一方违约,有关费用自负。申某雨交抵押金3000元后,服务处为其办理了因私出国劳务手续及护照,申某雨到塞班岛工作。由于其认为自己所从事的工作为低级娱乐场所,便申请要求回国。美方要求赔偿4000美元,申某雨筹借4000美元赔偿2KS公司后,于1993年3月20日回国。

1993年5月25日,申某雨以服务处没有对外劳务输出权,而且以合同方式欺骗其出国从事低级娱乐场所服务工作,此合同无效,应予解除为理由,向牡丹江市中级人民法院提起诉讼,要求被告赔偿经济损失费72389.23元,精神损失赔偿费8万元,共计人民币152389.23元。法院将黑龙江合作公司列为第三人。

被告称该合同有效,其派遣行为合法,并反诉由于原告违约行为致使其派遣300人出国的协议终止,造成经济损失9万元,要求原告赔偿。

第三人认为,原告出国劳务合同是与被告签订的,此事与其无关。

法院在审理中认为,国家主管部门批准的劳务输出项目是建筑劳务,而被告派遣的是服务项目,超越了国家主管部门批准的范围;被告在未获得国家主管部门批准手续之前,即将原告用因私护照派出国外从事劳务输出,均是违法行为,原告、被告之间签订的劳务合同无效,被告应承担主要责任。第三人作为被告的代理,负责劳务人员的国外管理和办理劳务输出的所有事宜,对合同无效也负有一定责任。原告为达出国目的,报假户口、填假学历,对协议未认真审查,自己也应承担一定责任。经牡丹江市中级人民法院调解,原告、被告及第三人于1994年9月26日自愿达成如下调解协议:被告服务处给付原告申某雨经济损失费45000元(含案件受理费2220元),于1994年10月20日一次付清。

【分析】

本案存在如下法律关系:

(1)原告申某雨与被告牡丹江某劳务输出服务处之间虽然签订了劳务合同,但实际是中介服务合同关系,因为被告没有对外劳务输出权,它招募工人,然后由第三人输出,因此,它与原告之间的所谓劳务合同实际是一种中介合同。由于合同内容具有欺诈性,即合同约定原告出国工种为建筑工或服装工人,但实际上原告出国从事低级娱乐场所服务工作,导致合同无效。根据我国《民法通则》的有关规定,有下列行为签订的合同无效:无民事行为能力人实施的;限制民事行为能力人依法不能独立实施的;一方以欺诈、胁迫的手段或者乘人之危,使对方在违背真实意思的情况下所为的;恶意串通,损害国家、集体

第三章 我国对外劳务合作中的合同案例分析

或者第三人利益的;违反法律或者社会公共利益的;经济合同违反国家指令性计划的;以合法形式掩盖非法目的的。我国《合同法》第52条规定,有下列情形之一的,合同无效:一方以欺诈、胁迫的手段订立合同,损害国家利益;恶意串通,损害国家、集体或者第三人利益;以合法形式掩盖非法目的;损害社会公共利益;违反法律、行政法规的强制性规定。因此,被告行为系违反法律、行政法规的强制性规定的行为,同时,有恶意串通,损害国家、集体或者第三人利益之嫌。因此,其与原告之间签订的合同无效。

(2)第三人中国黑龙江省国际经济技术合作公司作为劳务派遣公司,其与牡丹江某劳务输出服务处是一种委托代理关系,服务处是委托人,黑龙江合作公司是受托人,因前者没有对外劳务合作资格,而委托后者代为输出劳务。

我国对外经济活动中,通常采用外贸代理制度。外贸代理关系与民法上的委托代理关系又有一定的区别。民事代理一般都是以被代理人的名义从事代理活动,代理人通常不向第三人承担责任,只在有过错的情况下,才向第三人或被代理人承担责任。而外贸代理的情况则比较复杂。在实践中,中国的外贸代理可分为三种情况:①国内享有外贸经营权的外贸企业之间的代理,代理人以被代理人的名义对外签订进出口合同;②国内享有外贸经营权的外贸企业之间的代理,代理人以自己的名义对外签订进出口合同;③国内不享有外贸经营权的单位和个人与享有此项权利的外贸企业间的代理,代理人以自己的名义对外签订进出口合同。在以上三种情况中,只有第一种情况与民事代理制度相同。第二种、第三种情况与民事代理制度则有较大区别。1991年外经贸部对此专门颁布《关于对外贸易代理制的暂行规规定》(以下简称《暂行规定》),以调整第二种、第三种情形下的代理。后两类代理最主要的法律特征是:①代理行为是以代理人自己的名义进行的;②代理行为产生的权利义务不由被代理人直接承担,而是由代理人对外商承担合同义务,享有合同权利。因此,我国民法所规定的代理与《暂行规定》中的外贸代理有着质的区别。首先,外贸代理制中代理人首先应具备企业法人的一般权利能力和行为能力且应当在核准登记经营范围内从事经营;其次,外贸代理人必须具有特殊的权利能力和行为能力——外贸经营权,没有外贸经营权的公司、企业必须委托有外贸经营权的公司代理进出口,且必须以外贸公司的名义对外签订合同;最后,外贸代理人还必须具有其所代理的商品的外贸经营权,无某类商品进出口经营权而为他人代理进出口的,应属主体资格不合格的无效行为。这种情况下,代理人对外仍需履行其所签订的合同,对内应承担相应的责任。由此可见,外贸代理制包括两个合同关系,即委托人和受托人之间的委托合同关系,受托人与外商之间的买卖合同关系。因买卖合同产生的纠纷一般根据合同中的仲裁条款予以解决,因委托合同产生的纠纷则由国内有管辖权的法院处理。

由此可见,外贸代理包括直接代理和间接代理两种类型。前者是指代理人以被代理人名义对外签订合同,合同权利义务直接由被代理人承担,适用于双方都有外贸经营权的企业;间接代理指代理人以自己的名义对外签订合同,合同权利义务由代理人对外承担,代理人与被代理人之间权利义务由委托代理合同确定,适用于双方都有外贸经营权的企业,也适用于无外贸经营权的委托人与外贸企业之间的关系。一般情况下,人们所说的外贸代理制即指间接代理及其有关制度。

本案中,如果认定第三人中国黑龙江省国际经济技术合作公司与牡丹江某劳务输出服务处为民事代理,则前者必须以后者的名义对外输出劳务,而实际上后者并没有对外劳务输出资格,不可能以其名义对外输出劳务,而实际上后者为有对外劳务合作资格的公司,其以自己的名义对外合作。这符合外贸代理制的情形。因此,服务处与黑龙江合作公司是一种类似外贸代理的关系。

(3)关于申某雨与黑龙江合作公司之间的关系,究竟是一种劳务派遣关系、居间合同关系还是劳动关系,法院在判决中没有明确表述。而只是认为由于黑龙江合作公司对合同内容没有严格审查,在实际操作中,没有遵守法律规定的程序,导致合同内容和实际不符,也应承担相应的责任。

这是我国对外劳务合作初步发展时期,对外劳务合作许多规范尚在制定之中,当事人尚有许多不规范的行为,导致被派遣劳务人员的损失,法院因此判决被告承担法律责任。

3. 黄某英等 58 人因在外派期间罢工被遣返回国诉中国厦门国际经济技术合作公司返还收取[①]

【案情】→

1997 年 3 月,中国厦门国际经济技术合作公司(以下简称中厦公司)经国

---

① 参见《黄某英等 58 人因在外派期间罢工被遣返回国诉中国厦门国际经济技术合作公司返还收取》,110 法律咨询网,http://www.110.com/ziliao/article-42257.html,下载日期:2013 年 3 月 20 日。

第三章 我国对外劳务合作中的合同案例分析

家外经贸部批准,有权外派劳务人员前往密克罗尼西亚联邦雅浦州 KING-TEX(F.S.M)INC 工作,中厦公司与密克罗尼西亚联邦雅浦州该厂签订了约定工作条件的合作协议,并规定,由中厦公司提供的人员因个人问题回国,中厦公司必须承担赔偿外方雇主的损失,即承担来回程路费。

随后,中厦公司通过报纸向社会发布了信息,黄某英等 58 人得知后遂向中厦公司报名。中厦公司及厂方代表就前往密克罗尼西亚联邦 KINGTEX(F.S.M)INC 的工作时间、待遇等情况向黄某英等 58 人作了介绍,之后双方当事人签订《劳务人员外派合同书》。合同约定:乙方(原告)在了解拟前往的工作所在地的情况后,自愿向甲方(被告)提出申请,由甲方办理外派的出境手续。外派工作期间,乙方视为外方雇主的雇员,与甲方的权利义务关系仅限于合同条款规定。乙方工作期为二年,自离开中国国境之日起至抵返中国国境之日止。甲方应在乙方外派期间督促雇主保障乙方如下权益:乙方在受聘期间实行每周六天、每天 8 小时之定额管理制度,乙方必须完成每日的定额指标,乙方每月在保质保量完成定额指标后,发给基本工资 150 美元,超额部分所得发给个人;乙方受聘期间,住宿费、伙食费由雇主负担;乙方外派前一次性向甲方支付选派劳务人员的各种费用共人民币 3950 元,护照押金人民币 600 元,履约保证金人民币 3000 元,合同期满,甲、乙双方处理完有关债权、债务和办妥证件交接手续后,甲方应将护照押金及履约保证金(不计利息)如数归还乙方;乙方外派期间必须遵守工作所在地国(或地区)的法律、法规,尊重当地风俗习惯,不参与政治活动,遵守雇佣公司的规章制度,服从雇主的工作安排和管理,完成雇主下达的生产任务,不准罢工或以其他任何形式怠工,不准破坏或影响雇佣公司的正常工作,不得影响其他劳务人员正常履约,遇到劳资纠纷时,应服从甲方调解与处理,乙方违反上述条款,甲方有权视情节轻重给予扣发部分保证金直至没收。本合同在执行过程中若发生争议,则提交厦门市劳动仲裁委员会仲裁,该仲裁结果是终局等条款。

合同签订后,黄某英等 58 人分别向中厦公司缴纳履约保证金每人人民币 3000 元,办理外派手续的服务费每人人民币 3950 元。从 1997 年 8 月 29 日起,中厦公司分三批将黄某英等 58 人外派至密克罗尼西亚联邦雅浦州 KINGTEX(F.S.M)INC 企业从事制衣工作。该工厂按双方当事人所签订合同的工资定额发放工资及提供合同约定的食、宿。1997 年 10 月 20 日上午 8 时,黄某英等 58 人以水土不服、生病,厂方提供工作条件与外派劳务合同中约定的工作条件不符等为由开始罢工,并拒绝与雇主谈判。翌日,厂方为不影响正常的生产及维护工厂的利益,与雅浦当局配合将黄某英等58人隔离,并于10月29日和11月5日分两批将黄某英等58人安排回国。1997年11月5日,密克罗尼西亚联邦司法部长致函中厦公司,称该部"应邀参加了雅浦(YAP)KINGTEX(F.S.M)公司召开的会议,有关该公司雇佣的58名工人于1997年10月21日没有任何理由情况下,突然决定罢工,并拒绝与雇主谈判,要求回国,依据密克罗尼西亚联邦的法律,他们的行为已违反了与雇主签订的合同,现已被解雇,撤销工作准证,成为非法外籍人员,他们必须立即被遣返回原籍或招聘地中国"。黄某英等58人回国后,以他们同中厦公司所签订的《劳务人员外派合同书》系中厦公司设计的格式合同,有欺诈、不平等条款,要求确认双方订立的合同无效等理由,向厦门市劳动争议仲裁委员会申诉。厦门市劳动争议仲裁委员会以厦劳仲委(1998)第072号裁决书裁决后,黄某英等58人不服,遂向厦门市开元区(编者注:现被撤销,已并入思明区)人民法院提起诉讼,称:被告在签订合同前没有如实介绍在外的工作条件,合同条款带有欺诈性及不平等性,并违反我国法律规定,致原告方无法履行合同而受到经济损失。请求判令双方订立的《劳务人员外派合同书》无效,判令被告返还向原告收取的劳务费、履约保证金共437850元及因合同无效造成的经济损失190169.75元。

被告中厦公司答辩称:双方签订的《劳务人员外派合同书》合法有效。在签订合同前,被告已就原告将要去工作的工厂、劳动强度、工作时间、工作量等作了介绍,所以不存在欺诈性。且被告已依约履行了合同,而原告却严重违约,其行为已给被告造成重大的经济损失。原告诉求无理,要求驳回原告的诉讼请求。

开元区人民法院经审理查明:KINGTEX工厂工作时间为上午8时至12时、下午1时至5时、晚上6时至10时,每三个星期有一个星期日和两个半天休息。工人经过磨合期后每月都能拿到一定的超产奖。目前在该厂工作的中国劳务人员尚有300多人,工人们生产、生活有序,他们的人身安全和合法权益依法得到保障。

开元区人民法院认为:1997年被告经政府批准外派劳务人员前往密克罗尼西亚联邦雅浦州KINGTEX(F.S.M)INC工作,并向社会发布信息,原告得知后向被告报名,被告及厂方代表就前往国的工作情况作了介绍,之后双方签订《劳务人员外派合同书》,该合同书系双方真实意思表示。虽然合同中约定发生争议提交厦门市劳动争议仲裁委员会仲裁,其仲裁是终局的条款违反

第三章 我国对外劳务合作中的合同案例分析

我国法律,该仲裁条款无效,但并不影响合同其他条款的效力。由于双方约定的工作地点及服务对象均在境外,故该劳务人员外派合同不属《中华人民共和国劳动法》调整范围。被告为原告办理外派的必要手续,需支付、代垫一定的费用,故被告向原告收取保证金并不违反法律规定。虽然合同约定每周六天、每天8小时工作,完成定额指标发给基本工资,但被告及厂方在介绍工厂情况时已告知原告每天工作12小时,且工厂按约定的定额标准发放了工资,故原告提出被告故意隐瞒真相,采用欺诈手段诱使原告与其签订合同证据不足,原告称在外派期间受厂方的"非法待遇",但不能提供相应的证据,不予采信。原告在外派期间因自身原因采用罢工手段致双方合同无法继续履行,原告行为违反了双方合同的约定,故其诉求不予支持。判决驳回原告黄某英等58人的诉讼请求。

一审宣判后,黄某英等58人不服,以原判认定事实有重大出入,适用法律不当,是一份错误的判决等为由,向厦门市中级人民法院提起上诉,请求二审法院撤销原判,改判支持其一审的诉讼请求。被上诉人中厦公司答辩认为原判认定事实清楚,证据充分,适用法律正确,请求二审法院驳回上诉,维持原判。

二审期间,中厦公司提交一份由外经贸部合作司牵头,厦门市贸发委及我国驻密克罗尼西亚联邦大使馆等单位组成的联合调查小组于1998年10月14日至18日赴雅浦,就雅浦制衣厂的工作概况、工作条件、工资分配形式及生活条件等方面进行为期4天实地调查后所作出的(98)外经贸守合三便字第47号《赴密克罗尼西亚雅浦制衣厂调查报告》,结论为雅浦制衣厂的生产稳定,生活有序,管理方法较为科学合理,工厂本身的工作条件、生活条件比国内同行条件要好,劳务人员的人身安全和合法权益有保障。罢工是因为劳务人员观念上的误差,对工厂定额管理制不适应及对工厂严格管理制度有抵触心理所致。

厦门市中级人民法院经审理认为:被上诉人中厦公司系依法取得从事经营外派劳务业务的中介企业,该公司向社会发布信息招聘上诉人及为他们办理外派劳务手续的内容、程序合法,理应得到保护。上诉人黄某英等58人在了解拟前往工作所在地的情况后,自愿与中厦公司签订《劳务人员外派合同书》,该合同书除仲裁条款约定违法无效外,其他条款对双方当事人均具有法律约束力。黄某英等58人签订合同书后,接受外派前往合同约定的雅浦制衣厂工作,在没有充分理由的情况下,突然决定罢工,拒绝履行合同约定为期二年的外派工作义务,显属违约行为。原审对这一事实认定清楚,判决正确,依法应予维持。关于黄某英等58人提及合同中第四条中厦公司收取劳工交纳3000元履约保证金是否违法的问题,由于双方当事人所签订外派劳务合同的履行地为境外,因此,当事人对履约保证金的约定应根据外派劳务的特点,以当事人自治为原则来处理,且该约定亦不与我国现行法律相抵触,故对黄某英等58人的该上诉请求,法院不予支持。黄某英等58人提出中厦公司在签订外派合同时,故意告知虚假情况,存在欺诈行为等,请求二审法院重新认定与处理的上诉主张,因该主张与外经贸部等单位组成联合调查组调查情况相悖,上诉方又无法提供相应证据来证明,故法院不予采纳。依照《中华人民共和国民事诉讼法》第153条第1款第1项之规定,该院于1999年3月26日判决驳回上诉,维持原判。

【分析】

本案中,法院认为《劳务人员外派合同书》约定发生争议提交厦门市劳动争议仲裁委员会仲裁,违反我国法律,该仲裁条款无效。由此可见法院否定了黄某英等58人与中厦公司之间的关系为劳动关系,不适用我国劳动法律规范。同时,法院以双方当事人意思自治作为认定合同效力的依据,以民事合同法律的内容来分析当事人之间的权利义务,虽然没有明确说明他们之间的中介服务关系,但实际上以此行事。

对于民事中介合同,如前所述,我国合同法规定,居间人应当就有关订立合同的事项向委托人如实报告。居间人故意隐瞒与订立合同有关的重要事实或者提供虚假情况,损害委托人利益的,不得要求支付报酬并应当承担损害赔偿责任。本案中黄某英等58人提出中厦公司在合同中承诺的工作时间、工资形式与实际履行的情况不符,是一种欺诈行为,应为无效条款,并未为法院支持。法院认为原告是在知悉中厦公司发布外派信息的前提下自愿报名,中厦公司安排原告与外方雇主面试,了解工作时间、待遇等情况,原告对外方雇主的定额管理制度知情而自愿签订合同,属于意思自治,合同有效。同时,黄某英等人所提出的工作时间过长、工作环境恶劣、人身无保障等事实,经中厦公司提交的由我国外经贸部合作司、厦门市贸发委及我国驻密克罗尼西亚大使馆等单位组成的联合调查组前往雅浦的实地调查报告证实,雅浦制衣厂工作条件较好、工资分配合理、生活环境很好。根据我国参加的《民商事案件国外调取证据公约》第2章第15条规定,在民事或商事方面,缔约国的外交官或领事人员可以在另一缔约国领土上并由其行使职权的区域内,不受约束地进行

第三章 我国对外劳务合作中的合同案例分析

只涉及其侨民而且属于其本国法院受理的诉讼的所有取证行为。所以,该份调查报告形式合法,具有证据效力,可作为本案的一个重要书证,法院应予采纳。因此,法院判定原告诉讼请求不合理,驳回了原告的诉讼请求。法院的审理是以民事合同法律为依据的。

关于中厦公司收取外派劳务人员保证金是否合法。法院认为,由于双方约定的工作地点及服务对象均在境外,故合同不属《中华人民共和国劳动法》调整范围。尽管如此,1997年,财政部、原外经贸部《关于印发〈对外经济合作企业外派人员工资管理办法的补充规定〉的通知》(财外字[1997]8号)中规定:"为保证外派劳务人员履行劳务合同,企业可以向外派劳务人员收取不超过劳务合同工资总额的20%的履约保证金。"据此,当时我国对外劳务合作企业可以收取保证金。但2003年财政部、商务部《关于取消对外经济合作企业向外派劳务人员收取履约保证金的通知》(财企[2003]278号)规定又取消了企业向外派劳务人员收取履约保证金,规定企业不得再向外派劳务人员收取履约保证金,并规定对违规视情节轻重给予相应处罚。法院在处理本案时,没有适用1997年财政部、原外经贸部的有关规定,而是排除其属我国劳动法调整来分析。法院亦是试图以法律关系分析来解决当事人之间的争议。

尽管从本案《劳务人员外派合同书》内容来看,原告承担了更多义务,如外派期间必须遵守工作所在地国(或地区)的法律、法规,尊重当地风俗习惯,不参与政治活动,遵守雇佣公司的规章制度,服从雇主的工作安排和管理,完成雇主下达的生产任务,不准罢工或以其他任何形式怠工,不准破坏或影响雇佣公司的正常工作,不得影响其他劳务人员正常履约,遇到劳资纠纷时,应服从甲方调解与处理,等等。但该合同是否因格式合同显失公平?被告在处理当事人之间的纠纷中是否尽到了应尽的义务?等等。从今天来看,该案的处理是否还有需要完善的地方?从后来我国大量发生的侵害劳务人员权益的情况看,对外派劳务企业的严格规范,有利于我国对外劳务合作的有序发展。

总之,对外派劳务合同作民事合同来处理,在保护劳务人员权益上或多或少有一些缺憾,尤其是在当时对我国对外劳务合作企业的法律规范不健全的背景下,法院判决如果能明确体现对弱者权益保护的观点,更有利案件的公平合同解决。

4. 魏某田、黄某刚、唐某金等与广汉市某建筑公司劳动争议案①

【案情】→

1999年8月前后,四川省广汉市农民黄某模得知老挝国哺纽省有一水利工程需要承建,便在广汉市小汉镇、和兴镇等地招收出国劳务人员(包括28名原告),并向劳务人员处收取出国经费每人3000元至6500元不等,黄某模给每人出具收费收据。因黄某模个人没有承包资格,于1999年9月通过莫安荣介绍认识了广汉市某建筑公司(以下简称某公司)的法定代表人许某模,双方商定,由某公司作为承包人到老挝国承包水利工程建设。黄某模给某公司出具"承诺书"载明:兹承诺老挝及云南省励腊县的有关工程,凡属这两地所签署的一切工程合同的经济法律责任及一切责任全部由黄某模负责,与某公司无关,并承诺以其全家的全部财产作担保,黄某模及证人莫安荣在承诺书上签名。同时,为顺利到省内有关组织出国人员出国的中介机构办理出国人员的出国手续,某公司给黄某模出具了一份"签订经济合同法人授权委托证明书",该委托书载明委托黄某模为某公司副经理,为公司法定代表人,代表公司就对外劳务合同及一切出国审批手续的权限范围内对外签订经济合同,某公司在委托书上盖章,法定代表人许某模签字。1999年9月6日黄某模持委托书代表广汉市农民与四川省外经实业股份有限公司(办理出国劳务人员出国的中介机构)签订了办理出国人员有关出国手续的协议书。1999年9月15日,某公司经过黄某模介绍与云南省励腊县赖某成签订"工程协议书",双方约定,由赖某成负责将老挝国会晒省约30万美元的水利工程联系交给某公司施工,由某公司付给赖某成介绍费等费用。某公司在该协议书上盖章,作为某公司代表人的许某模、戴某、黄某模在协议上签字,赖某成作为合同的另一方在协议上签字。1999年9月21日,某公司与老挝万象市同盛建筑工程公司签订"工程承包合同",双方约定合作承包建设老挝国内哺纽水利灌溉工程,某公司在合同上盖章,作为某公司代表人的许某模、黄某模、戴某在合同上签字,万象市同盛建筑工程公司作为合同的另一方在合同上盖了章。

1999年10月2日,黄某模将其组织的第一批工人通知到某公司开会宣

---

① 参见《魏某田、黄某刚、唐某金等与广汉市某建筑公司劳动争议案》,110法律咨询网,http://www.110.com/panli/panli_30927.html,下载日期:2012年10月20日。

第三章 我国对外劳务合作中的合同案例分析

布出国注意事宜,此时该批工人方知黄某模无承包工程资格,出国是为某公司工作,某公司也才知道黄某模所招工人,该批工人于同月6日从广汉市出发到中老边境,由某公司的代表戴泉为该批工人办理了可以自由出入中老边境的我国边民证入境到老挝做工。1999年10月5日、20日黄某模将其组织的第二批和第三批工人分别通知到某公司开会宣布出国注意事宜,该两批工人亦像第一批工人一样才知黄某模无承包工程资格,出国是为某公司工作,某公司也像第一批工人到其公司开会一样知道黄某模所招工人。第二批和第三批工人不久即持出国护照出国。三批工人在某公司开会时均要求与某公司签订劳务合同,某公司也表示同意,但在出国前最终未能签订。

三批工人(含本案全部原告)到老挝国哺纽水利工程后开始做工,1999年11月26日,与某公司签订了"老挝哺纽水利工程工资协议",该协议就职工工资约定工资从进入水利工程工地算起,每位职工出勤天的基本工资暂定为10美元左右,特殊工种(如技术员、测量工、驾驶员等)的工资另定,其他情况(如:无工作安排、停工待料、自然灾害等)的工资另定;在施工过程中,如发生工伤、伤亡事故,职工的工资实付外,医疗费实报实销,生活费实发,营养补助、护理费定为工资的70%付给等。黄某模作为哺纽水利工程项目经理部经理在该协议上签了字,职工代表李某顺,施工管理负责人黄某刚、那方贵、陈某明均在协议上签字,本案全部原告对该协议也予以认可。1999年12月5日,戴某与某公司签订一"补充协议书"。协议书约定某公司将其承建的会晒省哺纽水利工程承包给某公司在动腊的分公司经理戴某,由戴某全权负责管理工程的一切事务,负责工地施工人员的生活费,而对工人工资部分未予涉及。协议由某公司盖章,有许某模、黄某模、戴某签字。

其后因工程亏损,工程无法进行,30名原告于1999年12月、2000年2月、3月分三批陆续回国。其中,2000年3月10日吴会英以哺纽工地欠款负责人名义书写欠7名工人合计金额4429元人民币的工资表一份,9名工人工资表一份,合计金额为人民币29690元。

2000年3月21日,30名原告作为申诉人向广汉市劳动争议仲裁委员会申请仲裁,要求某公司(被申请人)退还出国所收的费用,支付劳动报酬及交通费。广汉市劳动争议仲裁委员会于2000年3月23日以申诉人的申诉不属仲裁委受案范围为由作出了不予受理通知书,同月28日,魏某田等30名原告以广汉市某建筑公司及黄某模为被告向广汉市人民法院提起诉讼,要求某公司退还出国所收的费用,支付劳动报酬及交通费;事后当事人又撤回了对黄某模的起诉,法院准许,但通知黄某模作为本案第三人参加诉讼。

在法院案件审理过程中(2000年6月17日),30名原告的代表人、被告广汉市某建筑公司和第三人黄某模三方在庭外准备签订一份由黄某模承担退还部分出国费用、被告广汉市某建筑公司承担部分工资的支付及其他问题的处理的和解协议时,因黄某模不知去向,未能在和解协议上签字,签字的仅有被告广汉市某建筑公司的法定代表人许某模和30名原告的代表人,致该和解协议未能全面达成并履行。

经法院查明,黄某模所收出国费用一部分已用于办理出国手续,金额为每人2360元(黄某刚、郑某贵、陈某明、王某招、曾某元出国未办护照,无该笔费用开支),其余费用的去向无证据证实。往返路费每人1000元由30名原告支付(其中500元在出国前款交黄某模)。

法院审理后认为,某公司同老挝国万象市同盛建筑公司签订的"工程承包合同"是合法有效的,某公司系老挝国么叫省会晒县哺纽水利灌溉工程的承包商之一,本案30名原告虽然前期系黄某模所招聘,但在老挝哺纽水利灌溉工程工作期间同某建筑公司建立了事实上的劳动关系,该劳动关系应当依法受到中国《劳动法》的保护,某公司应依照《劳动法》的规定和双方的约定向30名原告履行支付工资的义务,工资的具体数额采信由黄某模签字认可的10月份、11月份的工资数额,因证据证实黄某模在老挝工作期间系某公司副经理,其有权利编制工人应得工资数额,该行为系职务行为,某公司应对黄某模的职务行为承担责任。某公司以1999年10月、11月工资表的编制公司不知道,系黄某模个人行为,因此公司不应承担责任的抗辩理由不成立,黄某模同某公司之间的"承诺书"的有关约定不能对抗第三人。

关于30名原告要求某公司退还出国费用的问题,从双方收缴出国费用的意思表示来看,该出国费用应退还原告。出国办理各种手续所产生的费用每人2360元是出国工作所必要的开支,虽然该笔费用系黄某模在与某公司建立关系之前所收取,但该笔费用已实际支出,工人出国做工是为某公司工作,也只与某公司建立事实上的劳动关系,因此,该笔费用理应由某公司承担,而劳动者及第三人黄某模并无承担的义务。因此,30名原告(张某、冯某、黄某刚、郑某贵、陈某明、王某招、曾某元除外)请求返还每人2360元出国费,某公司以办理出国行为系黄某模个人行为而不承担该笔费用的抗辩理由不能成立。其余费用(指每人支出2360元出国手续费用后的余款)系黄某模在认识某公司之前收取,且某公司并不知道,也无证据证实钱已交某公司或用于某公司开

第三章 我国对外劳务合作中的合同案例分析

支,某公司事后也未予追认,其行为系黄某模个人行为,30名原告(冯某、张某除外)要求被告某公司退还该笔费用的请求法院不予支持,法院支持要求第三人黄某模退还该笔费用的请求。

关于路费问题,路费的支出也是出国工作所必要的开支,因30名原告出国也只与被告建立了事实上的劳动关系,该笔费用也理应由被告某公司承担,具体金额为往返合计每人1000元,因此,30名原告要求被告某公司返还该笔费用的请求法院予以支持。第三人黄某模不承担该笔费用。

关于原告薛某文请求被告某公司支付其医疗费、误工费、营养费、护理费和再医费的问题。参照中国《劳动法》和劳动部有关职工患病在解除劳动合同前应当享受一定时间的医疗期的规定,本案原告薛某文应在被告某公司处享受3个月的医疗期,时间自1999年12月25日至2000年3月24日止,金额为8843.90元,故法院支持原告薛某文要求被告某公司承担该部分医疗费的请求。因此,法院判决被告返还23名(30名原告中的张某、冯某、黄某刚、郑某贵、陈某明、王某招、曾某元除外)原告出国所缴费用合计人民币54280元,每人2360元,返还30名原告出国所用交通费合计人民币30000元,每人1000元,付给原告薛某文医疗费合计人民币8843.90元(履行时应扣除先予执行时薛某文已收的5000元)。黄某模应于本判决生效后一个月内返还28名(30名原告中的张某、冯某除外)原告出国所缴费用合计人民币64620元)。驳回30名原告的其他诉讼请求。

【分析】

本案涉及以下几层法律关系:(1)某建筑公司与老挝国万象市同盛建筑工程公司签订工程承包合同,为民法上的建筑承包合同关系,其法律效力适用我国《民法通则》和《合同法》的有关规定,同时也应遵守老挝国的有关法律。(2)魏某田等30人和广汉市某建筑公司之间是事实劳动关系,虽然他们之间没有正式签订劳动合同,但是,其劳动关系事实存在,黄某模将其组织的三批工人通知到某公司开会宣布出国注意事宜,工人便知道黄某模无承包工程资格,出国是为某公司工作,三批工人在某公司开会时均要求与某公司签订劳务合同,某公司也表示同意,但在出国前最终未能签订。其后工人与某公司的全权代表签订的"老挝哺纽水利项目工程工资协议"是其劳动合同内容的一部分;虽然黄某模有承诺书,但该承诺书涉及其与某公司内部之间的关系,不影响工人与某公司之间的关系。(3)黄某模与30名原告之间的中介服务合同,因由黄某模出具收据,黄某模收取一定费用为30名原告提供出国劳务中介服务,因其提供服务不符合约定,因而应返还工人相应中介费。(4)黄某模持委托书与四川省外经实业股份有限公司(具备对外劳务合作经营权的公司)签订的办理出国人员有关出国手续的协议书为委托合同,委托人为某建筑公司(黄某模持委托书办理),受委托人四川省外经实业股份有限公司为某建筑公司组织工人赴老挝参加会晒省哺纽水利工程的建设办理出国手续;但该委托书写明代表广汉市农民签署委托书,也说明其同时行使其代理农民工的中介行为。(5)薛某文还提起侵权损害诉讼请求,因其在老挝工作期间,由于工作环境恶劣,生活条件艰苦,患疟疾、慢性肾衰、慢性贫血及肺部感染(有有关医院的病情证明为证)住院(有黄某模、唐某书、陈某明的证言为证)花费医疗费8709.50元,薛某文还要求误工费、营养费、护理费和再医费等约30万元。

因此,本案涉及合同及侵权等多重法律关系,各方当事人在各种法律关系中的权利和义务适用不同的法律,法院的判决在厘清各种关系的基础上,确立了责任各方的责任,使纠纷得以解决。

5. 刘某与中国陕西国际经济技术合作公司返还代办费纠纷案①

【案情】→

1997年10月6日,被告中国陕西国际经济技术合作公司(以下简称中陕公司)在西安晚报刊登招聘出国劳务人员广告,原告刘某(陕西省经济管理干部学院干部)看到广告后,遂于1997年11月7日与被告签订合同书,合同约定其自愿赴苏里南共和国,代办费4500美元(人民币37370元),被告在苏里南的合作公司可协助介绍住房和工作,不负责其在苏里南的工作。1998年4月26日原告乘飞机离开北京,4月28日到达苏里南。到苏里南后,由于工作、生活、食宿没有保障,无法在苏里南立足。我国驻苏里南大使馆工作人员认为其属非法入境,要求其尽快回国。1998年6月9日,刘某离开苏里南返回北京。其后,原告向西安市碑林区人民法院起诉,以被告以欺骗手段与之签订劳务输出合同实际是以劳务输出搞非法移民,要求认定该合同为无效合同,并要求被告返还代办费37370元人民币,赔偿经济损失64000余元。

被告辩称,其招聘赴苏里南劳务人员是经过中国驻苏里南大使馆确认,

---

① 参见《刘某与中国陕西国际经济技术合作公司返还代办费纠纷案》,110法律咨询网,http://www.110.com/panli/panli_12180.html,下载日期:2012年10月20日。

苏里南司法部门同意苏中联合贸易公司在中国境内招收劳务人员。其与原告签订的合同并非劳务输出合同，而是中介服务。且合同约定原告是自愿到苏里南。其收代办费4500美元，自留1000美元作为代办费，其余3500美元交付苏中联合贸易公司。原告到达苏里南后，苏中联合贸易公司协助原告在当地找工作，并提供食宿帮助，因原告自己不适合而擅自回国，其不承担法律责任。

法院经审理认为，订立合同，必须遵守国家法律、法规，被告中陕公司虽持有苏里南共和国司法部外侨事务司同意苏中联合贸易公司在中国境内招收人员来苏里南，并经中国驻苏里南大使馆领事部确认的译文。但其与苏中联合贸易公司签订之合同中明确申请人在苏里南居住2年后可以由苏中联合贸易公司代办转国籍手续。被告与原告签订之合同名为劳务输出，但对原告赴苏里南后所从事的工作，雇用期工资、食宿、劳保及保险等均没有保障，该合同实际是假借劳务输出搞非法移民。国有外经贸企业不允许搞移民，被告的行为已违反国家的有关规定，应认定原告、被告签订的合同无效。被告中陕公司以其行为系中介服务之理由不能成立。1999年9月21日，法院判决中陕公司与刘某签订之合同无效，被告应返还原告代办费37370元，赔偿原告损失27049.5元，诉讼费由被告承担。

【分析】

本案被告中国陕西国际经济技术合作公司具有招收出国务工人员的资格，而且招工项目是实际存在的，因为，无论如何，被告持有苏里南共和国司法部外侨事务司同意苏中联合贸易公司在中国境内招收人员到苏里南，并经中国驻苏里南大使馆领事部确认的文件。但是，被告招收的人员到苏里南并非工作，而是以为其办理苏里南国籍为目的。原告到苏里南后无具体工作可做。因此实际是假借劳务输出进行非法移民。法院的认定和判决是公正的。被告实际为劳务派遣公司，但没有实现真正的劳务派遣，因此应承担相应的责任。同时，当事人也应该注意和派遣公司签订的合同，如果合同没有明确具体的雇主、工资、工时、劳动条件等条款，就不能轻易地签订合同。正是基于此，其后我国商务部及有关部门制定的规章，对出国劳务合同的条款有明确规定，当事人之间的合同必须具备法律规章规定的内容，并经国家商务部门审查符合条件，才能进行劳务派遣。劳务输出人员在签订对外劳务合作协议时也应尽量谨慎。

6. 乐山市市中区就业服务管理局与中国四川国际合作股份有限公司劳务输出合作合同纠纷案①

【案情】→

乐山市市中区就业服务管理局(以下简称就业局)授权其下属机构劳务输出中心(以下简称输出中心)于1999年8月31日、9月1日与中国四川国际合作股份有限公司(以下简称中川公司)分别签订了赴巴哈马、英国、柬埔寨三国的"劳务项目内部合作协议书",协议约定由输出中心为中川公司招聘出国劳务人员,并办理相关手续、代收相关费用。协议还约定输出中心可向劳务人员增收一定费用,增收部分为输出中心所得;如一方违约,应赔偿给对方造成的全部损失。协议签订后,输出中心按约为中川公司招聘出国劳务人员56人,支付给中川公司代收取的费用102.78万元,全面履行了协议约定的义务。2000年4月,中川公司通知输出中心不能履行协议,并退还收取的费用102.78万元。此后,就业局多次派人到中川公司要求赔偿经济损失均无果,因此,就业局向市中区人民法院起诉,要求中川公司赔偿经济损失50万元。

法院查明:1999年8月,中川公司向就业局及其下属输出中心出具委托书,委托其代为招聘出国劳务人员。同年8月31日、9月1日,经就业局授权,输出中心与中川公司分别签订了关于赴巴哈巴、英国、柬埔寨三国劳务人员的劳务项目内部合作协议书,协议约定:中川公司负责对外签约、洽谈及与雇主联络等相关事宜,输出中心负责劳务人员的选审、与个人签订合同等内部事宜,双方各自发生的费用各自负担;输出中心代中川公司向劳务人员收取服务费、出国手续费、履约保证金,并可增加一定数额收费,增收部分为输出中心所得;协议第5条违约责任条款约定:若一方违约,违约方应向雇主赔偿损失、向对方赔偿损失;协议第6条不可抗力条款第2款约定:双方同意,由于中国有关主管部门不予审批、项目所在国不予审批或雇主原因而使本项目不能执行(即对外合同无效、解除或中止导致本协议无法执行),则双方不承担违约责

---

① 参见《乐山市市中区就业服务管理局与中国四川国际合作股份有限公司劳务输出合作合同纠纷案》,110法律咨询网,http://www.110.com/panli/panli_30177.html,下载日期:2012年10月20日。

第三章 我国对外劳务合作中的合同案例分析

任,双方已经发生的费用均由各自负担。协议签订后,输出中心在乐山市境内并通过洪雅县就业局在洪雅县境内进行了招聘出国劳务人员的工作,先后分别与钟卫东等56人签订了劳务项目合同书,向劳务人员共收取费用134.18万元,其中,102.78万元为代中川公司收取费用,31.4万元为增收费用,该增收费用数额超过协议约定数额。输出中心在组织人员过程中,支出公证费、体检费、办证费等费用16667元。此后,输出中心按约支付给中川公司代为收取的费用102.78万元,并按约将其与钟卫东等56人签订的合同书提供给中川公司,中川公司对输出中心超过协议约定增加收取费用未表示异议。2000年4月,因与中川公司签约的香港华商国际投资有限公司涉嫌利用虚构的劳务输出合同对中川公司进行诈骗(该公司为该劳务输出项目的中介公司),被公安机关立案侦查,致劳务人员不能出国工作,中川公司遂通知输出中心终止履行合同,并陆续于同年4月12日至6月14日分四次退还了收取的费102.78万元,但拒绝向输出中心赔偿损失。由于不能履行合同,劳务人员纷纷要求输出中心退还收取的费用并赔偿经济损失,部分劳务人员在洪雅县人民法院提起诉讼,部分劳务人员多次到输出中心、中川公司要求解决纠纷,就业局为此多次派员前往中川公司协商解决赔偿损失事宜,但中川公司以有协议约定为由拒绝赔偿经济损失。2001年4月,就业局起诉,要求中川公司承担违约责任,赔偿经济损失。

对当事人争议的下列事实,法院评判如下:(1)就业局提供证据:2000年4月以后,就业局派员出差成都的差旅费报销单29份,共计金额6423.80元。其中,有16份报销单载明是去成都解决与中川公司的纠纷,金额4819.30元。就业局提供该证据证明双方发生纠纷后,就业局多次派员去中川公司解决纠纷,产生差旅费损失。经庭审质证,中川公司认为:就业局确实派人去过中川公司,但其所提供的单据有13份不能证明是去中川公司,另外16份单据虽载明是去中川公司,但该单据是就业局人员自行填写的,对此不予认可。

法院认为,就业局提供的上列单据中,有13份单据无法证明与中川公司有关,故本院对此不予采信;另外16份单据载明是前往中川公司解决纠纷,中川公司亦承认就业局派人去过公司,因此,对该16份单据载明的事实,法院予以采信,即就业局在与中川公司发生纠纷后,多次派员前往中川公司解决,产生差旅费损失4819.30元。

(2)就业局提供证据:①接待洪雅县就业局人员接待费用单据6张。证明就业局与中川公司发生纠纷后,由于洪雅县境内签约劳务人员善后事宜未解决,洪雅县就业局来人协商,就业局为此产生接待费损失1670元;②接待部分签约劳务人员的接待费、差旅费单据9张。证明因就业局与中川公司发生纠纷,导致就业局未能赔偿劳务人员损失,劳务人员前往解决而产生的接待费、差旅费损失,共计2358元;③洪雅县人民法院(2000)洪民初字第101号、第102号、141号民事判决书及执行通知书各3份。证明因中川公司拒绝赔偿损失,致就业局未能向劳务人员进行赔付,部分劳务人员为此提起诉讼后,洪雅县人民法院判决就业局承担的诉讼费、执行费损失,共计25000元。经庭审质证,中川公司对上列费用的真实性无异议,但认为该笔费用是就业局为与劳务人员解决纠纷而产生,与中川公司无关。

法院认为,中川公司与就业局终止内部合作协议后,未能积极、及时处理善后事宜,导致就业局支出上列费用的损失,该损失与中川公司终止合同有关,法院予以采信,即由于中川公司终止合同并未能积极、及时处理善后事宜,致就业局产生接待洪雅县就业局、部分劳务人员及承担诉讼费用的损失共计29028元。

(3)就业局提供证据:其下属机构输出中心1999年4月至2001年3月的收支情况报表复印件28页。证明因中川公司违约,导致输出中心从2000年4月至2001年3月的营业收入与上年同期相比减少200779.90元,属中川公司违约造成损失,要求中川公司承担损失143548.20元。经庭审质证,中川公司认为,该收支情况表系输出中心自行编制,对真实性有异议。此外,输出中心经营收入的减少有经营方面的诸多因素,不能证明是中川公司违约导致。

法院认为,单位经营收入的减少有许许多多主客观方面的原因。就业局不能证明输出中心经营收入减少是中川公司违约直接导致,故法院对就业局提供的该损失证据不予采信。

综合原、被告双方诉辩意见,法院认为:(1)输出中心与中川公司签订的三份关于赴巴哈马、英国、柬埔寨三国劳务人员的劳务项目内部合作协议书,是经就业局授权签订,中川公司也向就业局出具有招聘出国劳务人员的委托书,因此,该协议对就业局和中川公司有约束力。中川公司提出输出中心不具备法人资格,所签协议无效的主张不能成立,法院不予支持。(2)原、被告双方签订的合作协议,约定了具体的合作事宜,明确了双方的权利义务,双方通过内部合作完成劳务项目,按照协议约定取得各自应得利益,即就业局在向劳务人员收取的费用中,向中川公司支付协议约定的固定金额,其余增加收费部分归就业局所得。中川公司并不向就业局支付委托费用和报酬,因此,双方的关系

第三章 我国对外劳务合作中的合同案例分析

并不是单纯的委托关系,而是协议确定的合作关系。中川公司主张双方关系是合作关系的理由成立,法院予以支持。双方的权利义务应按协议约定确定。(3)导致原、被告双方协议不能履行的原因是香港华商国际投资有限公司涉嫌利用虚构本次劳务输出项目进行诈骗,但香港华商国际投资有限公司只是劳务输出项目的中介公司,不是雇主,该事件亦不属于不可抗力事件,因此,中川公司提出协议不能履行属雇主原因,按协议第6条不可抗力条款第2款约定不应由中川公司承担违约责任的理由不能成立。中川公司对外签订劳务输出合同时审查把关不严,工作失误被骗,应向就业局承担不能履行合同的违约责任。(4)就业局已按约履行了协议约定义务,且已获取了协议约定的费用314000元,并将其与劳务人员签订的劳务项目合同及中川公司应得费用交付给了中川公司。由于中川公司违约解除合同,导致就业局应将获取的费用退还给劳务人员,由此给就业局造成了直接经济损失(履行协议的实际支出)和可得利益的损失共计314000元。此外,因中川公司未及时向就业局退款和赔偿损失,还导致就业局产生差旅费、接待费、诉讼费用损失,共计33847.30元,对此,中川公司应当承担赔偿损失的违约责任。(5)就业局提出的其余经济损失,因不能证明与中川公司的违约行为有直接关系,故对其要求中川公司赔偿的请求,不予支持。

因此,法院判决被告中川公司赔偿原告就业局经济损失347847.30元。

【分析】

乐山市市中区就业局为劳动行政机构,其下属输出中心劳务公司与中川公司签订的劳务合作协议为劳务招聘委托合同,是具有平等的地位的民事主体。输出中心代中川公司招聘出国劳务人员,并办理相关手续、代收相关费用,协议约定输出中心向劳务人员增收一定费用,以该增收部分为输出中心所得,但并未约定增收的具体数额或比例。协议签订后,输出中心积极履行义务,代中川公司招聘出国劳务人员56人,支付给中川公司代收取的费用102.78万元,全面履行了协议约定的义务。但是因中川公司此次劳务输出合作企业香港华商国际投资有限公司涉嫌诈骗,导致协议不能履行,对外劳务输出不能完成。因此,输出中心和中川公司之间的协议无法履行。虽然协议约定,由于中国有关主管部门不予审批、项目所在国不予审批或雇主原因而使本项目不能执行(即对外合同无效、解除或中止导致本协议无法执行),双方不承担违约责任,双方已经发生的费用均由各自负担,但法院认为中川公司被骗,导致合同不能履行,不属于该约定范围。中川公司审查把关不严,工作失误,导致合同不能履行,应向就业局承担不能履行合同的违约责任。最后法院判决中川公司赔偿输出中心可得利益 314000 元,其他费用 33847.3 元,共计 347847.30 元。本案属中介公司之间委托代理合同纠纷,因一方违约导致另一方的损失,应予以赔偿。

7. 林某明、林某丽与叶某家劳务款纠纷案①

【案情】→

林某明与叶某家有长期的劳务中介合作关系,1997 年 2 月 11 日至 7 月 16 日,林某明共收取叶某家交付的欲赴新加坡、以色列、柬埔寨三国劳工的劳务费 1071860 元(含双方结算款 38860 元),并出具收条,其中林某丽在林某明出具的赴以色列 38 万元劳务费的两张收条上签名盖指印;另林某丽又收取叶某家劳务款 3000 元,上述款项共计 1074860 元。林某明、林某丽收取叶某家的劳务费后无法办理劳工的出国劳务手续,除已退还和应退还给叶某家 338000 元外,剩下 739860 元尚未退还。叶某家向福建省莆田市中级人民法院起诉,要求被告退还未还款项并承担利息。林某丽在林某明出具的两张收条上签名,应共同承担退款责任。林某明虽办理了三名劳工的新加坡劳务手续,但手续不齐全致使三名劳工在新加坡出现麻烦,应按约定退还 50% 劳务费给叶某家,林某明、林某丽辩称已办理出国劳务手续,24 万元不能退还及叶某家要求 24 万元全部退还均没有理由。林某明主张现有能力继续办理赴以色列的劳务手续,可从中折抵劳务费,但林某明不具备劳务中介职能,不予支持。一审法院依照我国《民法通则》第 106 条第 1 款、第 108 条规定,判决林某明应在本判决生效后 15 日内退还叶某家劳务费 356860 元及该款按月利率 9.24‰ 计息,自 1998 年 8 月 19 日起至判决书指定还款之日止的利息;林某明、林某丽退还叶某家劳务费 380000 元及该款按月利率 9.24‰ 计息、林某丽退还叶某家劳务费 3000 元及该款按月利率 9.24‰ 计息。

林某明、林某丽不服一审法院判决,向福建省高级人民法院提起上诉,称:上诉人林某明因该案的劳务纠纷涉嫌诈骗罪被公安机关立案侦查,至今尚未撤销案件,故本案现尚是刑事案件,法院应当中止审理。上诉人林某丽没有参

---

① 参见《林某明、林某丽与叶某家劳务款纠纷案》,110 法律咨询网,http://www.110.com/panli/panli_26280.html,下载日期:2012 年 10 月 20 日。

第三章 我国对外劳务合作中的合同案例分析

与劳务中介活动,其在两张收条上签字是被胁迫的,该事实有司机姚燕平的证词证实,故林某丽不应承担还款责任。原审法院认定三名劳工在新加坡出现麻烦没有依据,一审判决上诉人林某明应退还12万元给叶某家错误。林某明与叶某家有长期的劳务合作关系,在收取其劳务的款项中,扣除其他劳务款后,现实际只拖欠叶某家266980元劳务费并非一审法院判决的739860元。

上诉法院经审理认为,林某明收取叶某家交付的赴以色列、柬埔寨劳务费及林某丽收取的部分劳务费,因林某明、林某丽不具备办理劳务出口的资格,违反法律规定而无效。林某明、林某丽对各自收取叶某家的劳务费应当返还,并赔偿其资金占用费损失。林某丽在林某明出具的部分收条上签名盖指印,是对有关债务的确认,应当与林某明共同承担该债务。林某丽尚独自收取叶某家部分劳务款,其以未参与劳务中介活动及属被胁迫在收条上签名盖指印为由请求免责,证据不足,不予支持。林某明收取叶某家24万元赴新加坡三名劳工的劳务费后,为三名劳工办理的是赴新加坡的旅游护照,不可能使该三名劳工在新加坡取得当地政府颁发的两年工作准证,林某明的上述行为具有欺诈性,且叶某家作为林某明与三名劳工劳务合同的中介人亦不具有劳务中介资格,故林某明收取叶某家劳务款行为违反法律规定,应认定无效,林某明收取叶某家交付的赴新加坡款项应当返还,鉴于林某明为三名劳工办理赴新加坡旅游手续支付了一定费用,且三名劳工至今还在新加坡,林某明可不全额返还,但对其无法在新加坡为三名劳工取得两年工作准证的过错,导致叶某家退还三名劳工12万元的款项,应当返还并赔偿该款的资金占用费损失。林某明以一审法院认定三名劳工在新加坡出现麻烦没有依据为由,请求不偿还叶某家的12万元款项无理,不予采纳。林某明、林某丽主张实际只拖欠叶某家266980元劳务费并非一审法院判决的739860元,亦无相应证据佐证。林某明因本案劳务纠纷涉嫌诈骗罪被公安机关立案侦查,该刑事案件因证据不足已由立案机关予以撤销,上诉人请求本案中止审理缺乏事实与法律依据,亦不予支持。但一审法院以月9.24‰判决资金占用利息,缺乏依据,应以中国人民银行同期同类贷款利率计算该资金占用费。上诉法院因此作出与第一审人民法院相应判决,但按中国人民银行同期贷款利率计算。

【分析】

本案是一起非法劳务输出案例,特殊性是双方当事人均为劳务中介公司,被告亦为无对外劳务合作资格的中介,但自称可以办理出国务工,而接受另一劳务中介委托并收取巨额款项,其行为具有欺诈性,已为公安机关立案侦查。

原告要求返还费用,基于被告行为的无效性,其有义务返还非法收取的款项。本案是对外劳务合作早期的重要案例之一。

第二节　我国对外劳务合作进入快速发展时期的案例

进入 21 世纪,我国对外劳务合作迅速发展,劳务合作规模不断扩大,进入一个前所未有的繁荣时期。虽然许多法律制度已经建立起来了,但是,对外劳务合作规模的扩大,对外劳务合作管理没有跟上,而且由于国际政治经济形势的变化与发展,我国对外劳务合作人员权益受到侵害的事件时有发生。虽然我国理论界和司法实务界已高度认识到我国对外劳务合作的重要性及纠纷解决的急迫性,但同样是由于对当事人之间的法律关系的不同认识,以及立法的不健全,法院在处理相似案件时,同样会出现不同的做法,影响案件的公正合理解决,也不利于我国对外劳务合作的进一步发展。同时期,虽然我国已经高度重视非法劳务行为,加大了管理力度和打击行动,但是仍有许多不法人员和企业以身试法,不惜危害出国务工人员的权益,对我国对外劳务合作的健康发展造成了危害。

1. 刘某健、河南华创对外劳务合作有限公司劳动争议纠纷案[①]

【案情】→

2006 年 3 月 17 日,原告刘某健与被告河南华创对外劳务合作有限公司(以下简称华创公司)签订《境外就业合同》一份,主要内容载明:"被告受河南达洋境外就业服务有限公司的委托和原告受聘于境外渔业公司前往远洋渔船从事境外作业事宜订立本合同。(1)原告自愿应聘前往远洋渔船从事远洋捕捞工作,并愿与被告共担风险、共同完成对外合同。(2)聘用期共 36 个月。(3)原告的基本工资:三年合同期每月 260 美元,工资计算上、下作业船起止或以雇主在服务簿上的签章为准,但违约者从雇主通知停止履约之日起停发工

---

① 参见《刘某健、河南华创对外劳务合作有限公司劳动争议纠纷案》,110 法律咨询网,http://www.110.com/panli/panli_25644100.html,下载日期:2013 年 3 月 20 日。

第三章 我国对外劳务合作中的合同案例分析

资,其中100美元或50美元由雇主直接在船上发给原告,剩余工资由被告转发,满一年后每六个月结算半年工资,原告第一年工资作为合同押金存放在被告处,如果原告违约,押金全部没收,原告无论在何种情况下必须在境外就业完成36个月合同期,否则被告在结算时将扣除原告每月40美元工资。(4)被告方责任:原告自离开中国国境之日起被告为船员意外伤亡提供保险,若渔工在合同期内患有职业病或因工受伤,由雇主负责及时将其送往医院治疗,并承担医疗费,如造成渔工伤残,由被告负责向雇主申请慰问金并向保险公司按伤残级别申请保险赔偿,由于船员自身原因造成的疾病,被告概不承担任何责任。(5)原告方责任:原告办理出境手续前,需全额缴纳办证费用,服从被告和雇主的统一安排,不得在往返途中擅自离队,不得私自换船,否则,除按违约处理外,所有在外工资一律用于支付违约赔偿损失;遵守船上的规章制度和操作规程,如因隐瞒疾病发作、个人自愿等原因提前回国或被解雇,原告应承担全部损失,包括在外工资一律用于支付违约赔偿,聘用期内,因工伤等需提前回国,原告必须持有雇主或船长同意并承担一切费用证明书,其中属伤、病者还应持有当地医院证明,否则按违约论处,所有在外工资一律用于支付违约赔偿,非工伤疾病或自身原因造成的疾病被告概不负责,由原告承担来回交通费用和治疗费用。(6)违约责任:凡原告涉及下列情况以违约论处,违约责任的认定以境外雇主的证明传真为准(打架、斗殴、消极怠工、长期不适应船上生活、工作不能胜任者,出国前隐瞒疾病在国外发病并影响工作者,出境后要求增加工资并更换合同的)。(7)本合同自双方签字之日起生效,至原告回国双方处理完债务之日止。"

合同签订后,被告收取原告船员押金4000元,被告遂将原告派往马来西亚、毛里求斯等境外海域从事海上捕鱼工作。2006年11月中旬,原告回国,在上海机场被上海公安人员送往上海市精神卫生中心。后由被告将原告送回其家中;因此时原告已患上疾病,其行为异常,遂又被送往南阳市第四人民医院(南阳市精神病医院)住院治疗,该医院于2007年3月30日为原告出具的诊断证明,诊断为:"精神分裂症"。在原告住院治疗期间共支出医疗费人民币13756.75元,期间被告借给原告人民币5000元。2006年12月,原告向南阳市卧龙区劳动争议仲裁委员会申请仲裁,请求:①确认原告为因工负伤;②被告支付原告因工伤引起的医疗、护理、伤残补偿等待遇;③被告支付拖欠原告的工资。2006年12月31日,该仲裁委员会作出宛龙劳仲案字[2006]第49号受理案件通知书,决定对原告的仲裁申请书予以受理;2007年4月18日,该仲裁委员会委托南阳市劳动和社会保障局为原告精神病进行工伤认定,南阳市劳动和社会保障局于 2007 年 6 月 21 日作出豫宛工伤退字[2007]02 号不予受理通知书,认定"原告精神病是病非伤,不在《工伤保险条例》规定的认定范围之内",决定不予受理;2007 年 6 月 30 日,原告向南阳市卧龙区劳动争议仲裁委员会提出申请,要求将原仲裁申请事项变更为:"因病非伤的医疗费、护理费及因病保险待遇等赔偿请求"。2008 年 7 月 21 日,南阳市卧龙区劳动争议仲裁委员会以案件需要为由,委托南阳市劳动能力鉴定委员会为原告精神分裂症进行伤残等级鉴定;南阳市劳动能力鉴定委员会办公室于 2008 年 9 月 3 日针对原告等 192 位同志劳动能力鉴定结果作出宛劳鉴[2008]4 号文件,公布结论为:"刘某健伤残四级"。2008 年 11 月 7 日,南阳市卧龙区劳动争议仲裁委员会作出宛龙劳仲裁字[2008]第 069 号仲裁裁决书,裁决:①被告于裁决书生效之日起十日内支付原告一次性赔偿金 159960 元;②原告的其他劳动争议请求不予支持;③仲裁费 450 元,由被告负担。被告对该裁决书不服,向河南省南阳市中级人民法院提出申请,要求撤销;该院于 2009 年 4 月 3 日作出[2009]南民一终字第 02 号民事裁定书,以裁决书的裁决事项违反了《中华人民共和国劳动争议调解仲裁法》关于终局裁决不超过当地月最低工资标准 12 个月金额的规定,属程序违法为由,裁定撤销南阳市卧龙区劳动争议仲裁委员会于 2008 年 11 月 7 日作出的宛龙劳仲裁字[2008]第 069 号仲裁裁决。原告遂又因该劳动争议纠纷向南阳市卧龙区人民法院提起诉讼,被告在答辩期间向该院提出了管辖权异议申请,以被告所在地在郑州市金水区辖区内为由,要求将本案移送郑州市金水区人民法院进行审理;该院于 2009 年 6 月 8 日作出[2009]宛龙七民初字第 98 号民事裁定书,裁定被告的管辖权异议申请成立。原告对该裁定书不服,提出上诉,河南省南阳市中级人民法院于 2009 年 8 月 4 日作出[2009]南管民终字第 75 号民事裁定书,裁定驳回上诉,维持原审裁定,该案遂移送至郑州市金水区人民法院审理。

郑州市金水区人民法院审理认为,劳动派遣是指由劳务派遣单位与被派遣劳动者订立劳动合同,由被派遣劳动者向用工单位给付劳务的一种用工方式。其最显著特征就是劳动力的雇佣和使用相分离,形成了"有劳动关系没劳动,有劳动没关系"的特殊形态。原、被告于 2006 年 3 月 17 日签订的《境外就业合同》明确记载有被告更名前的名称"河南华创劳务有限公司",且合同上加盖有该公司的印章,双方对此并无异议。说明被告系合同的一方主体,原、被告所签订的《境外就业合同》内容,应系双方的真实意思表示,不违反相关法律

第三章 我国对外劳务合作中的合同案例分析

的规定,双方存在事实的劳动关系,故被告以双方系境外就业中介服务合同关系,存在三方主体,适用境外行为地法律的辩称,与双方订立合同的目的和内容均不相符,故该院对被告的该辩称理由不予采纳。依据我国《劳动合同法》第3条的规定,依法订立的劳动合同具有约束力,用人单位与劳动者应当履行劳动合同约定的义务。原、被告之间存在劳动关系,即原告为被派遣劳动者,被告为劳务派遣单位。原、被告签订了三年的固定期限合同,原告是在合同期限内患病的,被告应按合同约定期限支付原告工资。从2006年3月17日合同签订到2006年11月中旬原告回国,计8个月,被告应按合同约定原告每月基本工资260美元,向原告支付工资计2080美元,折合人民币14200.58元(双方于2006年签订合同时美元对人民币汇率平均价为:1美元对人民币7.8087元,本案中原告诉讼主张按1美元对人民币6.8272元计算,符合法律规定,该院予以支持);剩余28个月的合同期工资,按照我国《劳动合同法》第58条第2款的规定,被派遣劳动者在无工作期间,劳务派遣单位应当按照所在地人民政府规定的最低工资标准向其按月支付报酬。按郑州市当时最低月工资标准650元,计款人民币18200元。另因原、被告劳动合同期限已届满,双方于2006年3月17日所签订的《境外就业合同》终止。劳动合同终止后,被告另应支付原告因解除劳动合同3个月经济补偿金人民币1950元(按郑州市当时最低月工资标准650元计算)。关于原告所患精神分裂症事宜,被告刘此表示认可,法院予以采信。原告患病与在国外工作是否存在直接因果关系,无法查证。但原告患病发生在双方劳动合同存续期间,被告作为劳务派遣单位,对原告的工作和基本生活情况应负有一定的安全保障的责任;被告在与原告订立合同时所采用的是格式合同,合同中关于原、被告应该承担责任的约定存在有显失公平之处。同时,原告在国外务工期间被告也应有责任协调用工单位,共同维护原告的合法权益,而本案中,原告从国外回到上海机场,被告事先并不知道。直到上海警方通知,被告才知道原告发病及回国的事实,被告作为劳务派遣单位,并没有做到其对员工应尽的基本义务。原告在双方合同存续期间患精神分裂症,所支出医疗费,从原告提交的费用汇总清单显示为13756.75元,扣除原告住院期间被告借支原告的人民币5000元,剩余8756.75元,应由被告向原告赔付;另基于公平原则和原告被派到国外务工后发病的特殊情况,综合案情,被告另应适当支付原告经济赔偿金5万元。关于原告主张被告返还押金4000元的事宜,因未列举出有效的证据,且被告不予认可,该院不予支持。至于被告以原告诉请事项未经过仲裁前置程序的辩解,因原告的诉请事项与劳动争议程序具有不可分性,原、被告的劳动争议纠纷已经过仲裁程序,故被告的辩解意见不能成立,法院不予采纳。综上,依照《中华人民共和国劳动合同法》第3条、第25条、第42条、第44条、第46条、第47条、第58条,《中华人民共和国民法通则》第4条,《最高人民法院关于审理劳动争议案件适用法律若干问题的解释》第6条和《中华人民共和国民事诉讼法》第64条第1款的规定判决被告河南华创对外劳务合作有限公司支付原告刘某健医疗费8756.75元、工资人民币32400.58元、解除合同经济补偿金人民币1950元及经济赔偿金5万元,驳回原告的其他诉讼请求。

宣判后,河南华创对外劳务合作有限公司不服,向郑州市中级人民法院提起上诉,称上诉人与刘某健之间没有劳动合同关系,一审认定事实错误,适用法律错误,判决错误,请求改判。刘某健亦提起上诉称一审认定双方系劳动关系正确,但判决赔偿数额过低,请求判令河南华创对外劳务合作有限公司支付疾病救济金10万元,增加经济赔偿金20万元。

上诉法院认为:河南华创对外劳务合作有限公司与刘某健2006年3月17日签订的《境外就业合同》系双方的真实意思表示,且不违反相关法律的规定,该合同证明双方存在劳动合同关系,因此,河南华创对外劳务合作有限公司上诉称与刘某健之间没有劳动合同关系,与事实不符,法院不予采信。一审已酌情判决河南华创对外劳务合作有限公司支付刘某健经济赔偿金50000元,刘某健上诉要求增加20万元请求没有法律依据,法院不予支持。刘某健请求支付疾病救济费10万元没有法律依据,法院亦不予支持。原判决认定事实清楚,适用法律正确,程序合法,处理适当。因此,驳回双方当事人的上诉,维持原判。

【分析】

本案为海员外派合同。原告经河南华创对外劳务合作有限公司派遣到远洋渔船从事远洋捕捞工作。海员外派是一种特殊的用工形式,与劳动合同法所规制的劳务派遣存在差别。目前,涉及海员劳动关系的专门法律是《船员条例》,此外还有部分规章及司法解释。① 《船员条例》第72条规定:"除本条例对船员用人单位及船员的劳动和社会保障有特别规定外,船员用人单位及船员应当执行有关劳动和社会保障的法律、行政法规以及国家有关规定。"因此,

---

① 潘锋:《海员外派的法律适用》,载《人民法院报》2011年04月25日第6版。

第三章 我国对外劳务合作中的合同案例分析

在《船员条例》未作特别规定的情况下,船员劳动关系应适用一般劳动立法的规定。在司法实践中,因海员外派产生的劳动争议很多,相关问题往往根据劳动合同法关于劳动派遣的规定加以解决。海员外派是海员通过船员服务机构的组织,向境外雇主提供劳务,涉及三方当事人,即船员服务机构、外派海员、境外雇主。外派船员的过程中,必须订立海员外派机构与外派海员间的外派协议和船员外派机构与船东间签订的船舶配员服务协议。从表面上看,此种用工模式与《劳动合同法》第57条至67条规范的劳务派遣有相似之处,但实际上存在差别。首先,《劳动合同法》第66条规定:"劳务派遣一般在临时性、辅助性或者替代性的工作岗位上实施。"而海员的工作岗位属于主营业务岗位,不符合临时性、辅助性或者替代性的要求。其次,外派机构与海员未必构成劳动关系。《船员条例》将外派机构界定为"船员服务机构",而"船员用人单位"应该是指船东。2011年3月颁布的《中华人民共和国海员外派管理规定》第24条规定:"海员外派机构为海员提供海员外派服务,应当保证外派海员与下列单位之一签订有劳动合同:(1)本机构;(2)境外船东;(3)我国的航运公司或者其他相关行业单位。外派海员与我国的航运公司或者其他相关行业单位签订劳动合同的,海员外派机构在外派该海员时,应当事先经过外派海员用人单位同意。外派海员与境外船东签订劳动合同的,海员外派机构应当负责审查劳动合同的内容,发现劳动合同内容不符合法律法规、相关国际公约规定或者存在侵害外派海员利益条款的,应当要求境外船东及时予以纠正。"由此可见,海员与外派机构可以订立劳动合同,也可以与其他机构缔结劳动合同。当海员与其他机构缔结劳动合同时,外派机构仍然要履行相关义务,如为外派海员购买境外人身意外伤害保险。如果海员与派遣机构不构成劳动关系,派遣机构有过错的,虽然可能不承担劳动合同上的法律责任,但应承担违约责任。如果海员与其他机构构成劳动关系,其与派遣机构是否仍构成劳动关系,需要进一步讨论,但应向保护劳动者权益倾斜。最后,船员外派有不连贯的行业特点,在船员待派期间,劳动关系可能继续延续,也可能终止。海员待派期间是否属于《劳动合同法》第58条规定的"被派遣劳动者无工作期间"?待派期间和上船工作期间能否认定为连续性的劳动关系?原劳动和社会保障部《关于确立劳动关系有关事项的通知》第1条规定:"用人单位招用劳动者未订立书面劳动合同,但同时具备下列情形的,劳动关系成立:(1)用人单位和劳动者符合法律、法规规定的主体资格;(2)用人单位依法制定的各项劳动规章制度适用于劳动者,劳动者受用人单位的劳动管理,从事用人单位安排的有报酬的劳动;(3)劳动者提供的劳动是用人单位业务的组成部分。"从一些司法实践来看,法院有判决认定待派期间当事人双方并不存在劳动关系。因此,应区别劳动合同法规制的劳务派遣用工与海员外派的特殊用工形式,在司法实践中应采取区别对待的方法。

本案中,原告在外派劳动期间生病,法院认定河南华创对外劳务合作有限公司与刘某健构成劳动关系,其2006年3月17日签订的《境外就业合同》为劳动合同关系。因此判决被告承担劳动法上的责任,无疑有利于海员利益的保护。但从劳动关系的角度看,被告对原告赔偿50000元显然是偏低的。

2. 原告李某海与被告南阳市外经劳务合作中心劳动争议纠纷案①

【案情】→

2007年2月24日,原告李某海(乙方)与被告南阳市外经劳务合作中心(甲方)签订《出国劳务合同书》一份,双方约定:就乙方作为外派公司的派出人员受聘于外派公司通知指定的某渔业公司一事签订如下合同。一、乙方自愿申请受聘于外方,由甲方经外派公司派遣其赴公海从事捕捞或渔业公司安排的其他工作。二、乙方从事远洋渔业工作,合同期为三十六个月。三、(1)乙方干满合同期的工资标准为每月240美元,自登上作业船之日起至离开作业船之日止计算工资,不足一个月的按日计算,日工资为月工资的三十分之一,合同期满后,工资由外派公司负责和外方结清;(2)待乙方完成合同规定任务经外派公司确认属正常回国后,付给乙方美元或按国家规定汇率折合成人民币支付给乙方;(3)乙方在国外作业期间,每月向甲方支付10美元的服务费;……(7)乙方在国外工作期间,享受甲方在中国保险公司为乙方提供最高赔偿额不超过人民币捌万元的人身意外伤害保险。四、甲方的责任和义务:……(5)对乙方在受聘期间发生的工伤、死亡事故,要求外方及时查明原因,并依当地法律及风俗处理后事。五、乙方的责任和义务:……(3)乙方在外工作期间,如发生工伤时,其国外医疗费用由外方负担,其工资照付;(4)乙方在境外工作期间若发生伤、残、亡等意外情况,有外方出具医院证明和其他有关证明文件,甲方将按照保险条款予以赔偿,最高赔偿额不超过人民币捌万元,除此以外,甲方

---

① 参见《原告李某海与被告南阳市外经劳务合作中心劳动争议纠纷案》,110法律咨询网,http://www.110.com/panli/panli_292480.html,下载日期:2013年3月20日。

第三章 我国对外劳务合作中的合同案例分析

不再承担任何责任和费用。蔡红兵作为李某海的担保人向南阳市外经劳务合作中心提供担保。该合同签订当日在南阳市公证处办理了公证。随后,原告于2007年4月份在毛里求斯国路易港登上中国台湾省"旭昌陆号"船进行工作。2007年9月2日,原告在作业时因滑倒撞击致使其右前臂受伤,但继续工作至2008年1月份,经被告及船方同意回国。2008年7月21日,原告李某海自己委托南阳溯源法医临床司法鉴定所鉴定,其伤残程度属七级。因赔偿问题原、被告之间不能达成协议,原告李某海向南阳市劳动争议委员会提出劳动仲裁,2008年10月13日,南阳市劳动争议委员会以原、被告之间是劳动关系,不属劳动争议受案范围为由不予受理,原告遂诉至河南南阳市人民法院。

被告南阳市外经劳务合作中心的服务范围为职业介绍,河南省轻工业品进出口公司是国家商务部授予《对外劳务合作经营资格证书》并专门经营对外劳务输出的中介公司。2005年3月1日,南阳市外经劳务合作中心受河南省轻工业品进出口公司的委托代为招收出国劳务人员,由河南省轻工业品进出口公司负责境外派遣。

审理中,双方争议焦点是:原告李某海与被告南阳市外经劳务合作中心是否构成劳动关系?

法院认为,我国《对外劳务合作经营资格管理办法》第3条规定:"对外劳务合作是指符合本办法规定的境内企业法人与国(境)外允许招收或雇佣外籍劳务人员的公司、中介机构或雇主签订合同,并按照合同约定的条件有组织地招聘、选拔、派遣我国公民到国(境)外为外方雇主服务并进行管理的经济活动。"根据该规定对对外劳务合作的定义,对外劳务合作公司、被派出人员、境外雇主之间形成三种不同的法律关系,对外劳务合作公司与境外雇主之间是一种劳务合作合同关系,被派出人员与境外雇主之间形成雇佣劳动关系,对外劳务合作公司与被派出人员之间形成中介服务合同关系。本案中,南阳市外经劳务合作中心并不具备对外输出劳务的资质,该中心只是受有对外输出劳务资质的河南省轻工业品进出口公司的委托代为招收出国劳务人员,其性质仍然是中介性质,且与该中心的营业执照规定的服务范围相一致。尽管该中心在招收外派人员时,没有向原告告知是受河南省轻工业品进出口公司的委托代为招收出国劳务人员,但在双方签订的《出国劳务合同书》上第1条明确约定"乙方(即李某海)自愿申请受聘于外方,由甲方(即南阳市外经劳务合作中心)经外派公司派遣其赴公海从事捕捞或渔业公司安排的其他工作",从该约定看,李某海应当知道自己是经外派公司出境并受雇于境外公司为境外公司提供劳务,因此李某海与境外公司形成了劳动关系,而与境内公司(包括南阳市外经劳务合作中心及河南省轻工业品进出口公司)没有劳动关系。南阳市外经劳务合作中心与李某海签订《出国劳务合同书》的行为是一种中介经营行为,应适用《中华人民共和国合同法》和《中华人民共和国对外贸易法》的调整,故该案不适用《中华人民共和国劳动法》。因此,李某海依据劳动关系而提出的诉讼请求,法院不予支持。判决驳回原告李某海的诉讼请求。

【分析】

本案法律关系中,南阳市外经劳务合作中心、河南省轻工业品进出口公司、李某海以及外方雇主之间,形成多方法律关系。

(1)南阳市外经劳务合作中心为中介公司,河南省轻工业品进出口公司为对外劳务合作公司,他们之间签订的合同为委托代理合同。但是对外劳务合作中的代理不同于《民法通则》中的一般代理。我国《对外贸易法》第12条规定,对外贸易经营者可以接受他人的委托,在经营范围内代为办理对外贸易业务。1991年国家外经贸部《关于对外贸易代理制的暂行规定》规定:对外贸易代理制即有外贸经营权的公司、企业,根据无外贸经营权的公司、企事业单位及个人的委托,以自己的名义办理进出口业务的一种法律制度。由此可见,受委托人是以自己的名义对外签订合同,并承担相应法律后果,它的产生是以中国外贸经营权的审批制为基础的,代理关系并非完全出于双方当事人的自愿,代理人以自己的名义对外订立货物或服务进出口合同,它与中介公司之间的关系,不同于一般代理关系中的委托人和代理人之间的关系。因此,在对外服务贸易代理中,受委托人以自己的名义对外从事劳务输出活动,应自己承担相应的法律后果。如果劳务人员出国后,逃离或有其他违约行为,其后果由对外劳务合作公司承担,其经济损害、与外方的合作关系以及商业信誉关系等后果影响该对外劳务合作公司。因此,对外劳务合作公司如果承担一定的风险,收取相应的费用,是维护其商业经营利益的需要。如果风险过大而致无法盈利,该公司可能无法经营下去。从而不利于我国对外劳务合作关系的发展。因此,对外劳务合作中双方利益的平衡也是很重要的一个方面,我国对外劳务合作法律规范在考虑出国劳务人员的权利保护和对外劳务合作企业利益之间要达成一种科学的平衡,促进双赢,才是上策。

不过,在对外劳务合作关系中,如果双方均为有外贸代理权的企业,则受委托人以委托人的名义办理业务,后果由委托人承担,这种委托代理关系相似

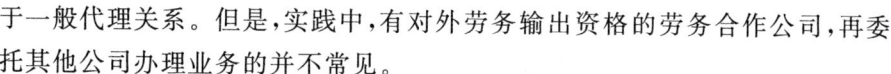
第三章 我国对外劳务合作中的合同案例分析

于一般代理关系。但是,实践中,有对外劳务输出资格的劳务合作公司,再委托其他公司办理业务的并不常见。

(2)河南省轻工业品进出口公司为对外劳务合作公司,应为一种对外劳务派遣关系,但这种对外劳务派遣关系不同于国内劳务派遣关系,后者派遣人员与派遣公司之间是一种劳动关系,而工人与用工单位不存在劳动关系;但在对外劳务派遣关系中,出国务工人员与境外用工单位之间,根据用工所在地国家的法律,通常要求用工单位与劳务人员之间签订劳动合同,因此境外用工单位通常与劳务人员之间形成劳动关系;我国对外劳务合作公司也通常以此为据主张其与劳务人员之间并不存在劳动关系或劳务关系,而只主张他们之间只是一种中介关系或服务关系,显然,这种理由并不是很充分的。虽然这样对外劳务合作公司就无须承担国内劳动法对务工人员保护的义务。实践中,我国对外劳务合作公司对劳务人员承担的义务远远大于中介公司所承担的义务。因此,简单地将对外劳务合作公司与劳务人员之间的合同界定为中介合同或委托服务合同或其他类型合同,并不是很妥当。作者认为,对于对外劳务合作公司与劳务人员之间的出国劳务合同,应该视为一种特殊类型的劳务派遣合同,应根据我国对外劳务合作流程以及当事人之间权利义务实际情况,专门规定他们之间的权利义务,既不损害劳务人员权益的保护,也不应过多加重对外劳务合作公司的负担,即对外劳务合作公司在劳务人员被派出后,对他们一定范围内事项的控制和管理责任并不因此解除,同时有权收取提供服务的相关费用。根据我国《对外劳务合作管理条例》(以下简称《条例》),对外劳务合作企业除了对出国劳务人员赴国外工作所需的职业技能、安全防范知识、外语以及用工项目所在国家或者地区相关法律、宗教信仰、风俗习惯等知识进行培训,为劳务人员办理出境手续,并协助办理劳务人员在国外的居留、工作许可等手续外,《条例》第 16 条规定,对外劳务合作企业应当跟踪了解劳务人员在国外的工作、生活情况,协助解决劳务人员工作、生活中的困难和问题,及时向国外雇主反映劳务人员的合理要求;对外劳务合作企业向同一国家或者地区派出的劳务人员数量超过 100 人的,应当安排随行管理人员,并将随行管理人员名单报中国驻用工项目所在国使馆、领馆备案。第 17 条规定,对外劳务合作企业应当制定突发事件应急预案。国外发生突发事件的,对外劳务合作企业应当及时、妥善处理,并立即向中国驻用工项目所在国使馆、领馆和国内有关部门报告。第 12 条规定,对外劳务合作企业应当为劳务人员购买在国外工作期间的人身意外伤害保险(对外劳务合作企业与国外雇主约定由国外雇主为劳务人员购买的除外)。我国其他法规也有类似规定。由此可见,我国对外劳务合作企业所承担的义务大大高于一般中介机构的义务。我国对外劳务公司提供的应该是一种特殊的劳务派遣服务或者对外劳务服务。

实践中,我国对外劳务合作企业不仅按照我国法律规范进行了这些活动,甚至将服务延续到出国务工人员回国后,直至回国后较长一段时间,因此,他们有权收取相应的费用,他们的合法权利应该受到法律的保护。这也是我国相关制度的设立需要考虑的重要方面。

实际上,本案原告与河南省轻工业品进出口公司应该形成一种海员外派关系,这与前述案例"刘某健、河南华创对外劳务合作有限公司劳动争议纠纷案"有相通之处,他们之间可以形成劳动关系。

(3)对外劳务合作公司与境外雇主之间是一种劳务合作关系,这种关系也是一种委托代理关系,境外雇主委托我国对外劳务合作公司为其招募所需要人才,这种委托是有偿或无偿的。当前,国际劳务市场竞争激烈,境外雇主提供工作机会,国内对外劳务合作公司招募工人后,无偿提供给对方的更多。同时,我国对外劳务合作公司开拓市场,获取这些用工信息和资源,自己招募或通过中介公司招募工人,并按照境外用工单位要求进行培训后输出,似乎同时包含了中介与经营两者性质。

(4)劳务人员与境外用工单位之间是一种劳动关系。根据大多数劳务用工地国家法律的规定,要求其国内的用工单位与外国雇员之间签订劳动合同或雇佣合同。实际上,外国用工单位对劳务人员的控制和管理完全符合劳动关系的特征。劳务人员与境外用工单位之间劳动或雇佣关系的确立,有利于外国雇主遵守当地劳动法规,维护劳动秩序,保护劳务人员权利。根据我国相关法规,我国对外劳务合作公司有义务促进出国务工人员与国外雇主签订劳动合同。当然,对于根据务工地法律规定,雇主无须与外国劳务人员签订劳动合同,而对方亦不愿签订劳动合同的,我国对外劳务合作公司应对此采取特殊对策,以确保我国出国务工人员权益。实践中,我国与许多国家缔结的双边经济贸易条约或专门对外劳务合作协议中,明确规定了我国对外劳务合作人员与对方国家的雇主应该签订劳动合同或雇佣合同。我国和新加坡政府2008年8月《关于劳务合作的谅解备忘录》第5条规定,中国经营公司应推动雇主与劳务人员签订劳动合同。合同规定的各项雇佣条件应符合新加坡法律、法规,新方将在中方的配合下采取必要的措施,确保中方劳务人员的各项雇佣条件得到尊重,并根据新加坡的相关法律保障

第三章 我国对外劳务合作中的合同案例分析

劳务人员的合法权益。中俄《关于中华人民共和国公民在俄罗斯联邦和俄罗斯联邦公民在中华人民共和国的短期劳务协定》直接规定双方工人为劳动者,受劳动法的保护。

因此,李某海与南阳市外经劳务合作中心签订《出国劳务合同书》为劳务中介合同,南阳市外经劳务合作中心介绍李某海到河南省轻工业品进出口公司,由河南省轻工业品进出口公司派遣到国外工作;对外劳务合作公司与境外雇主之间是一种劳务合作合同关系,李某海和境外雇主之间是劳动合同关系。

借鉴前述"刘某健、河南华创对外劳务合作有限公司劳动争议纠纷案",如果李某海以河南省轻工业品进出口公司为被告起诉,或者法院在审理中追加河南省轻工业品进出口公司为被告,或者甚至只将其加为利害关系的第三人,本案判决结果应该有所不同。原告至少可以得到一定的赔偿。因此,明晰对外劳务合作法律关系,确立当事人之间的权利义务关系,对劳动者维权具有重要意义。同时,法院也应明确当事人之间的法律关系,向保护劳动者利益倾斜。

3. 关某明与新加威顾问(加拿大)有限公司、新加威顾问(加拿大)有限公司沈阳代表处、王某出国劳务合同纠纷案[①]

【案情】→

2003年11月,关某明通过报纸刊登的办理赴加拿大厨师工作签证的信息,找到新加威顾问(加拿大)有限公司沈阳代表处(以下简称代表处)负责人王某,按照王某的要求交付1万元人民币后,王某以新加威顾问(加拿大)有限公司(以下简称新加威公司)的名义与关某明签订了加拿大厨师咨询服务协议书,2004年11月,王某以签证办理完毕为由,又通知关某明交纳1万元人民币,但事后王某一直未办妥出国劳务签证手续。2005年关某明要求王某偿还合同款,王某同意退款,但至今未将该款交付关某明。于是,关某明以新加威公司、代表处以及王某为被告向沈阳市中级人民法院起诉,请求法院

---

① 参见《关某明与新加威顾问(加拿大)有限公司、新加威顾问(加拿大)有限公司沈阳代表处、王某出国劳务合同纠纷案》,110法律咨询网,http://www.110.com/panli/panli_11617.html,下载日期:2013年1月20日。

判令前咨询服务协议书为无效合同,被告王某返还原告人民币2万元,并赔偿原告经济损失1790元人民币,返还原告的护照及厨师证,并承担本案诉讼费。

法院经审理查明,2003年3月15日,被告新加威公司向辽宁省对外经济贸易委员会递交申请书一份,申请设立该公司沈阳代表处,首席代表王某,业务范围是从事本公司投资和企业咨询的业务联络,并加盖新加威的公章,同时在任命书中写明:任命本公司职员王某为沈阳代表处的首席代表,同时授权该职员代表本公司全权处理代表处的一切事务,并加盖新加威公司的公章,代表处的业务范围为咨询、联络。沈阳鑫加威商务信息咨询有限公司于2004年11月22日成立。另经查明,新加威公司出具的申请书、代表处执照延期的申请书及任命书上的公章与原告同加拿大厨师咨询服务协议书中的新加威公司的公章不是同一枚公章。

法院认为,当事人之间协议书为无效合同,被告王某应当承担还款责任,并承担原告的损失赔偿责任。理由如下:(1)2003年12月8日、2004年11月27日两次王某以沈阳鑫加威商务信息咨询有限公司的名义收取原告共计2万元人民币,而沈阳鑫加威商务信息咨询有限公司成立于2004年11月22日,即王某以一个尚不存在的公司的名义收取原告1万元人民币,后又以该公司名义收取1万元人民币,因此无法认定王某收取2万元人民币的行为是新加威公司的行为。同时王某在2005年出具的还款书,足以证明王某是该笔款额的直接经手人。(2)2003年12月8日的《加拿大厨师咨询服务协议书》,虽然有新加威公司的公章,但从现有证据看,该印章与新加威公司提供给辽宁省对外经济贸易委员会的申请书和请求代表处执照延期的申请书的公章相比较,字体和字的大小均不相同,通过普通人的正常识别足以能够看出区别,而该申请书既有新加威公司法人代表的签字又加盖该公司公章,因此从目前证据看应认定为真实、有效,由此判断协议书的公章是不真实的。(3)新加威公司在任命书中仅授权王某全权处理代表处的一切事务,而代表处的业务范围仅为咨询和联络,即王某的职责是作为代表处的首席代表从事咨询、联络的业务,新加威公司并未授权王某本人可以代表新加威公司直接从事任何业务活动,因此其行为不能代表新加威公司,即为原告办理出国劳务手续,系王某个人行为,与新加威公司和代表处均没有关系。同时王某行为违反了法律、行政法规的强制性规定,属无效合同,应承担给原告造成的损失赔偿责任。因此判决被告王某返还原告关某明2万元人民币,赔偿经济损失1690元,返还原告

第三章 我国对外劳务合作中的合同案例分析

关某明护照及厨师证。

【分析】

王某以新加威公司名义与关某明签订《加拿大厨师咨询服务协议书》,并收取原告2万元人民币,无论其行为是否代表公司,事实是王某出国劳务签证手续一直未办妥。事实上,王某的职责是作为代表处的首席代表从事咨询、联络的业务,新加威公司并未授权王某本人可以代表新加威公司直接从事任何业务活动。因此,法院认为收费办理出国劳务手续,系王某个人行为,与新加威公司和代表处均没有关系。王某个人当然不具有办理出国劳务的资格,其行为违反法律、行政法规的强制性规定,当属无效合同,其应承担给原告造成的损失赔偿责任。至于新加威公司和代表处的责任,则需要另行考虑。

4. 原告石某亭与被告吉林省工程建设有限公司之间劳务派遣合同纠纷一案①

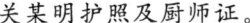

2002年8月7日,原告与被告所属国际劳务合作三部签订了委托协议书,协议约定:被告负责为原告办理赴韩国研修手续,研修期限为二年,被告负责原告国际旅差费、签证费及在韩国进行二年研修的事项。原告按照被告的要求,准备所需要的资料,并向被告交纳保证金5000元,被告在六个月之内为原告办理完出境手续,否则退还保证金和报名费。如原告提出退出,被告不予退还保证金及报名费。协议签订后,原告于2002年8月7日向被告交纳了赴韩研修保证金5000元及报名费200元。2004年12月4日,原告与被告所属国际劳务合作三部又签订了协议书,协议约定:被告为原告提供语言培训场所、教员及培训所需的其他条件,被告负责原告在培训期满并合格后为原告办理出国手续,期限为2005年4月30日。原告向被告交纳培训费12500元及培训期间所需的食宿费1500元,被告在原告培训期满并合格后,在规定的期限内未将原告的出境手续办理完毕,则在30日内将原告交纳的保证金5000

---

① 参见《原告石某亭与被告吉林省工程建设有限公司之间劳务派遣合同纠纷一案》,110法律咨询网,http://www.110.com/panli/panli_171763.html,下载日期:2013年3月20日。

元、培训费12500元全额退款。原告在培训期满并通过考核后,在规定的期限内被告为原告办理好出境手续,原告必须无条件出境。如违约,被告不退还培训费12500元及保证金5000元。培训期满,原告没有通过考核,原告可自愿再次进行培训或向被告申请退出此项培训,被告在30日内退还原告培训费12500元及保证金5000元,被告在原告出国手续办理完毕之前,即出国签证之前不向原告收取任何费用。协议签订后,原告于2004年12月4日向被告交纳了培训费12500元、食宿费1500元,上述款项合计19200元。此后,原告在被告组织的黑龙江省哈尔滨市方正县韩国语培训班进行了为期二个月的培训。培训期满后,经考核为合格,但被告至今未按合同约定为原告办理赴韩国研修手续。原告向吉林省延吉市人民法院起诉要求退还保证金、报名费及培训费等计17700元及利息。

吉林省工程建设有限公司国际劳务合作三部系被告吉林省工程建设有限公司的分支机构,被告吉林省工程建设有限公司于2002年8月13日将其所属国际劳务合作三部发包给张海洋经营。开庭时,被告吉林省工程建设有限公司经法院传票传唤,无正当理由拒不到庭参加诉讼。

法院认为,被告所属国际劳务合作三部与原告签订的赴韩国研修委托协议书系双方当事人的真实意思表示,符合相关法律规定,该协议书合法有效。吉林省工程建设有限公司国际劳务合作三部系被告吉林省工程建设有限公司的分支机构,该分支机构与原告之间形成的合同关系和收款行为应认定为被告吉林省工程建设有限公司的行为,其民事责任应由被告吉林省工程建设有限公司承担。原告依合同约定向被告交纳了赴韩研修保证金5000元、报名费200元、培训费12500元,计17700元,并依合同约定在被告指定的培训学校培训完毕后,被告至今未能按合同的约定为原告办理赴韩国研修手续,已构成违约,应依法承担违约责任。因此,2009年7月13日,法院判决被告返还原告石某亭赴韩研修保证金、报名费、培训费及违约金利息。

【分析】

吉林省工程建设有限公司国际劳务合作三部系被告吉林省工程建设有限公司的分支机构,分支机构是无独立法律人格的机构,其法律行为由其总公司承担法律责任。本案原告向被告交纳了赴韩研修保证金5000元、报名费200元、培训费12500元,共计17700元,但被告一直未能依约履行自己的义务,应依法承担违约责任。此为典型的出国劳务不成出国费用返还纠纷案。

第三章 我国对外劳务合作中的合同案例分析

5. 上诉人方城县鑫通劳务合作部与被上诉人盛某聚、河南国际交流公司清算组、河南省旅游局服务合同纠纷案①

【案情】→

2001年11月份,方城县对外劳务合作部(2002年8月9日在工商部门变更登记为方城县鑫通劳务合作部)发布了招收赴德国务工人员信息。盛某聚获悉后到方城劳务部报了名。经审查后,盛某聚于2001年12月7日、2002年2月20日和2002年5月29日分三次向方城劳务部交纳了赴德国外派劳务费用共计55000元。盛某聚在报名后,根据方城劳务部的安排,由河南国际交流公司组织了面试,面试通过后,盛某聚持一德国人的邀请函自己办理了因私出境护照,由河南国际交流公司为盛某聚办理了出国签证,签证日期为2002年5月23日,类别为申根签证,有效期为2002年6月2日至2002年7月17日,停留期限为30天。2002年5月30日,盛某聚与陈某国签订了协议书,主要内容为河南国际交流公司协助盛某聚在欧洲找工作等。盛某聚持上述签证手续与金某、徐某国(二人同盛某聚一起由方城劳务部和河南国际交流公司办理出国手续)三人经法国过境到达德国境内,到达德国后,河南国际交流公司安排了一名叫刘某德的人接待了盛某聚等人,但并未给盛某聚等人安排工作。盛某聚到达德国后,于2002年6月25日被德国政府收容,由德国政府给其发放了"为处理收容事宜签发的居留许可证",按照居留许可证的要求,盛某聚被限制居留在兰德—克里尔斯—米特魏斯地区。此后,德国政府对盛某聚等人的"难民"资格进行审查期间,盛某聚一直居留在德国。在盛某聚居留德国期间,盛某聚家属到方城劳务部和河南国际交流公司要求解决此事,河南国际交流公司于2003年7月18日出具了意见书,主要内容有两条,第一是盛某聚回国,第二是回国后按法律程序处理或协商解决。2004年3月,盛某聚返回中国。

方城县对外劳务合作部是由方城县人民政府对外经济办公室申请设立的集体企业法人,经营范围为涉外劳务中介。2002年8月9日,方城县对外劳

---

① 参见《上诉人方城县鑫通劳务合作部与被上诉人盛某聚、河南国际交流公司清算组、河南省旅游局服务合同纠纷案》,110法律咨询网,http://www.110.com/panli/panli_140121.html,下载日期:2013年3月20日。

务合作部经工商部门核准变更名称为方城县鑫通劳务合作部,变更经营范围为咨询服务,经济技术合作和劳务合作(持相关许可证经营)。河南国际交流公司是河南省旅游局设立的具有独立法人资格的企业法人,主要经营范围为旅游咨询服务等。2002 年 5 月 17 日,方城劳务部与河南国际交流公司签订了一份合作协议书,主要内容为河南国际交流公司为方城劳务部的出国人员办理出国签证或劳务签证,收取签证费、手续费、机票费等,河南国际交流公司应保证劳务信息的真实性和可靠性。在办理盛某聚赴德国务工的过程中,盛某聚向方城劳务部交纳了 55000 元的费用,方城劳务部将其中的部分款项交给了河南国际交流公司。

河南省旅游局是河南国际交流公司的主管部门,河南省旅游局于 2005 年 6 月 1 日下发豫旅[2005]152 号文件,决定成立河南国际交流公司清算组,河南国际交流公司清算组分别于 2005 年 6 月 6 日、2005 年 6 月 20 日、2005 年 7 月 22 日在《河南商报》上刊登清算公告,2005 年 12 月 16 日,郑州市工商局吊销了河南国际交流公司的营业执照。

当事人盛某聚因要求返还费用与方城县鑫通劳务合作部和河南国际交流公司清算发生争议,向方城县人民法院起诉,法院作出判决后方城劳务部不服方城县人民法院于 2005 年 3 月 19 日作出的[2004]方民商初字第 146 号民事判决,追加河南省旅游局为被告申请再审。

再审法院认为,方城劳务部发布了外派劳务招工广告,且收取了盛某聚的费用,有盛某聚与方城劳务部提供的票据为证,方城劳务部即与盛某聚建立了服务合同关系。而方城劳务部与河南国际交流公司在本案中系合作关系,有双方签订的合作协议为证。在外派劳务过程中,方城劳务合作部和河南国际交流公司没有按照有关法律规定给盛某聚办理合法的赴外国务工手续,在办理签证时给盛某聚办理的是短期居留签证,而不是劳务签证,存在明显违约,使盛某聚赴德国务工的目的未能达到,损害了盛某聚的合法权益,应当承担赔偿所造成的经济损失的民事责任。由于方城劳务部与河南国际交流公司系合作关系,盛某聚到劳务合作部报名交款后,方城劳务部与河南国际交流公司在办理盛某聚赴德国务工手续中只是分工不同,对盛某聚所交款项具体如何分配应属于其内部分配问题,且仅从方城劳务部提供的票据上也不能认定方城劳务部与河南国际交流公司之间分别收取盛某聚的具体款数,故双方应承担共同赔偿盛某聚 55000 元的民事责任,且对该损失互负连带清偿责任。因河南国际交流公司现已成立清算组,故应由河南国际交流公司清算组对河南国

第三章　我国对外劳务合作中的合同案例分析

际交流公司所负责任承担相应责任。盛某聚起诉请求确认服务合同无效,理由不能成立,不予支持。盛某聚请求按照《中华人民共和国消费者权益保护法》的规定进行1+1赔偿,因本案不是发生在生活消费领域,不能适用《中华人民共和国消费者权益保护法》,对其请求不予支持。方城劳务部虽然提供了2002年5月20日盛某聚与河南国际交流公司海外工作部代表人陈某国签订的出国务工事宜的协议书,但由于河南国际交流公司对该协议不予认可,且该协议系复印件,方城劳务部未提供原件,故对该协议书不予认定,故方城劳务部根据该协议称其只是盛某聚与河南国际交流公司签订出国务工协议的居间人的辩解不予采信。河南国际交流公司与方城劳务部的合作协议签订时间是2002年5月17日,虽晚于盛某聚到方城劳务部报名交款的时间,但不影响河南国际交流公司与方城劳务部在外派盛某聚出国务工过程中事实上的合作关系,河南国际交流公司称2002年5月17日之前方城劳务部与盛某聚之间外派劳务事宜的约定与其无关的辩解不予采信。再审中追加河南国际交流公司的主管单位河南省旅游局为被告,因河南省旅游局再审提供证据证明2005年6月已成立清算组对河南国际交流公司进行清算,故要求河南省旅游局承担责任于法无据,原审判决认定事实部分不清,适用法律部分不当,处理结果部分不妥,再审予以变更。因此,方城县人民法院于2008年7月10日作出[2008]方商再字第2号民事判决,判决撤销[2004]方民商初字第146号民事判决第一项即河南国际交流公司向盛某聚返还收取的费用42000元和第二项即方城县鑫通劳务合作部向盛某聚返还收取的费用13000元。再审申请人方城县鑫通劳务合作部与被申请人河南国际交流公司清算组共同赔偿被申请人盛某聚经济损失55000元。维持再审法院[2004]方民商初字第146号民事判决第三项即被告河南国际交流公司和被告方城县鑫通劳务合作部对上述款项承担连带清偿责任和第四项即驳回原告盛某聚的其他诉讼请求。再审追加被告河南省旅游局不承担赔偿责任。

方城劳务部不服再审判决向河南高级法院提起上诉。上诉称:(1)方城劳务部与盛某聚之间不存在法律上的服务合同关系,再审判决认定没有事实根据。上诉人仅是社会中介机构,是受河南国际交流公司委托代为发布劳务信息,盛某聚并没有与上诉人有任何书面合同也没有口头约定。盛某聚只是经上诉人介绍与河南国际交流公司的工作人员陈某国签订了书面的《协议书》,上诉人受盛某聚之托转交了现金费用,因此该《协议书》对上诉人并无约束力。(2)判决颠倒举证责任造成认定事实错误。方城劳务部提供的2002年5月

30日盛某聚与河南国际交流公司海外工作部代表人陈某国签订的出国务工事宜的协定书，因其是国际交流公司工作人员陈某国与盛某聚双方签订的，上诉人只收集到复印件，不可能有原件。且陈某国是河南国际交流公司的工作人员，按照举证责任的相关规定，应由河南国际交流公司通知陈某国到庭说明真伪。河南国际交流公司不能通知其工作人员到庭，应认定为举证不能，河南国际交流公司无权对该协议提出否定意见。河南国际交流公司的票据证明，收到了上诉人转交的盛某聚的费用，证明其正在履行该《协议书》，而再审判决对该《协议书》又不予认定是对事实认定的颠倒。（3）再审判决令上诉人与河南国际交流公司共同赔偿盛某聚55000元，无事实根据。上诉人无违约行为也无过错，不存在赔偿问题，盛某聚的损失计算也无法律依据和事实证据。盛某聚明知其接到的是非劳务签证，而故意违法出国打工，其行为有违法性，也有主观过错，因此其所谓的损失应由河南国际交流公司与盛某聚分担，判定上诉人与河南国际交流公司共同承担是错误的。（4）程序违反法律导致实体处理错误。再审判决认定河南国际交流公司清算组已经成立，判决书显示了清算组的名称却没有显示负责人，违反了民诉法的相关规定。如果该单位无负责人就不应该认定存在该单位，否则会给未来的执行工作带来无法执行的后果。上诉人追加河南省旅游局为被告，再审既然认定河南国际交流公司清算组已经成立，就应该驳回申请人的追加申请，而再审判决直接作出"河南省旅游局不承担责任"的实体判决，显然属于程序错误。

被上诉人盛某聚答辩称：（1）上诉方提供的所谓2002年5月30日的合同，如果为真，该合同不是与河南国际交流公司直接签订的，仅是与陈某国个人签订的，没有实际履行，且上诉人不能提供合同原件，复印件不足为凭。无论合同效力如何，均不影响本案的处理。（2）上诉人发布的是虚假信息，欺诈了被上诉人，根据《合同法》的规定，应当承担退还被上诉人所交的55000元以及赔偿损失的责任，要求赔偿110000元有根据。（3）再审判决判河南省旅游局不承担责任有错误，河南国际交流公司清算组已经名存实亡，河南省旅游局应承担不尽清算之责，应当判决河南省旅游局共同承担责任。

被上诉人河南国际交流公司清算组和河南省旅游局答辩称：（1）陈某国不是河南国际交流公司的工作人员，河南国际交流公司没有与盛某聚签订所谓的"协议书"，也没有收取任何款项，不应当承担还款责任。收取盛某聚款项的是方城劳务部，其与盛某聚之间存在事实上的劳务服务关系，还款责任应由方城劳务部承担。（2）河南国际交流公司被吊销营业执照之前，河南省旅游局已经决定成立清算组对该公司进行清算,且清算组成立后已依据相关法律规定实际开展工作。再审判决河南省旅游局不承担责任是正确的。

上诉法院认为:(1)方城劳务部与盛某聚之间存在法律上的服务合同关系。方城劳务部发布了外派劳务招工广告,且收取了盛某聚的费用,即与盛某聚建立了服务合同关系。因方城劳务部发布劳务信息的时间是2001年11月份,而其与河南国际交流公司签订合作协议的时间是2002年5月17日,上诉人称其仅是社会中介机构,是受河南国际交流公司委托代为发布劳务信息的主张不能成立。(2)方城劳务部与河南国际交流公司在本案中是合作关系,有双方签订的合作协议为证,且河南国际交流公司为盛某聚组织了面试,办理了出国签证等事宜,河南国际交流公司与盛某聚也建立了事实上的服务合同关系。上诉人提供的协议书因其只能提供复印件,且河南国际交流公司对该协议不予认可,根据最高人民法院关于适用《中华人民共和国民事诉讼法》若干问题的意见第78条的规定,对该协议的内容不予认定。(3)在外派劳务过程中,方城劳务部与河南国际交流公司未能按照约定和有关法律规定给盛某聚办理合法的赴外国务工手续,存在违约,损害了盛某聚的合法权益,应当承担赔偿盛某聚经济损失的民事责任。由于方城劳务部与河南国际交流公司系合作关系,且仅从方城劳务部提供的票据上不能认定方城劳务部与河南国际交流公司分别收取盛某聚的具体款数,故方城劳务部与河南国际交流公司应当承担共同赔偿盛某聚损失55000元的民事责任,且对该损失负连带清偿责任。(4)河南国际交流公司已经成立清算组,故应当由该清算组对河南国际交流公司所负债务承担责任。方城劳务部再审申请追加河南省旅游局为再审被告,再审判决河南省旅游局不承担责任并无不当。故上诉人的上诉理由均不能成立。2008年12月判决驳回上诉,维持原判。

【分析】

本案为对外劳务合作纠纷,涉及三方当事人:方城县鑫通劳务合作部、河南国际交流公司和盛某聚。河南省旅游局设立的具有独立法人资格的企业法人,主要经营范围为旅游咨询服务等,其并无对外输出劳务的经营资格。方城县鑫通劳务合作部的前身为方城县人民政府对外经济办公室设立的集体企业法人,经营范围为咨询服务,经济技术合作和劳务合作。该二单位均无对外劳务合作资格,但他们签订派遣出国劳务人员的合作协议,并发布了招收赴德国务工人员信息。在收取盛某聚55000元劳务合作费后,仅仅为其办理了停留期限仅为30天的留德签证。后盛某聚被遣返,河南国际交流公司获准宣告破产。因盛某聚请求返还劳务费和赔偿损失发生纠纷。方城县鑫通劳务合作部坚持其与盛某聚仅仅为中介关系,而与河南国际交流公司具有劳务派遣服务合同关系。本案中,盛某聚与河南国际交流公司工作人员陈某国签订书面《协议书》,方城劳务部收取盛某聚费用并提供票据,最后并没有为盛某聚提供劳务服务。从合同角度来看,二被告均违约,应承担返还费用赔偿损失的责任。严格来说,二被告均无对外劳务合作资格,其经营范围主要为咨询服务,其与盛某聚签订对外劳务派遣协议是一种欺诈行为,合同无效。被告应承担返还财产,赔偿损失的责任。即使方城县鑫通劳务合作部仅仅为中介机构,但其中介服务具有欺诈性,并没有依约提供服务,给盛某聚造成的损失,应承担法律责任。

这是我国对外劳务合作中不规范的一种行为,除了承担民事赔偿责任之外,对当事人的虚假欺诈行为,二被告及相关责任人应承担相应的刑事责任。

6. 新县职业介绍培训中心、吴某东、付某东与杨某、杨某林劳务中介合同纠纷案[①]

【案情】→

2004年11月3日,被告吴某东、付某东在新县电视台以"新县民政局首府宾馆经理办公室合作部"名义发布招工信息广告,同日,被告吴某东与新县职介中心签订《合作协议书》,合作内容是:招聘、派遣人员赴国外留学和劳务项目。2004年11月10日,被告吴某东、付某东正式在新县职介中心上班。11日,原告杨某林将第一笔出国务工费用交给被告付某东,2005年3月27日,原告将余下的出国务工费用及护照交给付某东,被告收取各项费用共65000元。付某东在该收据上加盖有"新县职介中心综合部专用章"。但被告并没有依协议将原告输送出国。原告起诉至新县人民法院,要求三被告退还其所交出国务工各项费用65000元及护照。

法院认为,三被告介绍的劳务输出公司不具备外派劳务输出的资格,向原告提供虚假情况,造成原告产生重大误解与之订立中介合同,该合同应予以撤

---

① 参见《新县职业介绍培训中心、吴某东、付某东与被申请人杨某、原审原告杨某林劳务中介合同纠纷一案再审裁定书》,110法律咨询网,http://www.110.com/panli/panli_218628.html,下载日期:2013年1月20日。

销。吴某东、付某东以杨某承包经营新县首府宾馆虚拟内设机构名义,在电视台发布广告,杨某对此应知晓而未发布更正申明,且当事人持有的收据和保证上均有杨某的名字,让接受信息的人产生错觉,因此,杨某应承担连带法律责任。吴某东、付某东以其是受天津实运多国际贸易有限公司委托,从事劳务中介工作为由要求不承担法律责任,因二被告在从事劳务中介活动中,既未以受托公司的名义进行活动,也未告知原告,因此,法律后果应由其二人承担。吴某东、付某东与新县职介中心是合作关系,付某东私刻公章,是其内部管理不严,新县职介中心对外承担连带责任。被告付某东认为被告杨甦(苏)是主谋应对本案承担50%的责任,其与被告吴某东共同承担50%的责任,未提供相关证据证实,亦不符合法律规定。因此,新县人民法院作出[2006]新民初字第203号民事判决:被告吴某东、付某东于判决生效后退还原告杨某林出国务工各项费用65000元及出国护照,被告新县职介中心、被告杨某承担连带责任。

一审判决后,杨某不服,向信阳中级人民法院提起上诉。二审法院认为,杨某林和付某东、吴某东既未提供出杨某与付某东、吴某东之间存在合伙中介的证据,也未提供杨某与天津实运多国际贸易有限公司有劳务输出中介关系的证据。至于电视台招工广告词、收款收据、保证书、代办招工《委托书》上的"杨"或"杨某",完全是付某东、吴某东单方冒名所为,该行为未得到杨某事后追认的情况下,上述材料上的"杨"或"杨某"对杨某不产生法律约束力,更不能作为杨某承担退款行为连带责任的事实依据。原审以杨某对付某东、吴某东的单方冒名行为和虚拟"新县首府宾馆经理办公室合作部"未予制止为由,判令杨某承担退款行为连带责任缺少法律依据。

因此,信阳中级人民法院作出[2006]信中法民终字第622号民事判决书,判决被上诉人付某东、吴某东退还被上诉人杨某林出国务工各项费用65000元及出国护照一本,新县职介中心承担连带责任,上诉人杨某不承担责任。

新县职介中心、吴某东、付某东不服二审判决,向信阳中级人民法院申请再审称:(1)[2006]信中法民终字第622号民事判决认定事实的主要证据不足。2004年杨某与天津实运多国际贸易有限公司负责人段树清联系招收出国务工人员,付某东、吴某东受杨某的指使和委托以"新县民政局首府宾馆经理办公室合作部"的名义在电视台发布招工信息,并留有杨某的联系电话,杨某林得此信息后交的钱,杨某在韩国人到新县首府宾馆面试时亲自组织、接待,事实证明吴、付是受杨某指使,是给杨某打工。新县职介中心与吴某东签订"合作协议书",因没有合作项目而未履行,杨某林交钱是杨某、吴某东、付某东招工的延续,与新县职介中心无关。(2)段树清在公安局的讯问笔录是新证据,足以推翻[2006]信中法民终字第 622 号民事判决。段交代他与杨某合作,来新县后与付某东、吴某东联系,是杨某介绍安排的,与新县职介中心无关。(3)原审法院对吴某东、付某东提供的证据在判决中未予采信,影响了案件的正确判决。请求依法撤销[2006]信中法民终字第 622 号民事判决,依法判决由杨某承担责任,三申请人不承担连带责任。被申请人杨某的答辩意见与上诉意见相同。另称,段树清的讯问笔录不能作为新证据,段树清口供中陈述的情况与本案原告交款的情况是两码事。请求维持原判。

信阳中级人民法院再审认为,原审判决认定事实不清,证据不足。经审判委员会研究决定,于 2009 年 9 月 5 日裁定撤销[2006]信中法民终字第 622 号民事判决及新县人民法院[2006]新民初字第 203 号民事判决,发回新县人民法院重审。

【分析】

不具备外派劳务输出的资格的当事人发表虚假广告,收取出国劳务人员大额费用,而不能实现派出出国人员,因此应承担返还费用的法律责任。尽管被告提出很多的理由期望推脱责任。但违法从事对外劳务输出的个人或公司,扰乱了我国对外劳务合作市场,侵害了合法出国务工人员的合法权益,应承担民事赔偿甚至刑事责任。这也是近年我国不断加强规范对外劳务输出市场的重要原因。

7. 姜某等 21 人诉吴某继等返还出国劳务费案①

【案情】→

2005 年 3 月 23 日,被告戴某荣在泰州市成立泰州市高港区茂源劳务咨询代理有限公司,戴某荣为公司法人代表。经营范围是从事劳务职业中介服务,但没有取得对外劳务合作经营资格证书,不能从事对外劳务中介服务。2005 年 5 月,戴某荣在互联网上得知万国建材(上海)有限公司发布招聘员工

---

① 参见《姜某等 21 人与吴某继、戴某荣劳务中介合同纠纷一案一审民事判决书》,110 法律咨询网,http://www.110.com/panli/panli_257918.html,下载日期:2013 年 1 月 20 日。

第三章 我国对外劳务合作中的合同案例分析

赴日培训新型建材流水线的操作和维修的信息后,到上海考察并与万国建材(上海)有限公司经理廖某签订了代理招聘赴日员工协议。2006年1月1日,戴某荣以其公司的名义聘用吴某继为驻新县业务经理,为公司招收国内外劳务人员。

2006年5月,原告姜某等21人分别通过他人介绍前往吴某继处报名出国劳务。吴某继当时承诺三个月内可以办理,否则赔偿每人每月1000元。为此他们21人在同年6月开始分别向吴某继交劳务费、保证金、介绍费1万元至5万元不等,共计754000元。此后直到2008年10月,他们没有一人出国,吴某继也一直没有退还他们所交的费用。因吴某继与戴某荣构成共同非法经营罪,原告姜某等21人为此起诉至河南省新县人民法院,请求法院依法责令二被告退还原告交付的出国费用754000元并相互承担连带清偿责任。

被告吴某继辩称:(1)2006年元月,他被泰州市高港区茂源劳务咨询代理有限公司聘请为该公司驻新县业务经理,负责招收国内外劳务人员和办理相关事务。2006年6月,万国建材(上海)有限公司委托泰州市高港区茂源劳务咨询代理有限公司招聘员工赴日学习生产流水线操作与维修,随后泰州市高港区茂源劳务咨询代理有限公司总经理戴某荣委托他招收赴日劳务人员,并提供了"日本独资企业招聘员工简章"等相关手续。他个人仅是公司的代理人,责任应由公司承担。(2)原告的起诉应区别对待。原告经他介绍后,大部分人又经过万国公司面试,被万国公司录取,并签订了聘用员工协议书。他在招收原告出国劳务时收取的费用转交给戴某荣61万元,戴某荣又转给万国建材公司。因万国建材公司老板携款潜逃,致使原告无法出国。2008年7月案发后,他知道了戴某荣的公司不具备对外劳务中介的资质,遂向公安机关报案,并协助公安机关追款。他本人也退还了一部分人的款项计9.91万元。其余款项应由戴某荣退还。另外他与北京人郭某武联系办理的徐某祥、徐某浩等人的出国费用,他已转交郭某武33万元,此款应当由郭某武退还。同时他本人已退的9.91万元和公安机关追回的部分应当从中扣除。

被告戴某荣辩称:(1)其公司仅委托吴某继招收赴日本员工,原告21人中有多少人是赴日员工事实不清。(2)公司只收取赴日人员60余万元,并且全部交给了上海高艺人力资源有限公司和万国建材(上海)有限公司,公司共计交给万国建材公司赴日劳务中介费77万元。(3)万国建材公司总经理携款潜逃,其是最大的受害者,公司倒闭,财产受损。其现在正在服刑,本人已一无所有,已没有任何偿还债务的能力。

原告提供下列证据证明自己的主张:(1)吴某继给原告的21份收据,计款754000元。被告吴某继对此无异议。被告戴某荣表示不清楚。(2)[2008]新刑初字第85号刑事判决书,证明被告非法收款的事实已经生效法律文书确认。二被告对此均无异议。(3)延期协议书一份,证明自2007年8月起,被告不能让原告出国,每月支付1000元,并退还所交费用。二被告认为协议是原告与万国建材公司签订,但万国建材公司没有签字盖章。

被告吴某继提供下列证据证明自己的主张:(1)①泰州市高港区茂源劳务咨询代理有限公司职业介绍许可证;②该公司给吴某继的聘书;③万国建材公司的台港澳侨投资企业批准证书;④组织机构代码证;⑤万国建材公司给泰州市高港区茂源劳务咨询代理有限公司招聘员工的委托书;⑥万国建材公司的营业执照;⑦戴某荣的名片;⑧万国建材公司的税务登记证;⑨万国建材公司外商投资企业批准证书。证明公司的相关资质手续及公司委托其代替招收员工的手续。原告认为该部分材料是否具有法律效力不清楚,吴某继收钱时并没有向原告提供这些材料。被告戴某荣对此无异议。(2)万国建材公司与部分原告人签订的聘用员工协议书,证明合同是原告与公司签订的,吴某继只是公司的代理人,收款已汇给了公司。原告认为该合同公司代表没有签字,原告签字时公司也没有盖章,是与吴某继签的,该合同并没有生效。被告戴某荣同意吴某继的意见。(3)提供吴某继汇款单据和收据,证明汇给戴某荣61万元,汇给郭某武33万元。原告认为被告汇款并不影响吴某继收到原告的钱。被告戴某荣认可收吴某继61万元。(4)吴某继退款单据19份,证明吴某继退款186200元。本案原告之一雷某就已退40000元。另新县公安局追缴款项35000元。原告认为雷某退款40000元是事实。但其他原告起诉是按照退款后的金额计算的。被告戴某荣对此表示不清楚。

法院认为,被告吴某继、戴某荣没有取得对外经营许可证,非法从事对外劳务中介活动,违反了国家相关法律强制性规定,其与21名原告之间约定的办理劳务出国的行为属无效行为。导致该行为无效被告应承担主要责任。原告出国劳务不是通过正规的程序和合法的机构,轻信非法劳务中介,缺乏对行为风险的合理判断,对造成该行为无效也有一定的责任。因此,于2009年11月判决被告吴某继退还姜某等21名原告所交费用的70%部分。

【分析】

出国劳务收费高,收费名目多。在我国对外劳务市场还不是很规范,法律

第三章 我国对外劳务合作中的合同案例分析

制度尚不健全的时候,不少人对其往往羡慕并以为收益丰厚而趋之若鹜,期望趁乱捞起一桶金。而且因为对外劳务合作是我国改革开放之后才逐步发展壮大起来的一个行业,很多人对其不是很了解,在见到一些出国打工人士致富之后,盲目热衷追随。因此有戴某荣、吴某继等并无对外劳务经营资格的人,希望借出国务工之门发财致富,而全然不顾国家的法律规章,在没有对外劳务合作经营资格的背景下,投机钻营,希望借机发财。结果坑害了无辜的出国务工人员,收取他们的巨额费用后,无法安排他们出国务工。根据国家法律规定,这些人无疑要承担赔偿的法律责任。可悲的是,这些违法之人,不但害了希望出国务工的人员,也害了自己。盲目同同样是无正规劳务输出资格的万国建材公司等合作,将巨款交给他们后,其总经理携款潜逃,巨额债务由其自身承担,导致其公司倒闭。同时触犯国家刑律,构成非法经营罪,受到刑罚处罚。

出国劳务是一项复杂的工程,涉及国内外多方当事人,涉及国内外复杂法律制度,而且当前国际政治经济形势日益复杂,保障出国劳务安全顺利完成实非易事,从事出国劳务经营风险极高,非一般人士所能掌握。仅仅羡慕其回报,盲目涉足,往往付出很多而难成事。尤其无合法经营资格非法涉足,最终害人害己,后悔不已。

8. 赵某出国打工被辞退回国打官司讨押金案[①]

【案情】→

2006年,赵某听说某公司能够办理赴德国做厨师的一切事宜,便向该公司交纳押金及服务费75000元,2007年5月9日,赵某赴德国某酒楼工作,同年5月19日德方因视力原因将赵某辞退,赵某返回中国以该公司明知其视力不好,故意隐瞒,不向其说明德方要求为由诉至东营区法院,认为某公司的行为违反了合同约定及诚实信用原则,要求该公司退还押金及服务费。2008年9月份,东营区法院依法审理了这起案件。在庭审中,某公司辩称:"赵某和我们是委托代理合同关系,我们并非赵某出国的派遣单位,只是为其代理出国事项,并且我们已经履行合同义务使赵某顺利出国与外方签约,对赵某被解雇没

---

① 参见伏平、张玮、于艳:《赵某出国打工被辞退,回国打官司讨押金案》,东营大众网,http://dongying.dzwww.com/dysm/200809/t20080927_3987555.html,下载日期:2013年1月20日。

有过错。"

法院审理认为,赵某和某公司签订的劳务委托合同是双方真实意思表示,不违反法律规定,且已实际履行,系有效合同。赵某因视力状况不能胜任雇主安排的工作,在试用期内被解除劳务合同,系赵某没有认真履行体检义务及如实告知身体状况所致,该公司对此没有过错。委托合同中的押金及服务费已为赵某办理出国事宜,赵某无权要求返还,遂判决驳回赵某的诉讼请求。

【分析】

法院判决似乎合理。但是即使中介机构,对派出人员是否合格应该起到监督把关的义务。交纳75000元,仅仅是因为中介服务费,似乎有些冤。当前,我国对外劳务合作管理条例,对经营公司派出人员要求跟踪服务,解决劳务人员在国外同雇主的纠纷,对保护出国务工人员权益是有益的。本案赵某视力不好,如果赵某有证据证明派遣公司明知而派遣,派遣公司因其对外方违约而造成赵某损失,应该承担一定责任。出国劳务人员应严格遵守我国法律,诚信履行合同,这有利于保护自身和他人的利益。

9. 中国(香港)国际传统中医药现代研究院有限公司与河南服装进出口集团有限责任公司劳务合同纠纷案[①]

【案情】→

2006年8月,原告中国(香港)国际传统中医药现代研究院有限公司与被告河南服装进出口集团有限责任公司协商合作外派劳务工作,约定由原告负责招收培训劳务人员,被告办理劳务人员的相关出国手续,后原告招收张某孝等8人到加拿大从事护理工作,原告对张某孝等人进行培训,并向被告交纳120000元的前期费用,后由于被告一直未能办理张某孝等人的出国手续,致使双方合作中止,被告所收原告的费用也不予退还,原告因此遭受巨大损失。原告多次找被告协商退还费用,被告给原告出具证明一份,证明收到原告前期付款120000元,但对该款项却不予退还。原告中国(香港)国际传统中医药现代研究院有限公司遂诉至郑州市中级人民法院,请求判令被告退还原告费用

---

① 参见《中国(香港)国际传统中医药现代研究院有限公司与河南服装进出口集团有限责任公司劳务合同纠纷一案》,110法律咨询网,http://www.110.com/panli/panli_160852.html,下载日期:2012年10月20日。

120000元及诉讼费。

在审理过程中,经法院主持调解,2009年6月,双方当事人自愿达成调解协议,被告认可尚欠原告中国(香港)国际传统中医药现代研究院有限公司出国手续费预付款12万元,如张某孝、杨某平、张某庆、黄某、张某贵、张某、张某强、肖某8人起诉被告河南服装进出口集团有限责任公司索要2007年8月20日证明上的手续费,责任由原告中国(香港)国际传统中医药现代研究院有限公司承担。

【分析】

本案为劳务派遣公司和中介公司之间的纠纷。中介公司收取了劳务人员费用,并交给了派遣公司,但派遣公司一直未办理劳务人员出国手续,违约未履行合同义务。中介公司要求派遣公司返还交付的手续费用,因此发生纠纷。法院调解结案,调解约定由被告派遣公司承担返还劳务人员费用责任。法院调解暂时解决了派遣公司和中介公司之间的矛盾。但是,如果派遣公司最终无法办理劳务人员出国手续,劳务人员向法院起诉要求返还费用,中介公司恐也难脱其责。

通常认为,中介公司和派遣公司之间是一种委托代理行为,如果中介公司以派遣公司的名义招工,由劳务人员与派遣公司签订协议,法律行为的后果由派遣公司承担,中介公司承担其中介服务违约或过错造成损失的责任。面对劳务人员,中介机构能否免责还要看案件具体情况。

10. 赴日研修者与外派劳务公司纠纷①

2005年10月,王某与某外派劳务公司签订合同,约定由该公司负责为王某办理出国前培训及外派日本事宜。第一年王某以研修生身份留日,第二年依据王某意愿及表现,通过日本有关考试后可转为技能实习生,第三年王某可继续以技能实习生身份留日,但留日时间累计不超过3年。双方同时约定王某在出国前需向该公司支付一笔保证金,并由其家人提供现金或房产担保,在王某有违约行为时将承担违约金,合同还约定王某留日期间将按年度向该公

---

① 参见《赴日研修者与外派劳务公司纠纷》,机电商情网,http://www.jd37.com/job/news/20096/11616.html,下载日期:2012年10月20日。

司支付管理费。2008年10月，王某按期回国，并向法院提起诉讼，要求该公司返还其出国前支付的保证金和其家人用于担保的房照。该公司随即提起反诉，要求王某支付留日期间的管理费。法院认为该案属于劳动争议，应经过劳动争议仲裁程序，同意原告提出撤诉，被告随之撤回反诉，并拟向所在地劳动争议仲裁委员会提起仲裁，要求王某支付管理费。

【分析】

法院认为该案属于劳动争议，应经过劳动争议仲裁程序，此认定往往产生争议。像王某这样的赴日研修人员与某外派劳务公司是否存在劳动关系，各方观点不同，此在前文理论部分已有阐述。针对赴日研修人员（2007年后日本改革，通常称为技能实习生）的派出合同，又有特别的方面。第一，《劳动合同法》第58条规定，劳动派遣单位应当与被派遣者签订2年以上的固定期限合同，并按月向其支付报酬。而王某与该公司约定的合同履行期为王某在日本的有效期间，根据中日双方建立的研修制度和合同约定，王某有权在第一年研修生期结束后选择回国或继续留日转为技能实习生，显然不是"2年以上的固定期限合同"。第二，根据约定，王某研修生期间享有研究津贴待遇，转为技能实习生后与日本企业签订劳动合同，由日本企业支付工资，研究津贴及工资均由王某所在的日本企业提供并直接存入王某的个人账户，并非由该劳务外派公司按月向王某支付报酬。当然，当前中日研修生制度已经有很大改革，现在更准确应称为技能实习生制度。因此研修生（技能实习生）与派遣公司之间的关系尚需要探讨。王某留日期间，如与所在日本企业发生纠纷，根据中日双方建立的研修制度，如王某尚处于研修生期间，发生纠纷不适用劳动法律；如转为技能实习生后与日本企业签订劳动合同，发生纠纷可运用日本相关劳动法律维权。

至于王某与派出公司之间的返还违约金的纠纷应如何解决？我国《劳动合同法》第25条"用人单位不得与劳动者约定由劳动者承担违约金"，该法是否适用于本案情况，从而认定派遣公司收取违约金无效而应该返还？如果认定王某与派遣单位存在劳动关系，则当然可以因约定无效而要求返还，如果不认定为劳动关系，他们之间仅为民事合同关系，在原告王某无违约行为的情况下，被告似乎也应该返还。至于派遣单位能否约定管理费，如果王某与派遣单位是劳务派遣关系，可以收取管理费，如果他们之间只是中介服务关系，此代理费即有疑问。

11. 包含侵犯人权内容劳务合同的效力纠纷案[①]

【案情】→

王小姐2007年前通过中智（大连）对外服务公司介绍赴日为研修生，约定期限3年。后王小姐因患结核病与日方企业发生了赔偿纠纷，并通过日本劳动部门介入，最终拿到了满意的赔偿。然而此后不久，负责送王小姐赴日打工的中介公司却以"不服从管理"为由，提前一年与王小姐解除了劳动关系。而日方企业的出国劳务用工合同上的条款上竟然有："洁身自爱，不许发生男女关系；不许罢工；不得影响内部团结；若自杀，家属接到通知后应在7日内接收骨灰，否则公司有权自行处理"等内容，王小姐因为触犯其中的一条而被公司开除。此外研修生还被迫签下保证书，明文要求员工：不得购买、使用手机；不得向租借店租借书、电脑、CD等物品；不得说不利于团结的话；不得捡垃圾、不得拾破烂；不得给周围的邻居添麻烦；不得擅自洗衣物；不允许谈情说爱；在日期间生病或发生工伤，按照日方交纳的保险办理……不能向日方会社提出赔偿要求；等等。

【分析】

对于合同中的这类条款的效力，要根据具体情况分析。一般而言，如果不违反劳务地劳动法和相关法律的规定，双方是可以自由约定合同条款的。2007年前，输日研修生在第一年与日本雇主存在劳动关系，第二年成为技能实习生后，才与雇主形成劳动关系。这样形成很多痼疾。2007年日本研修生制度改革后，输入技能实习生只经历较短的研修期限，一般3个月左右，然后就转为技能实习生，与雇主形成劳动关系。因此，他们与雇主之间是雇佣关系，适用日本劳动法规，如果这些条款违反日本劳动法的规定，是无效的。另外，因为日本宪法赋予外国人与本国人同等待遇，如果这样的条款违反日本其他法律的规定，如人权保护法律，也是无效的。但是输日研修生在派出之前，与国内劳务合作公司之间是什么样的关系，则需要根据案件具体情况而定。

[①] 参见翟丙军、李超：《一赴日中介制定严苛的用工合同》，半岛晨报，http://epaper.lnd.com.cn/html/bdcb/20090626/bdcb216342.html，下载日期：2012年10月20日。

第三节　我国对外劳务合作进一步成熟时期的案例

近年来,我国逐步加强了对对外劳务合作的管理,商务部出台了相应规则规范对外劳务合作行为。我国对外劳务合作经营公司对外劳务合作要经商务部门备案,商务部实行了对外劳务合作经营企业的诚信公开制度,我国对外劳务合作市场日益规范。理论和实务界对对外劳务合作法律关系的认识逐步明确,司法实践的做法相对统一。近年我国仍发生了一些对外劳务人员在国外权益受到侵害的群体事件,引起了国家的高度重视。商务部会同公安部等部门,加大了对非法劳务合作的打击力度,进行了集中整治,取得了良好的效果。2012年我国颁布了《对外劳务合作管理条例》,我国对外劳务合作管理日益成熟,各省市地区建立了对外劳务合作服务平台,加强了信息沟通渠道,我国对外劳务合作逐步进入规范时期。但是我国相关立法仍有待进一步完善,我国现行法律包括《对外劳务合作管理条例》在内,并没有对对外劳务合作中各方当事人间法律关系作明确规定,我国对外劳务合作各方当事人的利益仍处在不确定状态,我国司法实践中在处理相关问题时仍面临无所适从的境况,不利于我国对外劳务合作全面进入法制化轨道的发展。

1. 左某青与湖南环球(集团)公司合同纠纷案(劳务合同)[①]

【案情】→

2007年1月16日,环球公司与关岛巨石公司签订一份《劳务合同》,约定关岛巨石公司为对外合同的签订方,由环球公司向关岛巨石公司提供20名建筑劳务人员,另双方还对劳务人员的相关工作事宜及合同双方的职责等进行了约定。该合同签订后,环球公司开始组织招收劳务人员赴关岛巨石公司务工的相关工作,并与招收的数名工人员分别签订书面合同。其中,左某青先后向环球公司交纳了共计4万元的手续费,并另自行负担了培训费、出国签证

[①] 参见《左某青与湖南环球(集团)公司合同纠纷案》,110法律咨询网,http://www.110.com/panli/panli_193765.html,下载日期:2012年10月20日。

第三章 我国对外劳务合作中的合同案例分析

费等费用后于2007年6月17日与环球公司签订了一份《劳务合同》,约定环球公司派遣左某青到美国关岛从事建筑劳务工作,其中合同第2项约定:"雇员在雇佣期间必须遵守国外雇主制定的一切规章制度,服从安排,听从指挥。"第3项约定:"国外雇主为对外合同的签订方。雇员在雇佣期间必须以国外雇主名义对外工作,各方面应维护国外雇主的声誉和利益,不得以雇员或其他名义私自对外。"第4项约定:"雇员在国外雇佣合同期为24—30个月,视本人工作业绩和工作需要延长或缩短。包括前三个月的试用期。国外雇主可根据工程情况需要适当延长或缩短合同期,以保证对外合同的履行;雇员必须服从国外雇主去留的决定。"第6项约定:"雇员在第一年的工资将按工时工资结算,在满勤的前提下,月薪平均1000美元。满一年后的下一个整月开始采用承包方式结算,工资标准及承包单价将根据当时市场行情决定。月薪不低于1500美元。"第9项约定:"雇员在雇佣期间的膳宿、交通、工伤保险、签证延期及缴纳税款,第一年由雇主承担费用。第二年承包后由雇员承担,费用根据当时的实际开支从雇员工资中扣缴。"第10项约定:"雇员在雇佣期间因工负伤或死亡的,国外雇主按标准给予一次性补偿,其他有关工作由国内派遣单位负责处理,国外雇主不再承担其他责任和义务。"第12项约定:"雇员须交纳出国费用人民币40000元整。在确定录取、体检合格后,先交人民币5000元作为履约保证金。余款人民币35000元在签证获准后一次性交清。"另双方还约定若雇员因不听指挥,违反操作规程和有关规定,给国外雇主造成损失和不良影响,违反外事纪律、劳动纪律或美国关岛法律,给国外雇主造成不良影响等而被国外雇主遣送回国的,发生的费用由雇员自行承担。

签订合同后当日,左某青即赴关岛巨石公司工作,在关岛巨石公司共工作了10个月,每月由关岛巨石公司支付工资1000美元。2008年4月23日,左某青以对关岛巨石公司安排的伙食、工作时间不满等为由而与部分工人一起停工一天,2008年4月25日,左某青被关岛巨石公司遣送回国,回国机票等费用由关岛巨石公司支付。左某青认为关岛巨石公司不顾《劳务合同》中对工作期限的约定,将其强遣回国,给其造成了巨大的经济损失,故与尹坚华(另案当事人)一起,以环球公司为被申请人,向长沙市劳动争议仲裁委员会申请劳动仲裁,要求环球公司返还劳务派遣费及利息,并支付经济补偿。2008年7月30日,长沙市劳动争议仲裁委员会作出长劳仲案字[2008]238号《裁决书》,长沙市劳动争议仲裁委员会认为:"两申请人与被申请人签订的是劳务合同,而不是劳动合同。两申请人与被申请人的争议,依据《中华人民共和国劳动争议调解仲裁法》《中华人民共和国劳动法》的规定,不属于劳动争议,不应由劳动争议仲裁机构主管,不是我委的受案范围。"故裁决:"驳回两申请人的申诉。"左某青遂将环球公司诉至湖南省长沙市芙蓉区人民法院。

法院审理认为:(1)环球公司在首次开庭前即向本庭提交了营业执照副本,以说明其作为法人参加民事活动的主体地位。按常理分析,左某青为出国务工而与环球公司签订合同时也应会审查环球公司的相关资质或由环球公司主动向左某青出示相关资质证明,从左某青的具体诉讼请求、在起诉状中陈述的事实与理由以及庭前提交的相关证据来看,说明均无法体现左某青对环球公司从事对外劳务合作的资质有质疑,而在首次开庭时,左某青一方却当庭对环球公司从事对外劳务合作的资质提出质疑,并要求环球公司提交具有劳务派遣资格的证据,故环球公司在首次开庭后提交的由中华人民共和国商务部向其颁发的中华人民共和国《对外劳务合作经营资格证书》属于新的证据。第二次开庭时,经左某青质证,也对该证书的真实性无异议,故应确认环球公司具备从事对外劳务合作经营资格。左某青与环球公司签订的《劳务合同》系双方真实意思表示,合同内容不违反法律、行政法规的禁止性规定,该合同合法有效。该合同内容虽同劳动合同一样,约定了工作时间、工资等内容,但合同内容还涉及国外雇主(在本案中即指关岛巨石公司)一方,从合同中约定的具体内容和本案查明的事实来看,左某青在关岛巨石公司工作要遵守关岛巨石公司制定的规章制度,服从安排,并且只能以关岛巨石公司的名义对外工作。关岛巨石公司还向其发放了公司的工卡,安排其食宿并支付了工资,另环球公司的营业执照副本和资格证书中也明确了环球公司的主营范围即为开展对外劳务合作业务,向境外派遣各类劳务人员(不含海员),环球公司招收左某青等数人赴关岛巨石公司工作还对他们收取了一定的费用。在该案中,环球公司也并不属于向境外承包工程项目的一方,故其组织招收左某青等人赴关岛巨石公司工作也不属于对外承包工程项下外派劳务。以上分析说明左某青在关岛巨石公司工作并不是向环球公司提供劳动,为环球公司创造利润,也不是从环球公司获得其劳动报酬和有关福利待遇,工作期间与环球公司也没有形成管理与被管理的从属关系,而是以关岛巨石公司的名义工作,接受关岛巨石公司的监督管理。故左某青与环球公司之间并没有形成劳动关系,对于左某青要求环球公司支付其1个月的解除劳动关系经济补偿金7000元,以及该经济补偿金总额50%的额外经济补偿金3500元的诉讼请求,法院不予支持。(2)虽左某青与环球公司没有形成劳动关系,但双方在签订、履行合同过程中也应遵守诚实信用和公平原则,全面履行自己的义务。对于左某青被关岛巨石公司提前遣送回国的原因,环球公司称,按关岛巨石公司的说法是因左某青开始表现尚可,但后几个月工作表现不好,消极怠工,经常在工地上串岗与他人聊天,影响极坏,左某青还以伙食不好为由参与集体罢工,并且是集体罢工的主要谋划人之一,情节恶劣,给关岛巨石公司造成一定的经济损失和非常不良的影响。就此,环球公司提交了关岛巨石公司对此事的书面说明材料,左某青对环球公司提交的该证据的形式效力提出异议并否认关岛巨石公司在说明材料中所陈述事件的真实性。法院认为,虽左某青对环球公司提交的该证据的真实性、合法性、关联性均提出了异议,但左某青已确认其因对伙食和工作时间不满等而与其他部分工人一起参与了集体停工一天(即关岛巨石公司在书面材料中所称的罢工一事),而对于伙食和工作时间的问题,左某青完全可以通过合理的方式向关岛巨石公司提出,或者在认为无法沟通的情况下向环球公司反映,由环球公司进行协调,但左某青却采取了该极端的方式,从而被提前遣送回国,故左某青在履行对关岛巨石公司提供劳动的合同义务时存在一定的过错。而环球公司作为提供格式合同条款一方,并作为一家专业的经营对外劳务合作的公司,在与左某青签订合同之前就应会考虑到出国务工者与国外雇主之间出现矛盾的情况,为避免出现矛盾难以解决和为尽可能地保护出国务工者的权益,环球公司可以协助、指导左某青与关岛巨石公司签订书面合同,或者在环球公司与左某青签订的合同和环球公司与关岛巨石公司签订的合同中详尽的约定工作和生活条件、加班时间、休息时间等内容,以保证产生矛盾的双方均有据可依。同时环球公司作为组织数名劳务者出国务工的一方,进行一定的境外服务、管理和联系、沟通工作,尽可能的协调出国务工者与国外雇主之间的矛盾,应是其应尽的义务,而不是只要将劳务者输送出国务工就已完成了合同的所有义务。故环球公司在签订合同和履行组织劳务者出国务工事宜的合同义务时也存在一定的过错。环球公司应向左某青退还部分手续费,法院同时结合左某青在关岛巨石公司已工作时间等情况,酌情确定环球公司向左某青退还手续费的金额为8000元。因此法院判决湖南环球(集团)公司向左某青退还手续费8000元,驳回左某青的其他诉讼请求。一审判决后,左某青不服,向湖南长沙市中级人民法院提起上诉,认为一审法院认定事实不清:关岛巨石公司并没有向左某青发放工卡,关岛政府为加强劳工签证管理而发放的身份证不能作为认定左某青与关岛巨石公司存在劳动关系的证据。左某青并没有组织停工。环球公司提交的由关岛巨石公司出具的证据不能作为定案证据。同时认为,一审法院认定法律关系和适用法律错误,左某青与环球公司签订的不是劳务中介合同而应是劳动合同,一审判决认定左某青与环球公司之间没有形成劳动关系是错误的。

上诉法院审理认为:案件争议的焦点在于左某青与环球公司之间是否形成劳动关系。左某青到关岛巨石公司工作后,是以关岛巨石公司的名义对外工作,遵守关岛巨石公司制定的规章制度,并且由关岛巨石公司向其支付劳动报酬,而不是以环球公司的名义对外工作,也不是从环球公司获得劳动报酬,工作期间也未与环球公司形成管理与被管理的从属关系。据此,即使关岛巨石公司未向左某青发放工卡,也足以说明与左某青建立劳动关系的是关岛巨石公司,而非环球公司。环球公司招收左某青赴关岛巨石公司工作而与左某青签订《劳务合同》,只是为其提供出国务工的机会,并据此向其收取40000元的出国费用。故原审法院认定左某青与环球公司之间未形成劳动关系,并无不当。关岛巨石公司出具证明,左某青被提前遣送回国是因为其参与罢工。左某青对此提出异议,认为关岛巨石公司的证明不能作为证据,但左某青已承认其因伙食和工作时间等原因而与其他部分工人一起停工一天的事实。故左某青在处理其与国外雇主之间的矛盾时采取了极端的方式,在履行合同时确有一定的过错。而环球公司作为专业经营对外劳务合作的公司,应该预见到出国务工者与国外雇主之间会产生矛盾,故环球公司在派遣左某青出国务工并与其签订合同时就应对此进行合理规范,并应与出国务工者和国外雇主经常保持联系,以便及时了解出国务工者和国外雇主之间的矛盾并及时协调,尽可能地保护出国务工者的利益。故环球公司在签订和履行合同时也存在一定的过错。原审法院根据左某青和环球公司均存在过错以及左某青在国外的工作时间而酌情判决环球公司退还左某青手续费8000元并无不当。因此,2009年4月上诉法院驳回当事人上诉,维持原判。

【分析】

该案是我国法院处理对外劳务合作纠纷比较成熟的案例之一。无疑,本案的焦点仍是左某青是否与对外劳务合作公司存在劳动关系的问题。一审法院认为,左某青与环球公司签订的《劳务合同》虽然同劳动合同一样,约定了工作时间、工资等内容,"但合同内容还涉及国外雇主(在本案中即指关岛巨石公司)一方,从合同中约定的具体内容和本案查明的事实来看,左某青在关岛巨石公司工作要遵守关岛巨石公司制定的规章制度,服从安排,并且只能以关岛巨石公司的名义对外工作。关岛巨石公司还向其发放了公司的工卡,安排其

第三章 我国对外劳务合作中的合同案例分析

食宿并支付了工资","左某青在关岛巨石公司工作并不是向环球公司提供劳动,为环球公司创造利润,也不是从环球公司获得其劳动报酬和有关福利待遇,工作期间与环球公司也没有形成管理与被管理的从属关系,而是以关岛巨石公司的名义工作,接受关岛巨石公司的监督管理。故左某青与环球公司之间并没有形成劳动关系",对于左某青依据我国劳动法对环球公司的诉讼请求,法院不予支持。法院还认为,环球公司也不属于向境外承包工程项目的一方,其组织招收左某青等人赴关岛巨石公司工作也不属于对外承包工程项下外派劳务。但是,环球公司作为组织数名劳务者出国务工的一方,进行一定的境外服务、管理、联系和沟通工作,尽可能协调出国务工者与国外雇主之间的矛盾,是其应尽的义务,而不是只要将劳务者输送出国务工就已完成了合同的所有义务。故环球公司在签订合同和履行组织劳务者出国务工事宜的合同义务时也存在一定的过错。环球公司应向左某青退还部分手续费。

上诉法院也认为,左某青到关岛巨石公司工作,由关岛巨石公司向其支付劳动报酬,不是从环球公司获得劳动报酬,工作期间未与环球公司形成管理与被管理的从属关系。"说明与左某青建立劳动关系的是关岛巨石公司,而非环球公司。"同时,环球公司的营业执照副本和资格证书中明确了环球公司的主营范围即为开展对外劳务合作业务,向境外派遣各类劳务人员(不含海员),环球公司招收左某青等数人赴关岛巨石公司工作还对他们收取了一定的费用(40000元)。"环球公司作为专业经营对外劳务合作的公司,应该预见到出国务工者与国外雇主之间会产生矛盾,故环球公司在派遣左某青出国务工并与其签订合同时就应对此进行合理规范,并应与出国务工者和国外雇主经常保持联系,以便及时了解出国务工者和国外雇主之间的矛盾并及时协调,尽可能地保护出国务工者的利益。"因此,上诉法院同意一审法院的观点,驳回上诉,维持原判。

但是,法院认为,"与左某青建立劳动关系的是关岛巨石公司",因此得出与左某青建立劳动关系的"非环球公司"有悖劳务派遣以及劳动法的相关理论。可以与左某青建立劳动关系的当事方并非必然是唯一的,国内公司和外国雇主也可以同时与左某青建立劳动关系。因此,仅仅以左某青与关岛巨石公司建立劳动关系,其与国内经营公司就只能是非劳动关系的依据是不充分的。他们之间是劳动关系,还是其他类型的法律关系,应该根据劳动法的相关理论分析来判定。(这点在前述案例分析中也有讨论。)

2. 王某明与上诉人河南君诚对外经济技术合作有限公司劳动争议纠纷案①

【案情】→

2008年2月27日,王某明(乙方)与君诚公司(甲方)签订了《劳务派遣合同书》,主要约定,甲方根据与新加坡的南洋公司即雇主签订的赴新加坡劳务合同,公开招收建筑工人,乙方自愿应招,并通过新加坡政府考试被录用;本合同雇佣期为三年。合同还约定了乙方的工作职责、工资发放办法和待遇,以计件工资制为主,采用的定额按雇主的统一规定执行。王某明向君诚公司缴纳出国垫付款15000元,如果王某明按合同全面履约,君诚公司在王某明回国后60天内退还。合同还约定,王某明在国内所有部分的考试费用、君诚公司为王某明出境所办全部国内手续费用(护照、体检等)和机场相关费用由王某明支付。关于工伤处理,该合同约定,乙方发生工伤以后,如查证属实,雇主将按照新加坡相关法律法规进行申报和理赔。合同签订后,王某明向君诚公司缴纳出国垫付款15000元,另向君诚公司缴纳前期培训费、考试费、办理护照、签证等费用共计5000元。

劳务派遣合同书签订后的当天,王某明与雇主南洋公司签订了《雇佣外籍建筑工人合同书》,君诚公司作为见证方在该合同书上盖章、签字。王某明到新加坡南洋公司从事建筑工作后,于2008年4月3日到工地上班时不慎摔伤,同年10月王某明回国。王某明摔伤后新加坡人力资源部认定王某明的伤害不构成工伤,王某明不服在新加坡提起了诉讼。王某明回国后,向濮阳市劳动争议仲裁委员会申请仲裁,濮阳市劳动争议仲裁委员会作出濮劳仲案字[2009]281号裁决书裁决:(1)由于河南君诚对外经济技术合作有限公司未为其参加社会保险,王某明因治伤产生的费用,河南君诚对外经济技术合作有限公司应按规定予以报销。(2)河南君诚对外经济技术合作有限公司支付王某明工资人民币26611元。(3)河南君诚对外经济技术合作有限公司退还王某明资格证书。

---

① 参见《被上诉人王某明与上诉人河南君诚对外经济技术合作有限公司劳动争议纠纷案二审民事判决书》,110法律咨询网,http://www.110.com/panli/panli_26139784.html,下载日期:2012年10月20日。

第三章 我国对外劳务合作中的合同案例分析

仲裁裁决后,当事人不服向人民法院起诉。一审法院认为,王某明、君诚公司之间不存在劳动关系,应属居间合同关系,故对王某明要求支付工伤保险待遇并支付工资的请求不予支持。居间合同是居间人向委托人报告订立合同的机会或者提供订立合同的媒介服务,委托人支付报酬的合同。王某明、君诚公司2008年签订的《劳务派遣合同书》,虽然从形式上看好像劳务派遣合同,但从合同约定的内容来看,应属居间合同。

王某明受新加坡南洋公司所雇佣,王某明与新加坡南洋公司之间存在劳动关系。王某明要求君诚公司退还出国费用25000元和资格证书的请求,其中,君诚公司收取王某明缴纳的出国垫付款15000元,按合同约定,如果王某明全面履约,君诚公司在王某明回国后60天内退还,王某明因意外受伤而回国,并不属于违约,现王某明要求君诚公司退还,理由正当,予以支持。王某明向君诚公司缴纳的前期培训费、考试费、办理护照、签证等费用计5000元,系王某明为能出国打工所花的费用,系王某明自愿交纳并已实际花费,且合同也约定该费用应由王某明承担,故王某明要求君诚公司退还没有依据,不予支持。王某明称其交给君诚公司在伊川县的一个代理公司5000元,另称君诚公司还保管着王某明的资格证书,因君诚公司均不予认可,王某明也无相应证据证实,故对王某明要求君诚公司退还该费用及证书的请求亦不予支持。王某明要求君诚公司支付护照费300元、食宿费1500元、体检费36元、其他费用2000元,缺乏事实根据和法律依据,不予支持。

因此,根据《中华人民共和国劳动法》第2条,《中华人民共和国合同法》第424条之规定,一审法院判决:"(1)原告王某明、被告河南君诚对外经济技术合作有限公司之间不存在劳动关系。(2)被告河南君诚对外经济技术合作有限公司退还原告王某明出国垫付款15000元,于本判决生效后10日内付清。(3)驳回原告王某明的其他诉讼请求。"

一审判决后,双方均不服上诉到濮阳市中级人民法院。君诚公司上诉称,15000元出国垫付费用君诚公司只是代收,该费用已汇至南洋公司,由南洋公司掌控,因王某明在新加坡提起了工伤诉讼而被南洋公司缓退。现因王某明欠南洋公司的费用,南洋公司不予退还,故君诚公司亦无法退还。另依据王某明与君诚公司之间签订的合同第4条约定,王某明至今尚欠君诚公司出国服务费用新币4000元(当时折合人民币19000元),君诚公司也有权持该笔费用与王某明交付的出国垫付费进行抵消。请求二审法院撤销原审第二项,改判驳回王某明要求君诚公司退还15000元出国垫付费的要求。王某明辩称,

(1) 君诚公司应退还给王某明 15000 元，王某明是因为工伤回国的，并未违反劳动派遣合同的规定。(2) 出国服务费用合同中虽约定了，但王某明是因工伤不能工作，不应支付该服务费，亦不应予以抵消。

二审审理查明，王某明称其请求的 25000 元，是其交给君诚公司的出国垫付费 15000 元和前期培训费、考试费、办理护照、签证等费用 5000 元，两项合计 20000 元；另外 5000 元，王某明称交给君诚公司在伊川县的一个代理公司，但没有相关证据证明。对此，君诚公司认可收到出国垫付费 15000 元和前期等费用 5000 元，对王某明所称交给伊川县代理公司的 5000 元，君诚公司不予认可。另查明，王某明与南洋公司签订合同后，王某明即到南京一培训机构参加了前期培训和考试，在培训期间，王某明称产生食宿费 1500 元；王某明出国前进行了体检，办理的护照由其本人持有。其他费用 2000 元，王某明称系来回车费、食宿费所构成。王某明认为其在南京的培训学习、考试后应有资格证书，但其并未见到。对此君诚公司认为 1500 元食宿费、体检费、护照费、其他费用均为王某明应自行负担的费用。南京培训结构未发放资格证书，君诚公司也未见到过。还查明，王某明与君诚公司签订的劳务派遣合同的第 4—4 条约定，乙方（即王某明）需交纳出国服务费，前二年基本雇佣期为人民币 19000元。庭审中，君诚公司提交两份证据，一份是王某明在新加坡的工伤诉讼已得到解决并获得赔偿其 175000 元的文件复印件；另一份是新加坡的南洋公司发给君诚公司的电子邮件材料，证明王某明缴纳的 15000 元出国垫付费，君诚公司已转给南洋公司，南洋公司认为王某明在回国结算时欠南洋公司的费用已超过 15000 元，所以南洋公司不再退还给君诚公司。据此，君诚公司认为，因南洋公司不退还 15000 元，君诚公司也不应退还给王某明。对此，王某明不予认可，认为两份证据均为打印件，而非原件，不具有法律效力；并且王某明称其不欠南洋公司的费用，认为不论南洋公司是否退还君诚公司款项，君诚公司均应返还王某明 15000 元的出国垫付款。王某明并称尚未收到在新加坡进行工伤诉讼的裁判文书。其他查明事实与原审所查相同。

二审法院认为，王某明虽与君诚公司签订了劳务派遣合同书，但就该合同约定的内容，以及王某明又与新加坡南洋公司签订了雇佣外籍建筑工人合同书并出国到新加坡南洋公司参加工作等事实，证明王某明与新加坡南洋公司存在劳动合同关系，与君诚公司属于居间合同关系。故王某明上诉其与君诚公司存在劳动关系，应支付工伤待遇费用和工资的请求无事实和法律依据，法院不予支持。关于 15000 元的出国垫付费用问题，王某明因意外受伤回国的行为不属于违约,按照其与君诚公司签订合同中的约定,君诚公司应如约退还。故王某明要求君诚公司返还15000元的请求法院予以支持。关于君诚公司上诉称15000元已转南洋公司,因南洋公司不予退还,其不应退还王某明的理由,因君诚公司与王某明所签合同中并未约定出国垫付费用的退还与雇主南洋公司是否返还有关,故该理由不能成立。君诚公司又称按照双方合同约定,王某明应支付君诚公司19000元的出国费用而未支付,应予以抵消的理由,经查,合同约定19000元出国费用是两年雇佣期的费用,但王某明于2008年4月3日到工地,同年10月即回国,只有6个月的时间,达不到合同约定的两年雇佣期,故该理由亦不成立。关于王某明上诉的前期费用5000元,因王某明确实参加了前期培训、考试,进行了体检,办理了护照、签证等事项,该费用在合同中约定应其自负,且已实际花费,故王某明要求君诚公司退还没有事实依据,法院不予采纳。关于王某明上诉的护照费300元,食宿费1500元,体检费36元,其他费用2000元及返还资格证书的请求。因王某明未提交相关证据证实,故法院无法支持。依照《中华人民共和国民事诉讼法》第153条第1款第1项的规定:驳回王某明和河南君诚对外经济技术合作有限公司的上诉,维持原判。二审案件受理费10元,由王某明和河南君诚对外经济技术合作有限公司各自负担。

【分析】

因为出国人员与国外雇主之间签订有劳动合同,所以,其与国内公司的合同不属于劳务派遣合同,而属于居间合同,理由牵强,尚需进一步探讨。当事人之间到底是否存在劳动关系,这是实践中常常令法院困惑的焦点。正如前所述,目前我国法律没有明确规定,因此,人民法院应该主要从维护劳动者利益出发,结合我国有关立法和规章的精神,根据实际情况具体分析。无论如何,我国立法予以明确规定才是众望所归。

3. 上诉人杨某涛与被上诉人杨某学劳务中介合同纠纷案[①]

【案情】

杨某涛本人并无办理出国劳务手续的相关资质。2008年1月,杨某学

---

① 参见《上诉人杨某涛与被上诉人杨某学劳务中介合同纠纷一案二审》,110法律咨询网,http://www.110.com/panli/panli_23732852.html,下载日期:2012年10月20日。

因欲出国务工,即找到被告杨某涛,请求为其办理出国务工手续。杨某涛即收取杨某学现金人民币28000元,双方约定其中13000元作为出国费用,不予退还。另15000元作为押金(保证金),期满回国后予以退还。杨某涛并向杨某学出具收到条,注明"收到杨保学出国费用款壹万叁千元,押金款壹万五千元,共计贰万捌千元整。杨某涛。2008.1.7"。后杨某涛即通过杨州世达公司为杨某学等人办理了出国劳务手续。2010年1月,杨某学务工期满回国,即找杨某涛索要押金15000元,双方为此发生纠纷,向新县人民法院起诉。

法院经审理认为:债务应当偿还。被告杨某涛在为原告杨某学办理出国务工手续过程中,收取原告杨某学28000元并以其个人名义出具收到条,双方并约定15000元押金(保证金)期满后予以退还,故被告杨某涛在原告杨某学出国务工期满后依法应负有返还原告杨某学该保证金的义务。原告杨某学在办理出国务工手续过程中,应依法寻求具有相应资质的单位为其办理相关手续,却在明知或应知被告杨某涛个人并无相应资质的情况下,仍让其为自己办理相关手续,故原告杨某学在此过程中亦有一定过错,应减轻被告杨某涛的责任。因此一审法院认为应以被告杨某涛返还原告杨某学保证金数额的50%为宜,即$15000 \times 50\% = 7500$元。被告杨某涛辩称,其系为杨州世达公司代理办理业务属职务行为,但未能提供相关委托代理手续,原审法院不予支持;被告杨某涛提供新加坡敬强建筑工程公司证明证实原告杨某学已从该公司领取了3000元新币(15000元人民币)保证金,因该证据未依法经相关程序公证或认证,法院不予认可。被告杨某涛未能提供原告杨某学已领取该保证金的其他相关证据,故对被告杨某涛所主张的原告杨某学已实际领取了该15000元保证金的意见,原审法院亦不予采纳。对原告杨某学要求被告杨某涛支付利息的请求,因无事实及法律依据,法院不予支持。因此判决被告返还原告人民币7500元,驳回原告其他诉讼请求。

杨某涛不服新县法院判决,向河南省信阳市中级人民法院提起上诉,称原审认定事实不清,将上诉人认定为劳务中介不当;被上诉人杨某学通过杨州世达公司中介到新加坡打工,与杨州世达公司签订劳务中介合同,上诉人只是朋友委托引荐而非中介。上诉人与被上诉人之间没有债权债务关系。被上诉人在杨州世达公司要求汇款28000元时,经被上诉人杨某学要求帮忙汇款,上诉人没有从中得到利益,上诉人写收到条,只是证明被上诉人杨某学当时交款多少钱,并不是上诉人实际收款多少。上诉人在杨州世达公司没有得到报酬,更无委托关系,请求二审法院驳回被上诉人杨某学的诉讼请求。

2011年1月上诉法院审理认为,原审认定事实不清楚,证据不足,撤销原判,发回重审。发回重审提纲写明重审时注意事项:(1)原审判决中,"经审理查明,被告杨某涛即收取原告杨某学现金人民币28000元,双方约定其中13000元作为出国费用,不予退还。另15000元作为押金(保证金),期满回国后予以退还"的依据。(2)上诉人杨某涛将收取被上诉人杨某学的28000元汇往杨州世达公司,为有利于处理该案,应将杨州世达公司追加为被告。该案多做调解工作,最好调解结案。

【分析】

个人代理出国劳务,不成功有忧,成功了也有忧。杨某学通过杨州世达公司为杨某学等人办理了出国劳务手续。被告杨某涛在帮原告杨某学办理出国务工手续过程中,收取原告杨某学28000元并以其个人名义出具收条,双方约定15000元押金(保证金)期满后予以退还。在被告的帮助下,原告如愿出国务工,但原告回国后讨要原给付的押金时,被告拒绝返还。依合同法,被告有返还的义务。被告是否应该返还呢?一审法院判决满足原告的请求,但是被告不服,提起上诉。被上诉人由杨州世达公司成功派遣到新加坡打工,上诉人在该案中到底是个人劳务中介还是朋友引荐呢?上诉人辩论他只是帮忙被上诉人杨某学汇款,写收条,只是证明被上诉人杨某学当时交款多少钱,并不是自己实际收款多少。他与杨州世达公司无委托关系,没有得到报酬。那么,15000元押金(保证金)到底落入谁人之手呢?这恐怕是问题的关键。因此,上诉法院以事实不清,发回重审,并追加杨州世达为被告似在情理之中。

4. 上诉人王某、李某云因与被上诉人杨某国居间合同纠纷案[①]

【案情】

王某、李某云在延津县人民路合伙开办一劳务派遣咨询中心,没有办理境外就业中介许可证。其在城关资讯报上发布出国劳务招聘资讯:第三期建筑工到俄罗斯(圣彼得堡)工作,并参与管理,月平均收入人民币5500—7000元

---

① 参见《上诉人王某、李某云因与被上诉人杨某国居间合同纠纷一案》,110法律咨询网,http://www.110.com/panli/panli_165751.html,下载日期:2012年10月20日。

以上,工资按月发放,等等。杨某国见此资讯内容,到该咨询处咨询并办理相关出国手续,李某云收杨某国18500元的劳务派遣服务费。如果一方履行合同,境外(俄罗斯)免费为其办理4900元的国外保险。宣传单中写明18500元劳务派遣服务费包含申请费、劳务咨询费、签证费及工作卡、身份支出、外派劳务培训证,到莫斯科圣彼得堡的往返旅费。杨某国原告于2008年3月22日赴俄罗斯务工,2008年4月17日返回国内。杨某国称前咨询公司所做的资讯为虚假宣传,隐瞒重要事实,在俄罗斯务工期间月工资只有千余元,且工作环境恶劣,回国后要求退款。双方因此发生争议,杨某国向河南省延津县人民法院起诉。

法院审理认为:根据《境外就业中介管理规定》第33条规定:单位或者个人未经劳动保障行政部门批准和工商行政管理机关登记注册,擅自从事境外就业中介活动的,由劳动保障行政部门会同工商行政管理机关依法取缔,没收其经营物品和违法所得。因非法从事境外就业中介活动,给当事人造成损害的,应当承担赔偿责任。被告王某、李某云为原告提供境外就业信息咨询,接受境外雇主的委托,为其推荐所需招聘人员,协助境外就业人员办理出境所需要的签证、体检、防疫等手续和证件,为境外就业人员代办社会保险,其所从事的业务符合境外就业中介机构经营的业务范围。但二被告所从事的境外就业中介活动未经批准和登记注册,属非法从事境外就业中介活动。原告应被告招聘,与被告达成的境外就业口头合同,因被告违反了国家行政法规的强制性规定,属无效合同。根据《中华人民共和国合同法》第58条规定:"合同无效后因该合同取得的财产,应当予以返还,有过错的一方应当赔偿对方因此所受的损失。"因此被告所收取的劳务派遣服务费18500元应当予以返还。原告因被告的非法中介活动所支出的回国时的交通费6655元、体检费450元,在俄罗斯务工时交纳的保险费315元及生活花费1466元,共计8886元,被告应当赔偿。关于原告要求的赴俄罗斯的交通费4163元,此费用已包含在18500元当中,原告的上述主张属重复主张,不予支持。关于二被告不认可是合伙关系,原审认为被告李某云收取原告的劳务派遣服务费,对劳动部门给王某下达的行政处罚决定书予以签收,已经形成一个证据链条,能够证明二被告是合伙关系,故对二被告不认可是合伙关系的观点不予采信。关于被告所称的其所收取的服务费已为原告支付了各项费用,法院认为因被告非法从事境外就业中介活动,故对上述费用被告应自行承担。故根据《境外就业中介管理规定》第33条,《中华人民共和国合同法》第52条、第58条之

第三章 我国对外劳务合作中的合同案例分析

规定,原审判决:(1)由被告王某、李某云将所收取的18500元劳务派遣服务费返还给原告杨某国。(2)由被告王某、李某云赔偿原告杨某国的经济损失8886元。

王某、李某云不服一审法院判决,向河南新乡市中级人民法院提起上诉,称:上诉人是受圣彼得堡华人建筑集团总公司的委托进行招聘的,上诉人是受托人,不应当让上诉人承担责任。上诉人所收取的费用中包括申请费、劳务咨询费、签证费、工作卡身份证支出、外派劳务培训证、往返旅费、保险费等,即使上诉人违反相关规定也应当扣除相关的费用。李某云不是合伙人,只是替王某处理某些事务,不应当承担责任。请求撤销原审判决,依法改判或发还重审。2009年6月上诉法院经审理认为:我国《合同法》规定:居间人应当就有关订立合同的事项向委托人如实报告。居间人故意隐瞒与订立合同有关的重要事实或者提供虚假情况,损害委托人利益的,不得要求支付报酬并应当承担损害赔偿责任。为中国公民境外就业或者为境外雇主在中国境内招聘中国公民到境外就业提供相关服务的活动属于境外就业中介,从事该项活动的机构为境外就业中介机构,境外就业中介实行行政许可制度,未经批准及登记注册,任何单位和个人不得从事境外就业中介活动。上诉人没有经过相关行政机关的行政许可,属于非法中介组织,延津县劳动和社会保障局对上诉人王某依法作出了延劳社监罚字[2008]第002号行政处罚决定。基于二上诉人所从事中介行为的非法性,被上诉人同二上诉人之间形成的口头协议属于无效协议。基于二上诉人故意隐瞒与订立合同有关的重要事实、提供虚假情况损害了被上诉人利益,应承担损害赔偿责任。由于李某云同王某共同从事中介服务,应当同王某共同承担赔偿责任。原审认定事实清楚,程序合法,判决并无不当。判决驳回上诉,维持原判。

【分析】

本案定性为非法劳务中介案,因此确定当事人之间的合同无效,法院判决被告返还原告劳务费用并赔偿损失。本案是居间合同还是劳动合同似乎不用太多分析,被告本为无对外劳务合作资格的中介机构,认定为其与原告签订的合同为居间合同也并无不当。因此,根据我国《合同法》规定,对于违反我国强制性法律规范,违反国家政策签订的合同,应属无效。被告应返还费用,并赔偿损失。

5. 程某民与被告陈某、王某军合同纠纷案①

【案情】→

2008年2、3月份,被告陈某从新加坡打工回来后,在社会上吹嘘在外能挣大钱,他有办法和能力带走人并安排工作。原告程某民等人经人介绍到陈某处报名办理出国打工事宜,2008年3月3日,原告向陈某交纳出国保证金2800元,陈某为其出具了收条一张:"今收到程某民出国保证金贰仟捌佰元整,￥2800,陈某"。2008年5月9日,陈某让程某民参加了河北远洋劳务派遣有限公司组织的培训,并且程某民收到河北远洋劳务派遣有限公司给付的5月10日至5月31日的伙食费叁佰元。2008年7月5日,程某民又交给被告陈某出国费用25000元,被告陈某为原告出具了收条一张:"今收到程某民出国费用(代收)贰万伍仟元整,￥25000,陈某"。后被告陈某未能将原告派往国外工作,原告即找被告陈某返还所收费用。2009年2月24日,二被告双方签订了一份接管书:"陈某将新加坡派出劳务转交于王某军手中,事务将由王某军代理管制。派出人员:张海报、程某民、王建波将于4月20日派出,如若4月20日派不出去,将于5月15日前全额退款,到5月15日钱没退还,一切后果将由王某军承担。"该接管书签订后,被告仍未退还原告出国费用,原告即诉至河南省濮阳县人民法院,要求被告退还出国费用27800元及利息。

法院审理认为:被告陈某收受原告的保证金和出国费用,并为其出具了收条,故被告陈某应按其约定全面履行自己的义务,现原告出国未成,那么被告陈某应退还其费用。原告接受了被告的培训并收到了伙食费,该费用应从中扣除。被告辩称该费用已转交到河北远洋劳务派遣有限公司,但其提交的证据中并未显示所转交的款项中有原告姓名,故其主张法院不予支持。二被告之间的接管书是其二人内部行为,与原告无关,故原告要求被告王某军退款的请求法院不予支持。经调解无效,法院2010年10月判决被告陈某退还原告程某民出国费用27500元,驳回原告程某民对被告王某军的诉讼请求。

【分析】

本案应为一起个人非法从事对外劳务中介案。被告除了应该返还原告费用

---

① 参见《原告程某民与被告陈某、王某军合同纠纷一案一审民事判决书》,110法律咨询网,http://www.110.com/panli/panli_17747772.html,下载日期:2012年4月30日。

第三章 我国对外劳务合作中的合同案例分析

外,还违反我国刑法规定,构成诈骗罪或非法经营罪,应承担相应的刑事责任。

6. 原告黄某亮与被告陈某荣劳务代理债权纠纷案①

【案情】→

原告黄某亮与被告陈某荣均从事劳务出口工作,原告于2008年介绍石某晶等10人给被告,由被告安排前往新加坡从事劳务,由于被告提供的相关批文系伪造,以致石某晶等人未能出国从事劳务工作。因石某晶等人支付的办理劳务代理费用371120元系由原告转交给被告,故石某晶等人向原告领回了上述费用。之后,原告向被告讨要上述费用,被告于2008年2月22日出具一张欠条,承诺在25日内将371120元付清并分担飞机票费用15900元的一半。截至2009年3月30日,被告仅偿还欠款192000元,余款187070元未还。原告向福建宁德市蕉城区人民法院起诉,请求判令被告偿还欠款187070元及支付相应利息(利息自2009年4月1日起计至还清欠款之日止,按中国人民银行规定的同期贷款利率计算)。

【分析】

缘起于出国劳务中介,因被告提供伪造批文,导致工人未能出国从事劳务工作。中介在退还出国人员费用后,向其转交费用的被告要求返还。因原告与被告均从事劳务出口工作,类似民事债务纠纷,但是非法劳务活动毕竟要承担相应责任。

7. 上诉人湖南港银联投资管理有限公司因与被上诉人李某生、胡某保劳务合同纠纷案②

【案情】→

2007年初,湖南港银联投资管理有限公司(下称港银联公司)与泰国捷安

---

① 参见《原告黄某亮与被告陈某荣债权纠纷一案》,110法律咨询网,http://www.110.com/panli/panli_21285723.html,下载日期:2012年4月30日。

② 参见《上诉人湖南港银联投资管理有限公司因与被上诉人李某生、胡某保劳务合同纠纷一案》,110法律咨询网,http://www.110.com/panli/panli_196969.html,下载日期:2012年4月30日。

工程公司、中和国际资源开发(集团)有限公司准备合作承建阿联酋迪拜体育城维多利亚高地别墅及阿吉曼公寓。2007年4月13日,港银联公司与胡某保签订《建筑工程施工协议》,双方约定,工程地点为阿拉伯联合酋长国迪拜,工程名称为迪拜体育城维多利亚高地别墅;工程内容为欧式别墅、西班牙别墅、地中海别墅;承包范围为设计图纸所示的所有挖孔桩基土建及水电安装工程、装饰工程、屋顶钢结构工程;并约定胡某保在签订本合同时,以50人为施工单位,向港银联公司交纳信誉保证金20万元。2007年6月29日,李某生(乙方)与港银联公司(甲方)签订了一份《外派劳务合同书》,合同约定:经乙方自愿申请报名,甲方根据阿联酋工程项目经理部工作需要接受派遣乙方赴阿联酋工作,甲方负责上级主管部门推荐派遣乙方至阿联酋工作,并办理有关出国手续;甲方根据国家外经贸部有关规定预收乙方赴阿联酋工作保证金人民币伍仟元整,另收报名费贰佰元整并面试;乙方自行负担体检、报名、护照及登机前差旅等费用的支出,并约定合同属内部契约,任何一方不得对外泄密。港银联公司在甲方一栏盖了章,胡某保在甲方代表一栏签名,伍海波在乙方一栏签名。签订合同的当天,胡某保向李某生、李某军等8人各收取了赴阿联酋的报名费200元。胡某保在收条上承诺,若不能赴阿联酋此款由胡某保负责。2007年6月29日,李某生、李某军等8人向湖南国际旅行社卫生保健中心各交纳体检费365元。2007年7月23日,港银联公司出具了一份委托函,内容为"我公司现正在积极办理阿联酋高地别墅工程及阿吉曼CORNICHE酒店式公寓工程的建筑事宜,因正在与泰国电力集团办理预算及正签合同事宜考虑到中建五局的职工愿赴阿联酋工作,特委托中建五局一公司胡某保同志代为办理劳务合同签订事宜,港银联暂不收取费用,待合同落实正签后再办理劳务签证合同"。胡某保在委托函上签署了"同意按上面所述办理"的意见。合同签订后,李某生、李某军等8人共向胡某保交纳保证金40000元。胡某保于2007年8月8日出具收条,内容为"收到李某生、李某军等8人赴阿联酋工作保证金40000元属实,并收报名费1600元整,前面所开报名费条据作废,不能去阿联酋工作或最后不去,保证金可全额退还"。2007年12月14日,李某生将7000元现金交给胡某保,胡某保将港银联公司于当天开具的7000元收据交给李某生。因李某军不愿意去,当天,胡某保向李某军退还保证金4000元。2008年6月17日,李某军等人向港银联公司发出债权转让通知,告知港银联公司已将各人的保证金5000元及损失2265元的债权转让给了李某生。后当事人因返还款项发生纠纷,原告向湖南长沙市开福区人民法院起诉。一审过程中,李某生要求港银联公司赔偿体检费 365 元、护照费 300 元、交通费 450 元、误工费 800 元,合计 1915 元。胡某保提出,所收李某生的款项用作了工程报价预算的费用。2007 年 8 月 3 日,港银联公司的法定代表人陈建铭向胡某保退还了阿联酋工程预算款 40000 元。

法院认为:(1)李某生于 2007 年 7 月 23 日与港银联公司签订的外派劳务合同书,因双方均同意解除,对李某生要求解除双方签订的外派劳务合同的诉讼请求予以支持。(2)港银联公司授权胡某保代为办理签订外派劳务合同的事宜,并出具了委托书,该委托书虽载明不得收取任何费用,但胡某保在收取李某生的保证金时未将该份委托书的内容告知李某生。胡某保的行为构成表见代理,其行为产生的法律后果应由港银联公司承担。李某军等人已将各自的保证金债权转让给李某生,并已通知了港银联公司,该转让合法有效。胡某保作为代理人根据合同约定收取了保证金 47000 元,已退还李某军 4000 元,故李某生的保证金为 43000 元。由于合同已解除,合同目的无法实现,李某生要求港银联公司退还保证金的诉讼请求符合法律规定。(3)因港银联公司未履行合同的行为已构成违约,李某生要求港银联公司赔偿体检费、护照费、交通费、误工费合计 1915 元的诉讼请求,李某生的体格检查体检费 365 元证据属实,其余没有证据,但考虑到李某生因此事确有损失,酌情认定李某生的损失为 500 元。因此,判决解除李某生与港银联公司于 2007 年 6 月 29 日签订的《外派劳务合同书》,港银联公司退还李某生 43000 元。

长沙市开福区人民法院判决后,港银联公司不服,向湖南省长沙市中级人民法院提出上诉,上诉理由为:(1)双方所签订的是意向合同,也是无效合同,签订合同之前,上诉人已告知被上诉人,上诉人没有建筑施工资质,只负责工程造价预算,如发包商能接受造价预算,上诉人再与有施工资质和出国劳务资质的公司合作,然后再与被上诉人凭意向合同签正式合同,为避免误会,上诉人当场声明先不收取费用。(2)本案是被上诉人胡某保收取工人的保证金,上诉人不知道,上诉人没有收到胡某保交来的保证金,2007 年 12 月 14 日上诉人的 7000 元收据,是上诉人应胡某保的要求,补开上诉人于 2007 年 5 月 9 日向胡某保借款 5 万元中的一部分,故退款责任应由胡某保承担。(3)根据李某生向法庭提供的胡某保收条中,有 7 人由李某生代理,并附有债权转让通知书,这 7 人与上诉人有何合同关系没有证据。(4)上诉人与李某生的合同是意向合同,李某生签约前随胡某保来过上诉人处多次,知道上诉人的业务未妥的情况,胡某保收钱时,李某生未要求胡某保出具财务收据也有责任。

法院认为:(1)上诉人港银联公司与被上诉人李某生于2007年6月29日签订的《外派劳务合同书》的合同要素全齐,权利义务内容明确,双方未约定该《外派劳务合同书》是合同意向书,该合同是一份具有约束力正待履行的合同,上诉人认为该合同为意向合同的理由不能成立。上诉人称,其在签订合同之前告知了被上诉人,要待上诉人与有施工资质和有劳务出国资质的公司合作后再与被上诉人凭意向合同签正式合同的说法,没有证据证明,被上诉人李某生亦不予认可,故法院不予采信。(2)本案中,胡某保代表上诉人港银联公司与李某生、李某军、李某平、唐某毛、唐某良、李某细、吴某舒、伍某平共8人签订了《外派劳务合同书》,李某军、李某平、唐某毛、唐某良、李某细、吴某舒、伍某平7人的《外派劳务合同书》已作为证据提交给了法院,并予质证。合同签订后,胡某保收取了8人的保证金40000元。2008年6月17日,李某军、李某平、唐某毛、唐某良、李某细、吴某舒、伍某平向上诉人发出通知,告知上诉人其已将保证金债权及损失追偿权转让给了李某生,原审判决支持了李某生享有该7人的债权。本院认为,此转让关系应予确认,原审的认定应予维持。(3)上诉人委托胡某保代为办理签订外派劳务合同的事宜时,在出具给胡某保的《委托函》中,载明了"港银联公司暂不收取费用"。胡某保收取被上诉人的费用,超越了代理权限,胡某保对此应承担责任。胡某保在收取被上诉人的保证金时,未将该份委托书的内容告知李某生,胡某保虽超越代理权实施代理行为,因上诉人与被上诉人签订的《外派劳务合同书》中,胡某保为上诉人一方的签约代表人,合同中有收取保证金的约定,被上诉人有理由相信胡某保的收款行为就是港银联公司的收款行为,胡某保的行为应构成"表见代理"。因此,法院认为,上诉人应对胡某保退还被上诉人的保证金和赔偿损失的责任承担连带责任。

因此于2009年4月判决维持长沙市开福区人民法院[2008]开民一初字第1313号民事判决第1项即解除《外派劳务合同书》;撤销长沙市开福区人民法院[2008]开民一初字第1313号民事判决第2、3项,即湖南港银联投资管理有限公司退还李某生保证金43000元和赔偿李某生损失865元;由胡某保退还被上诉人李某生保证金43000元,赔偿被上诉人李某生损失865元,湖南港银联投资管理有限公司对胡某保上述第3、4款的付款责任承担连带清偿责任。

【分析】

本案为对外工程承包中的劳务合作纠纷。港银联公司拟定对外合作承建

第三章 我国对外劳务合作中的合同案例分析

工程,向胡某保出具《委托函》,委托其代为招收劳务人员,但载明"港银联公司暂不收取费用"。胡某保因此与港银联公司存在委托代理关系。胡某保在履行代理协议时,向出国劳务人员李某生收取保证金43000元。后出国劳务人员要求解除合同,返还保证金及损失。法院判决胡某保承担法律责任,港银联公司承担连带责任。法院认定胡某保的行为系表见代理,被代理人港银联公司承担连带责任。

8. 焦某、杜某诉昌邑某外派公司处外派劳务合同纠纷案①

【案情】→

2009年5月份,焦某、杜某到昌邑某外派公司处报名,昌邑某外派公司给予安排出国劳务。2009年9月,昌邑某外派公司向焦某、杜某分别收取38000元出国劳务费;2009年12月初,昌邑某外派公司带焦某、杜某到北京,要求焦某、杜某与北京某公司签订《外派劳务合同书》。2009年12月9日,焦某、杜某到达赤道几内亚并开始工作,但境外雇主没有与焦某、杜某签订劳务雇佣合同,工资迟迟不予发放,焦某、杜某被迫于2011年3月24日回国。

2012年4月3日—4月15日,董学明律师到潍坊市工商局、北京市工商局调取昌邑某外派公司和北京某公司工商登记、人才服务许可证。(1)从签订的外派劳务合同名称及合同内容来看,该案是劳动(派遣)纠纷,但经调取工商登记和人才服务许可证查证,两公司均系职业中介,不具有外派劳务资质,因此该案为劳务合同纠纷。(2)昌邑某外派公司与北京某公司皆是职业中介,均不具有外派劳务资质。两公司隐瞒资质及境外雇主情况,提供虚假信息,欺骗签订《外派劳务合同书》,违规进行境外就业中介活动,应承担连带责任。2012年5月22日,北京市西城区法院受理此案。

【分析】

无对外劳务合作经营权的机构非法外派劳务,导致派遣人员在外国的工作没有保障,非法劳务机构应承担赔偿责任,并在触犯刑律的情况下承担刑事责任。

---

① 参见董学明:《外派劳务合同纠纷案(北京)》,110法律咨询网,http://www.110.com/ziliao/article-298138.html,下载日期:2012年7月30日。

9. 徐某诉加拿大某护理服务公司、北京某境外就业服务有限公司服务合同纠纷案[①]

【案情】→

2008年4月17日,原告许某与被告北京某境外就业服务有限公司、加拿大家政某服务公司签订《协议书》,约定由二被告为原告组织、协调、安排家政护理师的出国劳务培训,服务项目包括办理出国工作签证、申办加拿大雇佣外国工人批准书、申办工作两年后的移民手续等,费用共计16万元,分五次支付。签订协议书当日,二被告一次性收取了6万元。2008年4月到2009年3月间,二被告对原告进行了护理专业英语培训,于3月份毕业时取得加拿大家政服务资格证书。2009年9月,二被告安排原告与加拿大雇主签订了劳务合同,签订合同当日原告交纳了3万元费用。2009年11月,加拿大雇佣外国工人批准书下来后,原告又交纳了3万元费用。二被告承诺为了签证能够顺利过关,在签订劳务合同后再进行培训,但只是在面签前进行了简单的培训。2010年9月,原告因英语口语不合格被拒签。拒签后,为了退还6万元费用,原告向二被告表示不学了。二被告退还费用后,原告想继续学习,但其未对原告进行培训。原告认为二被告明知我文化水平有限,收取高额学费同时未提示风险,反而承诺原告可以出国,存在欺诈行为。且二被告没有尽到培训义务致原告因英语水平无法达到出国要求。故诉至法院:(1)要求解除原告与二被告于2008年4月17日签订的协议书。(2)要求二被告退还收取的费用6万元。

二被告辩称:双方于2008年4月17日签订协议书后,许某于当日交款6万元,于2009年9月25日即与加拿大雇主签订劳务合同之日支付3万元,于2009年11月10日即加拿大雇佣外国工人批准书下发日支付3万元。公司于2008年4月21日至2008年8月对许某进行了基础英语课程培训,于2008年9月至2009年3月聘请加拿大外籍教师讲授护理专业知识,期间全部采用周一至周五全日制授课方式,培训结束后,许某获得了加拿大家政护理师职业

[①] 参见刘超:《徐某诉加拿大某护理服务公司、北京某境外就业服务有限公司服务合同纠纷案》,110法律咨询网,http://www.110.com/ziliao/article-280126.html,下载日期:2012年7月30日。

第三章 我国对外劳务合作中的合同案例分析

资格证书。后公司安排许某与雇主签订了雇佣合同,并办理了加拿大务工批准书;针对许某进行面签前英语培训,并安排面签事宜。许某拒签后,公司主动提出安排第二次面签,其明确并坚决表示不再进行。公司如约将第三、四期6万元退还。许某前期交纳的6万元为教育培训费用,已经支付给加拿大罗伯逊学院4.5万元用于获得家政护理资格证书,剩余1.5万元用于前期培训房屋租金及教师工资款。综上,公司已经如约履行己方义务,不存在违约行为。许某因英语不过关导致签证被拒属其自身原因。现合同已无继续履行之必要,公司同意解除合同,不同意退还许某前期交纳的6万元培训费。

经审理查明:2008年4月1日,北京某境外就业服务有限公司(甲方)、加拿大家政某服务公司(乙方)与许某(丙方)签订《协议书》一份,约定由甲乙双方为丙方赴加拿大从事家政护理师工作提供出国前培训、安排雇主、办理工作签证等服务,乙方负责组织、协调、安排家政护理师的出国劳务前培训,使丙方得到加拿大认可的家政护理师职业资格证书,为丙方寻找雇主并提供申请人资料、落实并签署工作合同,为丙方申办加拿大人力资源部雇佣外国工人的批准书,为丙方办理工作签证,与加拿大雇主联系落实丙方在加拿大的工作、居住等有关事宜,负责接机并安全地把丙方送到雇主家里,为丙方办理第二年工作签证续签及第三年签证,为丙方工作两年后申办移民事宜,协调解决丙方在加拿大两年工作期间与雇主发生的问题,丙方在雇主家工作期间,因雇主搬迁或其他原因不能再雇佣丙方,乙方为丙方重新安排雇主,为丙方提供的资料保密并只用于此项目的申办之用;甲方负责招收人员,注册登记,安排出国前劳务培训,提供出国前培训场地及基本教学设施,负责培训班日常管理事务,建立学生档案,负责收取费用。

该项目共收费16万元人民币,丙方须在规定时限内分五次交付费用:第一期交付1.5万元,在本协议签字后五个工作日内交付,第二期交付4.5万元,应于培训课开课后10个工作日内交付;第三期3万元,应于得到雇主签字的工作合同的扫描件或传真件后10个工作日内交付;第四期交付3万元,应于得到加拿大人力资源部雇佣外国工人的批准书的扫描或传真件后10个工作日内交付;第五期交付4万元,应于得到加拿大驻中国大使馆已给予签证的通知后12个工作日内完成。申请人(丙方)如果第一次因为英语原因拿不到加拿大驻中国大使馆签发的工作签证,使馆允许申请人补习英语后再去签证,两次签证都因英语原因没通过,申请人不同意再次送签,在收到加拿大大使馆第二封拒签信后,甲方在20个工作日内退回已收到第三期款项、第四期款项。

2008年4月21日至2009年3月间,二被告采用周一至周五全日制授课方式向包括许某在内的15名学员提供了英语及专业培训,培训结束后许某取得了加拿大家政护理师职业资格证书。在二被告安排下,许某于2009年9月与加拿大雇主签订了劳务合同,许某当天支付二被告3万元;许某于2009年11月获得加拿大人力资源部雇佣外国工人的批准书,当日支付二被告3万元。后二被告为许某安排签证面试,并于预约面试日期前对其进行了英语培训。2010年8月11日,加拿大驻中国使馆以"英语听说读写水平没有达到能够在无人监护的环境中进行有效交流"为由拒绝了许某的签证申请。后许某找到二被告,要求退还所交纳费用。二被告于2011年10月退还许某第三期、第四期费用6万元。

庭审中,二被告提交了加拿大罗伯逊学院出具的证明,载明该学院"于2008年7月收到由北京某境外就业服务有限公司向我院支付陆拾柒万伍仟元,该笔费用为包括许某在内的15名学生的培训费,培训时间:2008年9月至2009年3月,培训目的:取得加拿大家政护理师职业资格证书,经我院培训,于2009年4月3日包括许某在内的14名学生全部顺利取得该证书",欲证明许某交纳的第一期及第二期费用共计6万元已作为培训费用实际支出,许某要求退还没有依据。二被告也提交了许某与加拿大雇主签订的劳务合同、加拿大人力资源部雇佣外国工人的批准书及加拿大驻中国使馆的拒签信,欲证明二被告已履行了协议书项下己方义务,许某没有通过使馆面签是由于其自身原因而非二被告之过错。许某认为,二被告曾承诺通过培训可以保证其获得签证、顺利出国务工,现在许某没能实现出国务工之合同目的,证明二被告没有完全履行义务,构成违约,因此要求二被告退还收取的全部费用。

庭审中,许某提交了2008年4月至2008年9月英语基础培训期间使用教材《加拿大家政护理师英语培训内部教材基础英语部分》,欲证明二被告仅对其进行了简单的英语培训,二被告作为专业人士,应知晓以许某的英语基础仅通过这样的培训无法通过使馆面签,在签订协议书时仍许诺许某可以保证出国,存在欺诈行为。二被告表示与许某同期培训的15名学员中,已有10人顺利通过面签。二被告依约进行了全面且系统性培训,许某面签被拒原因在于个人。许某签订协议书系其真实意思表示,不存在欺诈。

第三章 我国对外劳务合作中的合同案例分析

以上事实,有双方当事人当庭陈述、协议书、收据、培训教材、对外劳务合同经营资格证书、加拿大罗伯逊学院证明、加拿大人力资源部雇佣外国工人的批准书、面试通知、拒签信等在案为证。

法院认为,原告与二被告签订协议书系双方真实意思的表示,且不违反法律法规的强制性规定,依法成立、合法有效,应当遵守。结合在案证据可知,协议书项下包括教育培训、居间服务及委托代理等多类服务项目,且据服务类型分项分批收取费用。双方建立合同关系后,二被告为原告提供了英语及专业教育培训,原告于培训结束后获得了加拿大家政护理师职业资格证书;二被告于面签前期亦为原告提供了有针对性的英语培训以便原告顺利通过签证面试。教育培训因材施教,其结果因人而异;签证面试亦综合考虑多种因素,具有较强人身依附性。故许某英语未达面签标准之结果并不能否认二被告据协议书项下关于教育培训约定作出之履约行为。鉴于许某英语不符合要求未通过面签导致合同目的实现存在障碍,许某及二被告均同意解除三方签订的《协议书》,法院对此不持异议,予以确认。合同解除后,尚未履行的,终止履行。二被告据协议书约定已向许某返还第三期及第四期费用6万元,关于许某交纳的第一期及第二期6万元费用已作为培训费用实际支出,现许某要求返还无事实及法律依据,法院不予支持。

就许某主张二被告在签订协议书过程中存在欺诈行为一节,许某未提交充分有效证据予以证明。法院认为合同系双方当事人对履约能力及合同风险有所预期并权衡利弊后订立,当事人对于是否订立合同享有选择之权利;合同生效后,当事人应据合同约定履行义务并承担责任,故法院对于许某辩称意见不予采信。

因此,法院依我国《合同法》第93条、第97条之规定,判决原告许某与被告北京某境外就业服务有限公司、被告加拿大家政某服务公司于2008年4月17日签订的《协议书》于判决生效之日起解除,驳回原告许某的其他诉讼请求。

【分析】

到国外工作可以获得更丰厚的收入,但是自身是否具备对方所要求的素质和资格,出国务工的人士当慎重考虑。不然,正如本案原告许某,花费巨额培训及服务费用,最后落得判决驳回其要求返还费用的请求。费钱费精力,最后理想落空。出国务工,亦要慎重。

10. 秦某诉射阳县黄金线经贸有限公司劳务纠纷案①

【案情】→

秦某于2007年5月到射阳县经济开发区射阳县黄金线经贸有限公司报名参加出国到日本从事注塑工劳务,并参加注塑工的工作培训和面试,在与被告签订了《研修或技能实习合同》后,经上海飞往日本。但抵日本后,秦某被安排在滋贺县一垃圾处理场从事垃圾分类分拣工作,并非注塑工工作,当时原告向被告提出抗议,但未果,原告被遣送回国。被告四次收取原告出国劳务的费用共计48000元,并于2008年3月17日与原告双方签订了《研修或技能实习合同》。2008年6月秦某向射阳县人民法院提起诉讼,要求被告返还48000元出国劳务费用。法院审理认为,被告作为从事对外劳务的中介机构,应恪守诚信、信用的原则;被告在收取原告秦某出国劳务费用时,承诺原告秦某从事注塑工工作,而原告秦某到日本后从事垃圾分类分拣工作,违反了双方的约定,构成违约。且构成了根本性违约,因为原告的主要目的根本没有达到。所以该合同无效,被告应返还出国劳务费。因此射阳县人民法院于2008年11月18日判决被告偿还原告出国劳务费用48000元。一审判决后,双方当事人没有上诉,判决生效。

【分析】

实践中,人们通常将提供活劳动服务的过程称之为劳务。劳务合同的概念有广义与狭义之分,广义的劳务合同是指一切与提供活劳动服务(即劳务)有关的协议,包括雇佣、承揽、出版、运送、委托、行纪、居间、寄存、仓储等,属于民法调整的范畴。狭义的劳务合同仅指雇佣合同,即是指双方当事人约定,在确定或不确定期间内,一方向他方提供劳务,他方给付报酬的合同。劳务中介机构是进行劳务中介活动,为用人单位、劳务输出机构和劳动者提供中介服务,促使用人单位或劳务输出机构和劳动者对签订劳动合同达成一致。出国劳务费用与中介机构收取的劳务费是有区别的,前者指预交的相应出国需要的一切费用。中介机构收取劳务中介服务手续费是其提供服务的报酬,收费要符合劳动、财政、物价部门核定的标准。我国《合同法》第427条规定:"居间

---

① 参见《秦某诉射阳县黄金线经贸有限公司劳务纠纷案》,110法律咨询网,http://www.110.com/ziliao/article-132098.html,下载日期:2012年4月30日。

人未促成合同成立的,不得要求支付报酬,但可以要求委托人支付从事居间活动支出的必要费用。"即出国劳务费用包括中介机构办理出国手续支出的必要的费用与中介机构收取的劳动报酬。对于前者,如果中介机构没有依照约定成功办理出国劳务事项,出国劳务人员可以要求返还。但是实践中,中介机构收取的两项费用,往往并无明确标示。一则因为出国劳务费用构成比较复杂,项目多,随着出国劳务手续办理进程可能会变化;二则中介机构并不愿意很明确地将其分开,尤其是一些不诚信的机构或不法机构,以从中谋取更高的收益。同时,因为中介机构过错造成劳务人员支出的费用,中介机构应该依法赔偿。本案中,原告分四次向被告交纳出国劳务的费用共计48000元,但被告无法实现帮助原告去日本从事注塑工工作的义务,而是从事垃圾分类分拣工作,导致原告被遣返。被告应承担赔偿原告损失的责任。

求职者需要中介,劳工急缺乏的用人单位也需要中介,市场更需要中介。但出国劳务中介机构良莠不齐,纠纷常有发生。在纠纷的处理上,有以下三种方法:劳务人员在与经营公司之间产生问题和纠纷时,要根据双方签订的《外派劳务合同》协商解决;无法通过协商解决的问题,回国后可向中国对外承包工程商会外派劳务人员投诉机构反映或通过法律程序解决;如果通过自身或经营公司均无法解决的重大问题,要向我驻在国大使(领)馆或者代表机构反映,进行咨询或寻求帮助。

11. 代某跨国债权纠纷案[①]

【案情】→

2008年原告代某由于业务的需要雇佣被告及其妹妹到俄罗斯打工。原告为二人办理了出国的劳务护照,后来被告妹妹反悔不去俄罗斯打工,被告向原告承诺用自己在俄罗斯的劳务工资偿还原告为被告妹妹所花费的护照等费用。被告回国后拒绝履行自己的承诺。原告委托律师向黑龙江省黑河市逊克县人民法院提起诉讼,请求法院判令被告履行协议并承担违约责任。2009年法院依《民法通则》第84条、第85条,《合同法》第8条,《民事诉讼法》第130条之规定,判决被告给付原告5797元,于判决发生效力后立即履行。

[①] 参见张峰:《跨国债权纠纷案》,110法律咨询网,http://www.110.com/ziliao/article-268124.html,下载日期:2012年7月30日。

【分析】

我国《民法通则》第84条规定,债是按照合同的约定或者依照法律的规定,在当事人之间产生的特定的权利和义务关系,享有权利的人是债权人,负有义务的人是债务人。债权人有权要求债务人按照合同的约定或者依照法律的规定履行义务。第85条规定,合同是当事人之间设立、变更、终止民事关系的协议。依法成立的合同,受法律保护。《合同法》第8条规定,依法成立的合同,对当事人具有法律约束力。当事人应当按照约定履行自己的义务,不得擅自变更或者解除合同。依法成立的合同,受法律保护。被告妹妹依照合同约定去俄罗斯打工,后反悔不去,被告承诺偿还原告为被告妹妹所花费的护照等费用。当事人应当依照自己的承诺,善意履行约定。此为出国劳务人员违约责任。

第四节 海员外派劳务纠纷

正如本章第二节"我国对外劳务合作进入快速发展时期的案例"案例1、2中所阐述的,海员外派是一种特殊的用工形式,与劳动合同法所规制的劳务派遣存在差别,在我国对外劳务合作有其自身的特点。在司法实践中,因海员外派产生的劳动争议很多。海员外派可以适用两个专门的法律规章,一是《船员条例》及部分规章及司法解释。《船员条例》明确规定了海员与用人单位的法律关系,并明确了海员外派机构与外派海员间的服务关系和船员外派机构与船东间的委托关系。二是2011年3月颁布的《中华人民共和国海员外派管理规定》,该规定第24条规定:"海员外派机构为海员提供海员外派服务,应当保证外派海员与下列单位之一签订有劳动合同:(一)本机构;(二)境外船东;(三)我国的航运公司或者其他相关行业单位。外派海员与我国的航运公司或者其他相关行业单位签订劳动合同的,海员外派机构在外派该海员时,应当事先经过外派海员用人单位同意。外派海员与境外船东签订劳动合同的,海员外派机构应当负责审查劳动合同的内容,发现劳动合同内容不符合法律法规、相关国际公约规定或者存在侵害外派海员利益条款的,应当要求境外船东及时予以纠正。"由此可见,海员与外派机构可以订立劳动合同,也可以与其他机构缔结劳动合同。因此,我国海员外派法律较之一般劳务外派更加明确,在处

第三章 我国对外劳务合作中的合同案例分析

理相关纠纷上更有法可依。

中国南通大洋渔业发展有限公司诉美国 GMDX 有限公司（GMDX. INC.）、中国江苏水产对外经济技术合作有限公司船员劳务外派合同工资纠纷案①

【案情】➡

中国南通大洋渔业发展有限公司（甲方，以下简称大洋公司）与美国 GMDX 有限公司（乙方，以下简称 GMDX 公司）签订劳务合作合同。合同约定：GMDX 从大洋公司雇用 32 名健康和熟练的渔工在关岛和密克罗尼西亚附近水域从事捕鱼作业。合同期限为船员在出航前准备而耗去的时间、船员离开中国港口开始到回到中国港口的时间。工资标准为每船每月 2500 美元，奖金另议。GMDX 公司每月将应付的工资总额付给大洋公司船员。GMDX 公司保证在下月的第一个工作日将工资和奖金汇入大洋公司的银行账户。GMDX 公司办理船员和渔船入关手续，为船员免费提供生活必需品、工作服、食品和住房，标准与当地船员相当，为船员承担当地的医疗、保险等费用，为船员提供返程机票、境外税款。大洋公司为 GMDX 公司选择熟练、吃苦、健康船员，为船员赴国外工作办妥一切手续和文件，费用由 GMDX 公司承担，对船员进行出国前教育，要求船员遵守外事纪律和 GMDX 公司的规章制度，与 GMDX 公司配合管理船员。大洋公司对盈亏不承担管理责任。GMDX 公司同意按月支付工资，迟付一星期船员将停工，迟付一月合同将自动终止。合同于双方签字日起生效，船员回家和结清账务后结束。

2002 年 6 月 6 日，大洋公司选派 32 名船员，每船 8 人，分乘船名分别为，"苏远渔 803"、"苏远渔 804"、"苏远渔 805"、"苏远渔 806"的 4 条渔船从中国南通港出发前往美国关岛准备捕鱼，并在 6 月下旬到达关岛。此后，GMDX 公司雇用严某伯管理船舶，并由严某伯代 GMDX 公司支付船员工资和 4 条渔船的运行费用。2002 年 7 月 19 日、11 月 30 日、12 月 15 日，严某伯分别从 GMDX 公司法定代表人乔治·考林格处领取 5467 美元、9145.7 美元、8800

---

① 参见《中国南通大洋渔业发展有限公司与美国 GMDX 有限公司、中国江苏水产对外经济技术合作有限公司船员劳务外派合同工资纠纷案》，110 法律咨询网，http://www.110.com/panli/panli_63643.html，下载日期：2012 年 7 月 30 日。

美元,共计 23412.7 美元。从这些款项中,严某伯平均向每位船员支付约 400—500 美元船员工资。由于未能办理过户和当地的捕鱼许可证及未找到成功的捕鱼合作伙伴等原因,4 条渔船辗转关岛、雅浦和贝劳国等地均未正常捕鱼。其间,GMDX 公司通知四条渔船,每次分两条为其合作伙伴 SPVC 公司从事过海上运输。2002 年 7—9 月份,SPVC 公司共为四条渔船支付甲板、注册、供水、通信等费用 13735.36 美元。2002 年 10 月 8 日,考林格授权 SPVC 公司的卡尔·曲依(Karl Qui)将 12435 美元给严某伯。12 月底,GMDX 公司要求同船员另行签订劳务合同未果,且有 4 名船员自动离船。2003 年 1 月,船到贝劳国后,为保证船舶航行安全,又招收 2 名船员。GMDX 公司要求将船舶开到公海捕鱼,但因工资纠纷,船员拒绝到公海捕鱼。2003 年 2 月 25 日,乔治·考林格通知杨某,同意将船开回中国。3 月 9 日,4 条渔船由 30 名船员开回中国南通港。

"苏远渔 803"、"苏远渔 804"、"苏远渔 805"、"苏远渔 806"的登记所有人为水产公司。在船舶离开中国南通港前已卖给 GMDX 公司,GMDX 公司为船舶实际所有人。2004 年 8 月 5 日,江苏省远洋渔业办公室出具证明,2002—2003 年度江苏省在密克罗尼西亚、关岛等附近海域捕捞的渔民食品标准每人每月在 60—80 美元。

2004 年 8 月 1 日,大洋公司以 GMDX 公司和水产公司为被告起诉至武汉海事法院,请求法院判令 GMDX 公司、水产公司给付船员工资 84150 美元、食品费 3640 美元及逾期付款违约金,并承担律师代理费和诉讼费用。

2005 年 3 月 31 日、5 月 18 日,武汉海事法院依法对严某伯进行调查。严某伯陈述,严某伯在国内由杨某通知替 GMDX 公司管理船舶、发放船员工资。每次按 50—100 美元的金额,平均向每位船员共发放工资约 400—500 美元,船长、轮机长平均每人约 500—600 美元。杨某持乔治·考林格的电子邮件通知严某伯指示将 4 条渔船开回中国。船舶在关岛、密克罗尼西亚等海域没能捕鱼的原因是,渔船没有办理当地的捕鱼许可证。2005 年 4 月 19 日、6 月 24 日,法院依法对杨某进行调查。杨某陈述,平均每位船员领到工资不超过 500 美元。考林格先生通过电子邮件同意将船开回中国。

法院认为:合同签订地、合同履行地、标的物所在地在法院管辖范围,武汉海事法院因此而取得管辖权。此案为一起涉外劳务外派合同纠纷案。我国合同法规定,涉外合同纠纷当事人有权选择处理合同纠纷所适用的法律。当事人在庭审和答辩中都选择适用中国法,故该案应适用中国法。在合同约定的

第三章 我国对外劳务合作中的合同案例分析

海域内，GMDX 公司并未提供有效的证据证明船员不捕鱼是由大洋公司或船员的原因造成，相反是由于船舶没有办理捕鱼证和未找到成功的合作伙伴造成。船员曾按 GMDX 公司的要求从事运输，一方面说明船员并非不听指令，另一方面也说明船舶没能办理合法的捕鱼证。GMDX 公司在另案诉讼的诉状中也陈述了船舶没捕鱼的原因是没办捕鱼证。船员在受雇佣期间的合理期限内，GMDX 公司也从未向合同相对方大洋公司反映船员不服从指令或更换船员的要求。乔治·考林格尽管否认同意 4 条船舶开回中国，但当庭对给杨某同意船舶开回中国的电子邮件予以承认，说明船舶开回中国符合其本意。合同并未约定公海是船员从事捕鱼作业的范围。故 GMDX 公司关于船员拒绝捕鱼的抗辩主张法院不予支持。合同约定大洋公司对船舶盈亏不承担管理责任，故 GMDX 公司应按合同约定支付船员工资。

GMDX 公司提供证据二证明杨某同意将工资降低 1/4，该份证据是一份电子邮件，没有得到大洋公司的确认和杨某本人的承认。从邮件内容上分析，并不能证明是合同签订后同意将船员工资降低。故 GMDX 公司的此项抗辩主张本院不予支持。法院确认船员工资为每船每月 2500 美元，共 10000 美元。GMDX 公司提供了 4 份支票和 1 份付款委托书，但只有 3 份支票得到严某伯的确认，另一份 44000 美元的支票不能证明是严某伯收取，也不能证明是作为工资发给了本案船员。2002 年 10 月 8 日，乔治·考林格虽授权 SPVC 公司支付 12435 美元，但并未证明严某伯实际领取该笔款项，相反 SPVC 公司账册上记载的都是船舶营运费用，与船员工资无关。法院只能确认严某伯从 GMDX 公司领取了 23412.7 美元。

合同约定，GMDX 公司可将工资支付给大洋公司指定的账号，并未排除支付给船员。在大洋公司一直未指定账号的情况下，由 GMDX 公司在国外通过严某伯将部分工资直接付给船员也是合同履行的一种表现，并无不当。严某伯既负责管理船舶，也发放船员工资，将其领取款项的一部分支付船员工资，一部分支付船舶营运费用符合当时的现实状况。严某伯向本院陈述付给每位船员平均约 400—500 美元，与大洋公司代理人杨某不超过 500 美元的陈述基本一致。GMDX 公司并未能提供证据证明船员或大洋公司取得工资款的准确数额。据此，法院可认定平均每位船员领取工资 450 美元，32 名船员共计领取工资 14400 美元。

GMDX 公司违约时，应行使合同解除权的是大洋公司，但该公司在合同约定的期限内未行使解除权，合同双方都未履行合同解除的通知义务，证明 4

条渔船回到中国前,合同一直处于有效状态;况且 GMDX 公司在庭审和举证过程中主张按月支付了工资,说明 GMDX 公司并未依法行使解除权,故 GMDX 公司关于合同自动解除,无须支付船员工资的诉讼主张法院不予支持。2003 年 1 月起,4 条渔船上只有 30 名船员,应相应扣除两名船员从 2003 年 1 月起至 3 月 9 日的工资 1437.56 美元。

大洋公司关于伙食补贴标准的诉讼主张缺乏明确合同或法律法规依据,法院不予支持。当事人律师代理费的诉讼主张在中国有予以支持的少数案例,但在司法实践中并未得到普遍认同,也不是国内当事人在诉讼时必然产生的损失,大洋公司的此项诉讼主张没有法律依据,法院不予支持。水产公司虽是 4 条渔船的登记船舶所有人,但与本案所涉合同纠纷无关,大洋公司要求水产公司承担支付工资的法律责任于法无据,法院不予支持。GMDX 公司通知船舶回到中国应是合同正式解除的时间,因 GMDX 公司已分期支付了部分工资,大洋公司没能证明每月延期支付的明确时间,延期付款的利息应按 GMDX 公司通知船舶回国的时间起算。大洋公司主张分段计算利息不符合本案事实,法院不予支持。GMDX 公司认为大洋公司存在欺诈行为及 4 名船员在 2002 年 8 月离船的抗辩主张,因没有充分的客观证据予以证明,该院不予支持。

综上,武汉海事法院依照《合同法》第 8 条、第 60 条第 1 款、第 95 条第 1 款、第 126 条第 1 款,《民事诉讼法》第 64 条第 1 款、第 128 条的规定判决被告 GMDX 公司支付原告大洋公司船员工资 68312.35 美元及利息(从 2003 年 2 月 25 日起,按中国人民银行同期同币种存款利率算至本判决生效之日止),于判决生效之日起 10 日内一次性付清;驳回原告大洋公司对 GMDX 公司的其他诉讼请求;驳回原告大洋公司对被告水产公司的诉讼请求。一审法院宣判后,当事人均未上诉。

【分析】

本案为海员派遣合同,用工单位因一定原因没有支付工人工资,工人有权请求派遣公司大洋公司和用工单位 GMDX 公司支付。两被告大洋公司与 GMDX 公司之间船员劳务合同约定,大洋公司对船舶盈亏不承担管理责任,GMDX 公司应依据支付大洋公司船员工资。本案还涉及涉外民商事案件的管辖权及法律适用问题,法院也作了明确的阐明。

第三章　我国对外劳务合作中的合同案例分析

第五节　对外工程承包带动劳务纠纷

我国对外工程承包带动的劳务输出是我国对外劳务合作的一种重要形式,为我国劳动力走出国门起了重要作用。多年来,我国对外工程承包在海外取得了很大成绩,对外工程承包带动劳务输出的程序也逐渐完善,各种法律规范及行业规范相对比较完善。我国相关法律明确了对外劳务人员与对外承包公司之间的劳动关系,因而在对外劳务人员与公司之间发生纠纷时,我国司法机关相对有法可依,争端解决效力更高。但是,由于参与对外工程承包活动的各方当事人也存在复杂的一面,也有相对比较复杂的法律关系。另外,由于一些对外承包企业拖欠工人工资,引发纠纷也为数不少。我国司法机关在处理相关争议时应注意维护出国务工人员的合法权益。

1. 李某斌与中国大连国际合作(集团)股份有限公司劳务合同纠纷案[①]

【案情】→

2007年初,中国大连国际合作(集团)股份有限公司(以下简称国际公司)招聘劳务工赴俄罗斯工作。2007年3月9日,李某斌与国际公司签订《劳务合同》,约定,鉴于国际公司已在俄罗斯承担了建筑安装工程项目,为顺利完成该工程项目需要聘用相关人员到俄罗斯工作,李某斌自愿应聘并赴俄罗斯工作;合同期限两年,在合同期限结束前,如李某斌所实施的工程已结束或由于俄方原因使工程无法继续进行,同时国际公司又没有承揽到新工程,国际公司有权提前结束合同,李某斌回国的费用国际公司支付;如李某斌合同期未满而中途逃逸或不按期回国,国际公司有权扣留李某斌已交的项目风险金,李某斌自行承担国内外返程等一切费用;李某斌为力工,月工资280美元,每月按28天计算,每天工作时间不超过10小时,超出部分每累计8小时为一个工作日;

[①] 参见《李某斌与中国大连国际合作(集团)股份有限公司劳务合同纠纷一案》,110法律咨询网,http://www.110.com/panli/panli_9871691.html,下载日期:2012年7月30日。

国际公司负责李某斌在俄罗斯工作期间的吃、住费用，提供劳动保护用品，提供上下班交通工具和必要的业余文化生活设施；国际公司为李某斌在大连办理出国人员境外人身意外伤害险和附加意外伤害医疗费保险，并负责理赔事宜；李某斌发生非因工或非意外事故所致病、残、亡时，医疗费等一切费用自负；国际公司负责为李某斌办理在俄罗斯工作期间的落地签证、工作许可、操作证件并承担费用；李某斌办理个人因私护照，费用自理，若因个人原因导致李某斌签证被拒签，李某斌自行承担一切费用；合同签订当日李某斌向国际公司交纳项目风险金人民币3000元，合同期满后退还；合同签订后李某斌向国际公司缴纳1000元人民币出国管理费；李某斌失职或违章操作造成国际公司工程、设备机具等财产损失按实际情况赔偿；如李某斌违背合同相关条款，国际公司有权解除合同，将李某斌遣返回国，有关费用李某斌承担，国际公司扣留李某斌交纳的项目风险金；每年冬季及春节期间，国际公司根据情况决定李某斌是否回国。该合同还对公休日、加班计算等作了约定。在签订该合同时，李某斌之妻亦在合同上签字。合同签订后，双方即履行合同义务，李某斌赴俄罗斯南萨工作。李某斌工作期间有时超过每天10小时工作时间，国际公司支付加班费。2008年春节前，国际公司考虑雇佣的劳务工春节回家团聚的愿望，作出《关于2008年春节回派的规定》，主要内容为个人（自愿）申请、项目部核准，不回国继续工作的人员月基本工资提高100美元（2007年12月30日至2008年2月29日）；回国无薪休假人员，因合同未执行满，中途回国需重新交纳保证金4000元人民币（以前交纳的已返还），待按要求时间返回俄罗斯南萨继续履行合同，再返还保证金，保证金直接从2007年工资结算中扣除。2007年12月3日，李某斌申请无薪休假回国，签字同意国际公司的《关于2008年春节回派的规定》，同意押4000元人民币作为回俄罗斯继续履行合同的保证金。2007年12月12日结算2007年工资时，扣除4000元作为李某斌交付的保证金，国际公司出具收据载明"约定违约金"。李某斌回国后，未返回俄罗斯南萨继续履行合同。国际公司扣留4000元人民币。

2008年1月，李某斌向大连市沙河口区人民法院起诉，要求国际公司返还工资4000元、给付超时工作报酬5000元，2008年1月30日撤诉。2008年2月20日李某斌向大连市劳动争议仲裁委员会提起申诉，大连市劳动争议仲裁委员会认为双方之间不存在劳动关系，告知李某斌撤诉，李某斌不同意撤诉，大连市劳动争议仲裁委员会作出"对本案作撤诉处理"的决定，仲裁受理费及处理费320元由李某斌承担。

第三章 我国对外劳务合作中的合同案例分析

李某斌申请再审称,被申请人提供的格式合同名头为《劳务合同》,但确认当事人权利义务的性质的应是合同的内容,而不是合同的名头。其与国际公司是劳动关系。请求确认双方是劳动关系,撤销原审判决。国际公司辩称,本案属于劳务合同关系,不存在申请再审人李某斌提到的劳动关系。国际公司与李某斌签订是劳务合同,按照国家规定外派公司在国外履行管理责任,国际公司为李某斌办理去俄罗斯工作事宜,是可以收取1000元的管理费。合同中约定,国际公司负责为李某斌在俄罗斯工作期间吃、住费用,提供劳动保护用品,提供上下班交通工具和必要的业余文化生活设施,并在大连办理李某斌出国人员境外人身意外伤害险和附加意外伤害医疗费保险等事宜,合同还对公休日、加班计算等作了约定。合同签订后,双方即履行合同义务。2008年春节前,国际公司考虑雇佣的劳务工春节回家团聚的愿望,作出了《关于2008年春节回派的规定》。2007年12月3日,李某斌申请无薪休假回国,签字同意国际公司的《关于2008年春节回派的规定》,同意押4000元人民币作为回俄罗斯继续履行合同的违约金。李某斌回国后,未返回俄罗斯南萨继续履行合同,国际公司扣留4000元人民币。双方履行了劳务合同,申请再审人李某斌再审申请理由不能成立,请求驳回李某斌的再审申请理由。

2010年3月,经法院调解当事人自愿达成如下协议:国际公司与李某斌之间系劳务关系;因李某斌单方违约引发纠纷,考虑李某斌家庭困难,国际公司同意一次性给付李某斌困难补助人民币4000元;双方均同意不再就本案再行诉讼。

【分析】

大连"国际公司"招聘劳务工赴俄罗斯从事建筑安装工程项目,合同约定,国际公司负责为李某斌在俄罗斯工作期间吃、住费用,提供劳动保护用品,提供上下班交通工具和必要的业余文化生活设施,并在大连办理李某斌出国人员境外人身意外伤害险和附加意外伤害医疗费保险等事宜,合同还对公休日、加班计算等作了约定。实践中对劳务人员李某斌的劳务活动进行控制和管理,为工程承包中的对外劳务合作,应认定国际公司与李某斌之间是劳动关系而非中介关系或服务关系。这是典型的海外工程承包带动的劳务输出,被告大连"国际公司"是原告的用人单位,应承担劳动法上的相应义务。

2. 松原市东辉钻井工程服务有限公司诉刘某超劳动争议纠纷案①

【案情】→

农民工刘某超于 2008 年 3 月 28 日受雇于松原市东辉钻井工程服务有限公司(以下简称"松原钻井公司"),被派去吉尔吉斯斯坦马利苏油田第八区从事井口工作。

松原钻井公司从 2008 年 4 月 15 日开始为刘某超起薪,双方约定月保底工资为:2008 年 4 月 15 日至 9 月 15 日月保底工资 1800 元,2008 年 9 月 16 日月保底工资调整为 1800 元外加计件进尺工资,即:每米 1.7 元,一个月一支付工资。另外,松原钻井公司在出国前,向被告口头约定,出国的往返路费和办理护照手续费用由用人单位出资。2008 年 6 月 10 日,刘某超在队长赵振坤的带领下赴吉尔吉斯斯坦出国劳务。双方未签订劳动合同,属事实劳动关系。刘某超垫付办理的护照手续费 225 元,松原钻井公司未支付,此票据在松原钻井公司保管。松原钻井公司从 2008 年 6 月 16 日至 2008 年 12 月 20 日拖欠被告的工资共计:11595 元(包括进尺工资 2295 元,即:实际完成 1350 米×1.7 元=2295 元)。刘某超在国外工作期间,从松原钻井公司项目经理远好兵处借 500 索姆,当时折合人民币 100 元;出国工作期间在松原钻井公司电工景贵强处借了 5 条香烟,即:5 条香烟×135 索姆=675 索姆,折合人民币 140 元,当时借款共折合人民币 240 元。

刘某超因原告单位拖欠其工资,提出辞职,并于 2008 年 12 月 25 日出发至 2008 年 12 月 31 日到达北京,2009 年 1 月 1 日抵达松原。刘某超提供的垫付的车票 4 枚,即:阿图什至吐鲁番、吐鲁番至北京、北京至松原、松原至洪泉的车费共计 789 元,松原钻井公司未支付。其他垫付的车费票据已丢失。因松原钻井公司未支付工资款等款项,刘某超向仲裁机构申请经劳动仲裁,仲裁机构裁定松原钻井公司应支付工资款等款项后,松原钻井公司不服,向吉林省松原市中级人民法院起诉。

法院审理认为,刘某超系松原钻井公司雇佣的农民工,被派往国外工作期

---

① 参见《松原市宁江区人民法院:松原市东辉钻井工程服务有限公司诉刘某超劳动争议纠纷案》,110 法律咨询网,http://www.110.com/panli/panli_157089.html,下载日期:2012 年 7 月 30 日。

第三章 我国对外劳务合作中的合同案例分析

间,松原钻井公司未按时支付刘某超工资,造成拖欠长达6个月之久,《中华人民共和国劳动法》已明确规定:"工资应当以货币形式按月支付给劳动者本人,不得克扣或者无故拖欠劳动者的工资。"据此,刘某超提出终止劳动关系符合国家法律规定,松原钻井公司应依法足额支付拖欠被告的工资和垫付的路费以及出国办理护照手续费。因此判决松原钻井公司支付拖欠刘某超工资11595元(从2008年6月16日至2008年12月20日,包括进尺工资2295元)、刘某超垫付的车费789元(阿图什至吐鲁番、吐鲁番至北京、北京至松原、松原至洪泉的车费)、刘某超垫付的办理护照手续费225元,合计人民币12609元,扣除被告借款240元(包括香烟款),实际原告单位还应支付被告12369元。

【分析】

本案为对外工程承包带动劳务输出,原告与被告系劳动关系,被派往国外工作期间,被告拖欠原告工资及相关费用的,应依法返还。

3. 北京蔷薇工程监理有限责任公司与沈某经劳务合同纠纷案①

【案情】→

1999年9月20日,原告北京蔷薇工程监理有限责任公司(以下简称蔷薇公司)与被告沈某经签订了聘请人员出国协议书,原告聘请被告担任援孟加拉国国际会议中心工程项目施工的监理工程师,约定甲方(即原告,下同)承担援孟加拉国国际会议中心工程施工监理任务,乙方(即被告,下同)出任该项目施工监理工程师;乙方按监理职责、合同内容和工作标准完成监理任务。原告要支付培训费、交通费、保险费及酬金等。同时约定被告一旦违约时,须立即返还至离岗日止以外的超付酬金,承担相关费用的返还,并承担因擅自离岗给国家和原告造成的全部损失。协议签订后,原告对被告进行了培训。到孟后,被告始履行监理职务。4月22日,被告与另一监理孙允平发生争执后被致伤,中孟医院诊治后出具了休假证明,被告始休病假。5月4日,原告工作人员李某为处理工作问题,经由上海、曼谷,于5日至达卡,支出飞机票费、民航机场管理建设费合计人民币6840元。6日,李某审核监理工作。对被告工作形成

---

① 参见《北京蔷薇工程监理有限责任公司与沈某经劳务合同纠纷案》,110法律咨询网,http://www.110.com/panli/panli_52083.html,下载日期:2012年7月30日。

书面审核意见为不合格。原告以被告未按协议履行监理任务,且给原告造成了一定的损失,原告不得不更换人员为由,起诉至北京市石景山区人民法院,要求解除双方之间的协议,判令被告返还原告为其支付的培训费、保险费、制衣费、手续费、交通费及已付工资等费用人民币 46737 元。

  法院认为,原、被告于 1999 年 9 月 20 日签订的协议系双方真实意思表示,内容并不违法,原告已具备监理单位等级证书,被告在赴孟加拉国前已取得了监理工程师岗位证书,故该协议为有效协议,双方间形成了劳务合同关系。合同签订后,双方均应依约履行义务。原告对被告进行了培训,办理了各种手续,并于 2000 年 2 月派被告赴孟加拉国担任监理工程师,履行了应尽的合同义务。被告任监理工程师期间,多份材料报验单未签认,个人监理日记不符合要求,属于未尽监理职责,被告的行为属于违约,应承担相应的后果。鉴于双方现已失去了相互信任的履约基础及被告的违约行为,原告要求解除双方协议之请求,法院予以支持。在违约期内,应比照双方约定适当减少被告应得酬金数额。被告在孟加拉国工作期间,依约应获得每月 150 元的家属通话补助费及每月 350 元的医疗等费用的包干费,考虑到被告回国时尚处于伤病期间,原告支付医疗等费用的包干费期间应适当延长。在被告违约的情况下,作为对方当事人,原告有权拒绝履行相应的义务。而原告却在协议中无解除权条款且未向对方声明解除协议的情况下,将被告调回国内,在被告伤病康复后又不提供被告履约的客观条件,属于原告违约,应承担相应的法律后果。自被告被伤休假始至原告提出解除协议的期间内,依约原告仍应向被告支付酬金,但考虑到被告先行违约且在此期间内未实际付出劳务的情节,原告应付酬金可适当减少。被告应得的上述酬金数额由本院根据双方各自的违约程度酌定。在从原告已付给被告的金额中扣除被告应获酬金、家属通话补助费、医疗等费用的包干费数额后的剩余部分,被告应退还给原告。原告为被告支付的培训费、护照手续费、出境人员意外伤害保险费、国境卫生检疫费、民航机场管理建设费及被告往返孟加拉国的飞机票费等,是原告履行协议应尽的义务,也是被告前往孟加拉国履行监理工程师之职即职务行为所发生的费用,并非被告违约行为给原告造成的损失,亦非被告之收益,故应由作为雇主的原告负担。李某往返孟加拉国的飞机票费、民航机场管理建设费,是基于其职务行为发生的费用,虽然其职务行为事项涉及被告,但该事项并非李某往返孟加拉国职务行为之全部,且若只为调被告回国,则无派专人前往孟加拉国之必要,所以该费用应由李某的雇主即原告负担。双方的协议中虽有"承担相关费用的

第三章 我国对外劳务合作中的合同案例分析

返还"之约定,但协议中未提及上述费用,故该"相关费用"并非指上述费用。所以原告要求被告返还上述费用之请求,法院不予支持。被告在出国前收到的出国准备费即制装费,为被告履行监理工程师职务期间内应享有之利益,现双方之协议解除,被告不应再享有该利益,考虑制装之损耗及原、被告违约情况,被告应酌情返还该费用。判决解除北京蔷薇工程监理有限责任公司与沈某经于1999年9月20日签订的聘请人员出国协议书;沈某经返还北京蔷薇工程监理有限责任公司所收总额扣除其应获酬金、家属通话补助费、医疗等费用的包干费的余款及制装费合计人民币6770元。

【分析】

本案为对外劳务派遣行为。原告被聘请为工程监理,为高级技术人员,原、被告之间签订聘请人员出国协议书具有劳动合同性质,原告聘请被告担任援孟加拉国项目施工的监理工程师,由于被告未尽监理职责,给原告造成了一定的损失,被告行为系违约,同时双方失去信任的履约基础,因此法院判决支持原告解除协议的请求。但是,法院也认为,原告在协议中无解除权条款且未向对方声明解除协议的情况下,将被告调回国内,在被告伤病康复后又不提供被告履约的客观条件,原告也存在违约行为,也应承担相应的法律后果。因此,自被告被伤休假始至原告提出解除协议的期间内,原告依约仍应向被告支付酬金,但考虑到被告先行违约且在此期间未实际付出劳务,原告应付酬金可适当减少。原、被告应根据双方各自的违约程度酌定相互承担的相应费用。

本案系劳务人员违约,派遣公司要求解除劳动合同的诉讼。法院判决认定法律关系正确,支持解决劳动合同合理,同时判决也考虑了劳务人员的合法权益。

小结

通过上述我国对外劳务合作各阶段及不同类型合同案例分析可见,我国对外劳务合作合同纠纷复杂多样。在当前我国法律还不完善的情况下,理论上的进一步讨论和司法上的逐步统一,有利于争议的公平合理解决。但关键还在于,我国立法进一步完善相关问题规定,才能最终确立我国对外劳务合作良好的法律秩序。

第四章 我国对外劳务合作中的侵权案例分析

无论是人身权利还是财产权利受到侵害,出国劳务人员都可以通过侵权法律制度寻求救济。侵权法所保护的民事权利包括生命权、健康权、姓名权、名誉权、荣誉权、肖像权、隐私权、婚姻自主权、监护权、所有权、用益物权、担保物权、著作权、专利权、商标专用权、发现权、股权、继承权等人身、财产权益。我国对外劳务合作中,各方主体的民事权益受到侵害,可以依侵权法追究加害人或责任人的赔偿责任。各方主体侵害他人民事权益,依法承担民事责任。在对外劳务合作中,根据侵权法的规定,用人单位的工作人员因执行工作任务造成他人损害的,由用人单位承担侵权责任。劳务派遣期间,被派遣的工作人员因执行工作任务造成他人损害的,由接受劳务派遣的用工单位承担侵权责任;劳务派遣单位有过错的,承担相应的补充责任。个人之间形成劳务关系,提供劳务一方因劳务造成他人损害的,由接受劳务一方承担侵权责任。提供劳务一方因劳务自己受到损害的,根据双方各自的过错承担相应的责任。

对外劳务合作中的侵权行为种类很多。作为弱势一方当事人,出国务工人员常常是最容易受到侵害的当事人。我国出国务工人员权益受到侵害主要体现在如下几个方面。

(一)人身权益受到非法侵害

1. 人身伤亡。我国籍劳工大多从事建筑、制造和服务业,特别是东道国公民不愿意从事的工种,如危险、艰苦和高污染工作。如2008年1月韩国京畿道利川市某冷库爆炸事件中,由于冷库负责人完全忽视安全规范,为缩短工期强行施工,导致了连环爆炸的发生,我国12位公民失去生命。据我国驻韩使馆领事部统计,2007年我国共有43名劳工在韩国工作中死亡。我国劳工伤亡人数,几乎占到外籍劳工工伤亡总数的45%左右。① 除工作环境恶劣外,我国在韩劳工所处的工作和生活环境,使得他们在生理和心理上都承受着巨大的压力。2007年,我国共有270名劳工在韩国非正常死亡。这些劳工多从事高危险、高强度的技术工种,意外伤害事故层出不穷。而且我国劳工在安全相对欠缺地区数量较大,工作环境恶劣,人身伤亡事件更是屡见不绝。这些劳工权益受到侵害之后,只有极少数的劳工得到了境外雇主的赔偿。很多劳工在权益受到侵害后,无法寻求适当的救济。根据我国法律的规定,这些劳工在受到伤害后,可以向我国驻所在国使领馆寻求救助,也可以聘请律师在国内外进行人身损害赔偿诉讼。但是即使通过一些途径从我国对外劳务合作企业获得赔偿,赔偿额度也较少。

2. 侵犯海外劳务人格尊严。海外用工企业依其经济优势地位,对我国海外劳工歧视,任意打骂、侮辱,侵犯其人格尊严的事件时有发生。我国海外劳工被吐口水、打耳光、罚站、罚跪等事件时有报道。同样,在这些情况下,可以向我国驻所在国使领馆寻求救助,也可以通过各种途径寻求侵权损害赔偿。但是身在异国他乡,基于多种原因,很少有人依法维护自己权益。

3. 侵害海外劳工的休息、休假等权利。工作时间及休息休假在劳务合同中作为主要合同条款应当明确规定。但在实际执行中,境外雇主常常故意违反,任意加班加点、延长或变相延长工作时间,剥夺海外劳务人员的合法休息休假权益,有的甚至采取各种措施强迫劳务人员加班加点,并且不按规定给予补假和支付加班工资。如2002年3月14日,约1500名我国宁波籍劳务人员(多为女工)在毛里求斯举行罢工,抗议所在工厂恶劣的工作环境。据劳务人员讲,在出国前,她们与劳务输出公司签了合同,约定每周工作6天共45小时,或每周5天,每天9小时。报酬为基本工资平均200美元,由国内的劳务输出公司代发,视女工们在境外的表现每两个月发放一次,由家属代领。但一到毛里求斯岛,她们非但超负荷工作,甚至还不能不干,因为提前离开意味着"违约",也不能表达自己的不满,因为罢工也属于"违约"。一般而言,根据当地的劳动法加班要支付双倍工资,但让我国劳工超时超强度加班,非但工钱不

---

① 《40万在韩我国劳工生存状况:去留间的彷徨与困惑》,中国网,http://www.china.com.cn/overseas/txt/2008-01/25/content_9585012.html,下载日期:2013年4月30日。

能加倍,甚至连加班费也随意克扣。① 我国海外劳工的人身权益受到了严重侵犯。

4. 其他侵害我国海外劳工人身权的情况。如为赎金而绑架我国海外劳工。绑架和抢劫在一些国家已成了职业性犯罪,如尼日利亚,许多武装分子以绑架为生,他们将绑架外国人当成了"挣大钱"的好机会,以获取高额赎金。尼日利亚是非洲最大的石油生产国和世界第六大石油出口国,作为在尼日利亚投资的主要公司的我国石油公司,其员工成了在尼被绑架的目标,从2007年1月至3月仅三个月时间就发生了3起绑架我国石油工人的案件,虽未造成人员伤亡,但绑架案发频率之高值得引起重视。②

东道国社会治安也引发我国劳工伤亡与财产损失,如非洲各国贫富差距加大以及失业率高等社会问题,造成很多抢劫伤人等刑事案件增多,对我国劳工的人身财产安全造成威胁。局部恐怖袭击而致我国劳工安全受损。有些非洲国家存在着反政府势力,他们以袭击外国人达到自己的政治目的,而我国劳工成了他们的牺牲品。还有些国家执法人员暴力执法与敲诈勒索,例如,俄罗斯警察的"名声"一直不太好,他们经常暴力执法,成为我国海外劳工安全的隐患之一。

(二)财产权益受到非法侵害

我国海外劳工财产权益主要在如下方面受到侵害:

1. 侵害海外劳务人员工资收益权。海外劳务人员出国务工其主要的甚至全部目的在于获得较高收入。工资收益是海外劳工利益的中心。然而,在我国海外劳工付出了辛勤的血汗之后,境外雇主常常找出很多借口克扣或拖欠我国海外劳工工资。我国工人被拖欠工资现象严重。据一些海外务工人员申诉,雇主拖欠他们工资少则几个月,多则一年半载。③ 尤其是金融危机背景下,受经济不景气影响,国外雇主拖欠克扣工资的问题尤为严重。2003年1

---

① 《毛里求斯的中国"包身工"》,新浪网,http://news.sina.com.cn/w/2002-05-18/1334579425.html,下载日期:2013年4月30日。

② 《我国工人非洲安全调查》,新华网,http://news.xinhuanet.com/herald/2007-04/30/content_6048405_1.html,下载日期:2013年4月30日。

③ 参见《雇主拖欠工资现象严重,新加坡中国劳工为何受骗多》,南方网,http://www.southcn.com/NEWS/china/zgkx/200207080033.html,下载日期:2013年4月30日。

第四章 我国对外劳务合作中的侵权案例分析

月,新加坡某制衣企业关门倒闭,我 200 多名劳务人员失业。劳务人员回国前要求雇主返还收取的抵押金每人约 1600 美元、结清拖欠的平均 700 美元工资以及支付回国机票费等费用时,雇主逃跑,我国劳务人员多次向当地政府投诉要求解决问题。但由于司法程序拖延时间较长,我国劳务人员没有工作可做,在当地出现生计困难,引发了多起游行事件。①

由于我国许多公民出国打工都带有一定的盲目性,缺乏自我保护意识,对自己的权利认识不清,同时,中介机构对出国人员收取大量的中介费用,我国海外劳工经济负担较重,往往要在国外工作一年半载后,才能偿还或补偿付出的中介费用,而雇主正是揣测到我国工人想尽快挣回本钱的心理,才敢对他们进行欺诈。而印度、泰国、菲律宾、孟加拉等国工人则较少存在拖欠工资问题。因为他们在国内交费较少,所以敢与拖欠工资的老板理论。如果老板不给钱,他们就会主动辞职。②

2. 侵害海外劳务人员的获得社会保险和职工福利待遇的权益。社会保险是基于一定的经济风险而存在的,作为物质帮助形式的一种,它是国家对劳动者承担的一项法定义务,也是劳动者享受的一项基本权利,它主要包括养老保险、疾病保险、工伤保险、失业保险、生育保险。当劳动者在年老、疾病、工伤、失业和生育时,应当可以享有有关待遇。境外雇主常常为了减轻负担,节省费用,最大限度掠夺海外劳务人员,而肆意侵害海外劳务人员的获得社会保险权益,对海外劳务人员实行歧视待遇,常常压缩海外劳务人员的职工福利。

3. 外国雇主单方面毁约而造成我海外劳工财产损失。我国海外劳工在国外遭受外国雇主单方面毁约也是我国海外劳工财产受侵害的表现之一。例如,2006 年 1 月 3 日,罗马尼亚巴克乌市的一家制衣厂,当地厂方突然推翻了原先签署的合同,单方面提高了劳动量,使得工人无法获得原来的工资,造成财产损失。近 400 名我国女工开始罢工,而厂方却以停水、停电,取消伙食等方式对待,侵犯我国海外劳工权益。

4. 黑中介诈骗侵犯劳工的财产权利。黑中介的存在是海外劳工人身财产权利受侵害的主要威胁来源,这些被欺骗的海外劳工轻则倾家荡产,重则在国外受牢狱之灾。马来西亚的普通劳务市场并未向我国劳工开放,而且工资

---

① 雷鹏,胡晓莉:《出境就业者的权益保护迫在眉睫》,载《职业》2003 年第 9 期。
② 参见《雇主拖欠工资现象严重,新加坡中国劳工为何受骗多》,南方网,http://www.southcn.com/NEWS/china/zgkx/200207080033。

水平对于我国人来说也不具诱惑力。目前,马来西亚只吸引部分有技能的我国公民前往打工。但是部分"黑中介"以各种诱惑,欺骗我国劳工去马来西亚,使我国劳工蒙受经济损失。

诸上种种,出国务工人员权益受到侵害的范围广,程度严重,频率高。我国出国人员权益受到侵害之后,可以通过多种途径寻求救济。例如,通过国内对外劳务合作公司或国外雇主为工人办理的各种保险获得补偿,通过中国驻当地使领馆获得帮助等。其中,最为有效的方法之一就是通过司法途径寻求救济。当然,在对外劳务合作目的地国进行诉讼,存在居留期限、语言、证据等障碍。我国出国人员更多通过在国内法院诉讼维权。

我国法院在处理出国务工人员权利侵害案件时,尤其对出国务工人员因意外事故伤亡的案件,往往具有如下特点:(1)事故发生处理迁延的时间过长。从事故发生后的调查取证、处理过程中的斡旋、和解、诉讼、赔偿等,历时少则一二年,多则五六年,甚至更长时间。(2)事故处理中费用高昂,所须花销远远超过受害劳工及其家属的承受能力。按我国有关法律、法规和相关政策规定,外派劳务工工伤事故的处理,由外派企业承担追偿责任。实践中许多外派劳务企业积极参与处理及索赔,往往感到经费负担过重,承担不起诸如雇请律师及事故处理的其他活动所需费用的高昂花销。(3)通过事故处理的正常程序能否获得公道的裁决和合理的赔偿金额,往往处于不确定状态。因长过程的事故处理中主客观因素的影响,加之参与处理人员包括律师在内的素质和能力制约,受害者及其家属常常对事故处理的合法性、合理性心存疑虑。一些案件即使作出了赔偿金额的明确判决,由于责任单位、责任人无力支付相应赔付金额,甚至有些境外雇主即使支付了保险金,由于境内一些外派劳务企业的某些内部规定极不规范、极不合理,受害者及其家属得不到本应得到的损害赔偿,甚至出现"境外获赔,境内负债"的现象,使受害者及家属处于极度的痛苦和煎熬之中。①

因此,我国司法机构在处理对外劳务合作中的侵权纠纷时,在综合考虑各方当事人利益的同时,要向工人利益倾斜,更好地维护弱势一方当事人利益。

---

① 参见张国华:《涉外劳动关系的法律调整——以我国外派劳务人员的权利保护为视角》,载《杭州师范学院学报》(社会科学版)2007年第4期。

第四章 我国对外劳务合作中的侵权案例分析

第一节 人身权益受到侵害的案例

1. 张某虎、韦某美与被上诉人洛宁县商业总公司、洛宁县劳动就业管理中心、河南力源劳务合作有限责任公司人身损害纠纷案[①]

【案情】→

2004年6月1日,河南省洛宁县商业总公司将该公司的劳务信息输出科承包给贺某民,并订立了书面承包协议,该协议内容为:"甲方,洛宁县商业总公司,乙方,贺某民,乙方实行自主经营,独立核算,自负盈亏,并承担一切民事责任和经济责任,承包期原则上为二年,对远洋劳务输出所派出的员工违约所发生的一切经济纠纷及人身伤亡,均由乙方承担。"2004年10月14日,被告河南省洛宁县商业总公司劳务信息输出科和原告之子张某签订了派遣赴公海从事远洋捕捞工作事宜的合同书,该合同书载明:"甲方洛宁县商业总公司劳务信息输出科贺某民,乙方张某,乙方同意在国外工作三年,甲方负责办理乙方的有关出国手续,乙方在境外服务期间发生伤、残、亡情况时,甲方将依照中国人民保险公司河南分公司的保险款,一次性支付乙方赔偿金,但最高赔偿额不超过4万元人民币。乙方在国外工作期间,月薪为140美元,甲方负责雇主将乙方月薪(即140美元)中的50美元在船靠港时发放给乙方,余下90美元作为履约保证金,待乙方完成任务回国外方确认属正常回国后一次性支付给乙方。"该合同签订后,贺某民将原告之子张某介绍给第三人洛宁县劳动就业管理中心国际劳务部的张杰涛,张杰涛将原告之子张某送往第三人河南省轻工业品进出口公司国际劳务公司(即河南力源劳务合作有限责任公司),该公司又将原告之子张某送往新加坡豪狮国际合作有限公司,公司将安排其在豪泰11号渔船从事海上捕鱼作业。渔船于2004年10月23日从南非开普敦出

---

① 参见《上诉人张某虎、韦某美与被上诉人洛宁县商业总公司、洛宁县劳动就业管理中心、河南力源劳务合作有限责任公司人身损害纠纷一案二审民事判决书》,110法律咨询网,http://www.110.com/panli/panli_305061.html,下载日期:2013年4月30日。

海,航向巴西,2005年5月3日停止用餐时发现原告之子张某不在船上,经该船72小时搜寻未果,该船于2005年5月7日出具海事报告称船员张某失踪。2005年10月20日,洛宁县公安局认定张某于2005年5月7日死亡,并注销了张某的户口。2008年12月16日法院作出[2008]宁民初字第120号民事判决书,宣告张某死亡。另查明:2005年4月14日,第三人洛宁县劳动就业管理中心国际劳务部张杰涛与第三人河南力源劳务合作有限责任公司订立了劳务输出合同,该合同约定劳务人员应交各种费用1800元(不含办理护照,签证等费用)及各种证明和证件。依照该合同,原告之子张某于2004年8月20日交给贺某民现金2600元,贺某民给原告之子出具收据一张。2004年12月21日贺某民到中国渔船船东互保协会河南南阳代办处交450元给张某办理了保险手续,后经中国渔船船东互保协会委员乔萌手将张某的保险转移到中国渔船船东互保协会南通代办处。2005年6月经张杰涛手,从第三人河南力源劳务合作有限责任公司取回张某失踪的海事报告交给贺某民。2005年10月16日,贺某民向原告告知了其子张某失踪(死亡)的事实。后原告多次找被告,被告在洛宁县人民政府的派员协助下同原告到中国渔船船东互保协会南通代办处领回张某保险金6万元,又到第三人河南力源劳动合作有限责任公司索赔2.4万元,被告将上述款项领回后,于2006年元月21日,由杜保同代表被告河南省洛宁县商业总公司与原告达成关于对张某死亡赔偿的协议。协议载明:"甲方洛宁县商业总公司,乙方张某虎、韦某美,甲、乙双方经平等协商自愿就张某死亡达成如下协议:(1)甲方对张某死亡一事没有任何责任,不存在过错,没有赔偿义务。(2)甲方在张某死亡后,为了索取保险金及死亡赔偿金,多次到宜阳、洛阳、郑州、南阳、南通等地进行奔波,为此甲方花费1万多元,尽到了最大努力,终于为乙方索取保险金6万元,死亡赔偿金2.4万元,甲方在协议签订之日一次性转给乙方讨回的保险金6万元,死亡赔偿金2.4万元,乙方不得再就张某死亡一事与甲方纠缠,放弃对甲方追究责任。(3)甲方放弃要求乙方支付为此花费1万多元的权利。若乙方违约,则应支付甲方1万元的前述费用。"原告依协议将上述合计款项8.4万元领取后,于2006年元月29日原告找到张杰涛要求其对张某的死亡进行赔偿,经焦铁拴调解双方达成协议如下:"经双方及调解人协商,现就商业总公司劳务科选派张某海外死亡一事,县劳动就业中心国际劳务部给予部分补助一事达成以下协议:(1)县劳动就业中心国际劳务部当事人张杰涛给予张某父母补助额为22000元,付款办法及时间为:①由调解人焦铁拴领取并转张某父母;②2006年1月29日付1000元,2006年3月付5000元,4月付5000元,5月付5000元,6月付6000元,共计22000元。(2)款付清后双方互不纠缠,不能以此事件再向张杰涛提出任何要求。(3)张某在船工资以省公司结账单为准,由商业总公司劳务科负责领取并支付张某父母(张杰涛可带张某父母到省公司核实工资数额),本调解书一份,双方及调解人签字生效原件存调解人焦铁拴,当事人张某虎、张杰涛,2006.1.29"。后从2006年1月29日至2008年5月6日分5次支付原告7000元,下欠15000元未按约履行。后原告认为与被告洛宁县商业总公司经杜某同签订的协议显失公平,要求被告予以赔偿向河南省洛宁县人民法院提起诉讼。

河南省洛宁县人民法院作出宁民初字[2006]第81号民事判决认为:原告张某虎、韦某美之子张某与被告洛宁县商业总公司签订的远洋捕捞合同属双方自愿,并不违反法律的规定,因被告下属的劳务信息输出科和第三人洛宁县劳动就业管理中心不具备主体资格,原告起诉被告洛宁县商业总公司和本院追加洛宁县劳动就业管理中心为本案的第三人,符合相关法律的规定,并无不当之处。被告洛宁县商业总公司劳务输出科依合同将原告之子张某交由第三人洛宁县劳动就业管理中心国际劳务部、第三人的国际劳务部经张杰涛又将张某送往第三人河南力源劳务合作有限责任公司(原河南省轻工业品进出口公司国际劳务公司),第三人河南力源劳务合作有限责任公司依与新加坡豪狮国际合作有限公司的合同由该公司接收派往豪泰11号渔船从事公海捕捞。原告之子在从事该渔船公海捕捞作业中于当地时间2005年5月3日失踪,被告洛宁县商业总公司出资10000余元协助原告讨回合同约定的伤残、亡保险赔偿金60000元,向第三人河南力源劳务合作有限责任公司要回赔偿金24000元,后原告又与第三人洛宁县劳动就业管理中心达成赔偿22000元及相关事项的协议,原告在领取以上全部和部分合同约定和协议赔偿款后认为协议不是真实意思表示提起诉讼,要求被告进行死亡赔偿的理由不足,原被告及第三人之间并无事实上的雇佣关系,原告之子的失踪是在雇佣作业中发生的,被告已按合同约定支付了保险金额,被告及第三人只是在原告之子到海外捕鱼起到了中介作用,不应对原告之子的死亡承担赔偿责任。在原告之子失踪或宣告死亡后,被告及第三人已履行了自己的义务并给予了一定经济赔偿。经调解无效,依照《中华人民共和国民事诉讼法》第64条和《最高人民法院关于审理人身损害赔偿案件适用法律若干问题的解释》第9条的规定,经合议庭评议,原审法院审判委员会讨论决定,判决如下:驳回原告张某虎、韦某美的诉讼请求。案件受理费 3860 元,其他费用 4000 元,共计 7860 元,由二原告承担。

宣判后,张某虎、韦某美不服提起上诉称:(1)上诉人之子张某与洛宁县商业总公司签订的是劳务合同,一审认定三被上诉人与张某之间系中介关系错误,三被上诉人对张某的死亡应承担雇主赔偿责任。(2)三被上诉人未提供外方雇主的相关资料,造成上诉人无法向外方雇主主张权利,应由三被上诉人承担相应的赔偿责任。请求撤销一审判决,依法改判。

被上诉人洛宁县商业总公司辩称:其与张某之间不存在劳务关系,张某的雇佣人系其所在的渔船,作为中介机构在完成中介事务中没有过错,对张某的死亡不应当承担赔偿责任,一审判决正确应予维持。被上诉人洛宁县劳动就业管理中心辩称:其与张某之间不存在劳务关系,作为中介机构其不应当承担任何赔偿责任。被上诉人河南力源劳务合作有限责任公司辩称:其作为中介机构在整个中介过程中不存在过错,将张某输送到豪狮公司其义务已经完成,其与张某之间不存在雇佣关系,不应当承担赔偿责任。请求驳回上诉人的上诉,维持一审判决。

上诉法院河南省洛阳市中级人民法院认为:上诉人张某虎、韦某美之子张某与被上诉人洛宁县商业总公司签订的远洋捕捞合同属双方真实意思表示,并不违反法律的规定,洛宁县商业总公司劳务输出科依合同将原告之子张某交由洛宁县劳动就业管理中心国际劳务部,该劳务部经张杰涛又将张某送往被上诉人河南力源劳务合作有限责任公司,该公司依与豪狮国际合作有限公司的合同将张某派往豪泰11号渔船从事公海捕捞,三被上诉人只是在上诉人之子张某到海外捕鱼起到了中介作用,三被上诉人与张某之间并未形成事实上的雇佣关系,不应对张某的死亡承担雇主赔偿责任,故上诉人要求三被上诉人承担雇主赔偿责任的上诉请求,法院不予支持。但张某与洛宁县商业总公司签订有远洋捕捞合同,后又经洛宁县劳动就业管理中心将张某介绍到河南力源劳务合作有限责任公司,并且最终由被上诉人河南力源劳务合作有限责任公司将其派往海外,在本案诉讼过程中洛宁县商业总公司、洛宁县劳动就业管理中心、河南力源劳务合作有限责任公司始终未能提供豪狮国际合作有限公司的准确地址及相关信息,给上诉人向雇主主张权利造成困难,故以上三被上诉人应当给予上诉人适当补偿,考虑到上诉人已经实际取得赔偿金 84000 元,并且上诉人与被上诉人洛宁县劳动就业管理中心达成赔偿 22000 元的协议正在履行过程中,法院酌定三被上诉人各补偿上诉人 10000 元。2010

第四章 我国对外劳务合作中的侵权案例分析

年2月,河南省洛阳市中级人民法院判决撤销河南省洛宁县人民法院[2006]宁民初字第81号民事判决,改判被上诉人洛宁县商业总公司支付上诉人张某虎、韦某美10000元,洛宁县劳动就业管理中心支付上诉人张某虎、韦某美10000元,河南力源劳务合作有限责任公司支付上诉人张某虎、韦某美10000元。

【分析】

本案是关于海员外派中因意外事故伤亡的赔偿纠纷,赔偿责任主体认定具有重要意义。原告之子张某与三被告之间是一种什么法律关系?三被告是否应承担雇主责任?这是本案解决赔偿责任主体不得不考虑的问题。河南省洛宁县商业总公司劳务信息输出科、洛宁县劳动就业管理中心国际劳务部均非本案责任主体,作为公司法上具有独立主体地位的河南省洛宁县商业总公司、洛宁县劳动就业管理中心为其下属机构承担法律责任。因此,本案责任人包括河南省洛宁县商业总公司、洛宁县劳动就业管理中心及第三人河南省轻工业品进出口公司国际劳务公司(即河南力源劳务合作有限责任公司)及新加坡豪狮国际合作有限公司。其中:(1)张某与河南省洛宁县商业总公司为居间合同关系,他们之间签订了派遣赴公海从事远洋捕捞工作事宜的合同书,合同书约定河南省洛宁县商业总公司负责办理张某的有关出国手续,合同签订后张某交各种费用2600元,他们之间形成居间服务关系。(2)洛宁县劳动就业管理中心与河南省洛宁县商业总公司为委托代理关系,张某并未与洛宁县劳动就业管理中心签订协议,河南省洛宁县商业总公司通过洛宁县劳动就业管理中心将张某送往河南省轻工业品进出口公司,再由河南省轻工业品进出口公司送往国外。张某与洛宁县劳动就业管理中心没有直接的法律关系,洛宁县劳动就业管理中心接受河南省洛宁县商业总公司委托介绍了河南省轻工业品进出口公司。(3)河南省洛宁县商业总公司与河南省轻工业品进出口公司是一种委托合作关系,前者委托后者代为派遣张某到国外工作。(4)张某与河南省轻工业品进出口公司可以考虑是一种劳务派遣关系。根据我国相关规章及实践,派遣公司应与派遣人员签订劳动合同,派遣公司与派遣人员可以存在劳动关系。本案中,河南省轻工业品进出口公司与新加坡豪狮国际合作有限公司签订有合作合同,直接将张某输送到新加坡,而且在事件发生后河南省轻工业品进出口公司始终未能提供豪狮国际合作有限公司的准确地址及相关信息,在张某的劳务派遣中未尽到职责,应负相应的赔偿责任。因此,本案中,法院认定三被告与原告之子的关系比较笼统,并不精确。

尽管如此,在事件发生后,被告积极为原告寻求赔偿或补偿,并达成了相关协议。最后法院酌情判决三被告给予适当补偿,也是充分考虑到原告的利益,是合理的。另外,河南省洛宁县商业总公司与其劳务信息输出科签订的协议,以及与劳务人员签订的协议都是无效的。前者约定对总公司责任的限制不符合法律的规定,后者约定伤亡赔偿金数额以及履约保证金等,都不符合我国相关法律的规定。

2. 南阳市外贸劳务合作中心诉程某荣生命权纠纷案①

【案情】→

2003年3月21日,程某荣之子杨某磊经河南内乡县劳动局介绍与南阳市外贸劳务合作中心签订出国务工合同。合同约定:每月工资140美元,合同期为36个月,工资由南阳市外贸劳务合作中心督促雇主在船靠港时支付,杨某磊每月支付5美元管理费,在国外工作期间,享受派出公司在中国人民保险公司为杨某磊提供的最高赔偿不超过人民币30000元的人身意外伤害保险金。后杨某磊被派往国外务工,至今已达5年多,无任何音信,程某荣多次向南阳市外贸劳务合作中心询问杨某磊的下落,均被拒告知。2007年5月8日,程某荣以劳务中介服务合同纠纷将南阳市外贸劳务合作中心和内乡县劳动局告上法庭,要求两被告履行告知杨某磊下落的义务。在诉讼过程中,原告的法定代理人和被告于2007年7月28日签订调解协议书,协定杨某磊按死亡对待,被告支付原告145000元。原告即撤回对被告的诉讼请求。2007年7月12日,原告向内乡县人民法院申请宣告杨某磊死亡,法院发出寻人公告,在公告期届满后,杨某磊仍无下落,法院于2008年8月25日依法宣告杨某磊死亡。2007年12月10日,原告以人身损害赔偿向法院再次起诉,要求被告支付原告因杨某磊死亡造成的各项经济损失800000元。

法院经审理认为,公民的生命健康权利受法律保护。杨某磊和被告签订劳务合同,杨某磊经被告派遣出海务工死亡,根据《最高人民法院关于审理涉外海上人身伤亡案件损害赔偿的具体规定(试行)》的规定,原告应得到

---

① 参见《南阳市外贸劳务合作中心诉程某荣生命权纠纷一案二审民事判决书》,110法律咨询网,http://www.110.com/panli/panli_7126157.html,下载日期:2013年4月30日。

第四章 我国对外劳务合作中的侵权案例分析

的赔偿为：(1)收入损失：140美元/月×12×8.2771元×(1－25％)×32年＋140美元/月×12×8.2771元×10＝472787.95元。(2)精神抚慰金50000元。以上合计522787.95元。关于被告提出已和原告签订赔偿协议的问题，法院认为，在原告诉被告和内乡县劳动局劳务中介服务合同纠纷一案中，被告应当知道原告之子的下落、生存状况以及死亡后的赔偿事宜，但被告故意隐瞒实情，拒不告知原告下落，却以杨某磊按死亡对待签订赔偿协议，而且该协议的赔偿数额过低，不足以赔偿原告的损失，显失公平，侵犯了原告的合法权益。因此，该赔偿协议关于赔偿数额部分无效，但可冲抵应赔偿的部分款项。

关于被告提出其作为中介组织不应承担赔偿责任的问题，法院认为，被告作为中介组织，将原告之子杨某磊输出国外从事劳务，已超出协议中约定的合同履行期限，且无正当理由拒不提供杨某磊下落，为规避法律和事实，对原告之子死亡应承担法律责任。于是，法院依照我国《民法通则》第119条规定，判决被告支付原告各项损失377787.95元(已扣除支付的145000元)。

判决作出后，南阳市外贸劳务合作中心和程某荣均不服，均向河南省南阳市中级人民法院提起上诉。南阳市外贸劳务合作中心称：(1)原审判决认定事实错误。原审判决认定被上诉人之子杨某磊是上诉人输出国外务工是完全错误的。上诉人只是中间服务机构，并非劳务派遣单位。(2)原判适用法律错误，程序不当。判决让上诉人再行赔偿377787.95元没有任何事实和法律依据。双方已就赔偿事宜达成调解协议，法院再次受理违反了一事不再理的诉讼原则。且原判适用最高人民法院有关海上损害赔偿的司法解释确定被上诉人的损失是完全错误的，该解释承担责任的主体是船舶所有人、经营人、承租人等，而非中介人，此类案件应由海事法院管辖，内乡县法院没有管辖权。请求撤销原判，驳回被上诉人的起诉。程某荣称：(1)一审判决适用法律不当，我国法律对农民退休收入没有明确规定，一审适用最高人民法院司法解释计算杨某磊的收入损失明显不当。(2)一审判决显失公正，袒护被上诉人，不应支持被上诉人私吞杨某磊的死亡赔偿金。且精神抚慰金太低。请求撤销一审判决，改判被上诉人支付上诉人80万元赔偿金。

二审法院经审理查明，本案原告程某荣之子经内乡县劳动局推荐由被告南阳市外贸劳务合作中心介绍到郑州河南粮油食品进出口有限公司外派劳务部，由其为杨某磊办理了出国护照和相关资格证书，并派遣出境从事渔业捕捞工作。其他事实与一审认定事实基本一致。二审法院认为，受害者杨某磊经人民法院于 2008 年 8 月 25 日宣告死亡。杨某磊仅有其母程某荣一个直系亲属，杨某磊被宣告死亡后其母程某荣有权提起民事诉讼，寻求司法救济。根据南阳市外贸劳务合作中心与杨某磊签订的出国劳务合同的约定，南阳市外贸劳务合作中心作为中介机构将杨某磊通过郑州河南粮油食品进出口有限公司外派劳务部介绍输送出国务工，并在受聘期间对杨某磊发生的工伤或死亡事故有责任要求外方及时查明原因，妥善处理。但南阳市外贸劳务合作中心在杨某磊下落不明后，没有及时查明事情的因果，也没有尽职尽责地督促相关方面履行赔偿义务，疏于职责，其过错十分明显。其虽然仅是劳务输出中的中介机构，但根据我国劳动法律的规定精神及与杨某磊所签订的出国劳务合同的约定，应当承担相应的民事赔偿责任。原告程某荣选择按劳务合同约定向南阳市外贸劳务合作中心主张人身损害赔偿于法有据，应予支持。虽然原审法院在立案前，本纠纷已经调解达成协议，并得到履行，但赔偿数额不足，考虑到原告程某荣系痴呆病人，后半生生活困难的客观实际，应酌情依法增加一定的赔偿数额。原审法院为此立案受理没有明显不妥之处。但原审法院依据《最高人民法院关于审理涉外海上人身伤亡案件损害赔偿的具体规定（试行）》计算损害赔偿的数额不妥。此司法解释第 1 条明确规定其适用对象系"案件的主体、客体和法律事实具有涉外因素的，在海上和港口作业过程中因受害人生命、健康受到侵害所引起的海事赔偿案件"。此类案件应适用《中华人民共和国民事诉讼法》及本司法解释规定的特别地域管辖，即应由中华人民共和国海事法院管辖。本案原告程某荣选择向内乡县人民法院起诉，请求劳务中介机构承担民事赔偿责任，并非海事赔偿纠纷，所以，应适用《最高人民法院关于审理人身损害赔偿案件适用法律若干问题的解释》之规定标准计算赔偿数额。其具体赔偿项目和数额经计算为：死亡赔偿金 89080 元（4454 元×20 年），被抚养人程某荣生活费 60880 元（3044 元×20 年），共计 149960 元。扣除经调解已履行的 145000 元，南阳市外贸劳务合作中心仍应支付程某荣经济损失赔偿金 4960 元。故南阳市外贸劳务合作中心上诉称其不应再支付赔偿金的请求及程某荣要求赔偿过高的部分均不予支持。原审对此处理有误，应予纠正。同时，杨某磊的宣告死亡，给程某荣带来了极大的精神伤害，南阳市外贸劳务合作中心应支付其精神抚慰金 50000 元。2010 年 7 月 29 日，经上诉法院合议庭评议并报院审判委员会讨论决定，依据我国《民法通则》第 119 条，《最高人民法院关于审理人身损害赔偿案件适用法律若干问题的解释》第 10 条、第

17条,《最高人民法院关于确定民事侵权精神损害赔偿责任若干问题的解释》第1条第1项、第10条及《中华人民共和国民事诉讼法》第153条第1款第2项之规定,判决撤销内乡县人民法院[2008]内法民初字第33号民事判决,改判由南阳市外贸劳务合作中心在本判决生效后10日内支付程某荣经济损失4960元,精神损害抚慰金50000元,共计54960元。

【分析】

本案同样为海员外派中人身伤亡赔偿责任纠纷。其中的法律关系与前述"张某虎、韦某美与被上诉人洛宁县商业总公司、洛宁县劳动就业管理中心、河南力源劳务合作有限责任公司人身损害纠纷案"相似。本案中,一审法院同样没有明确劳务人员与内乡县劳动局、南阳市外贸劳务合作中心及郑州河南粮油食品进出口有限公司之间的法律关系,笼统认定其为中介关系。与前述案件不同的是,上诉法院明确指出了被告的过错,即在劳务人员在国外工作期间下落不明,没有及时查明事情的因果,也没有尽职尽责地督促相关方面履行赔偿义务,疏于职责,因此应承担相应的过错责任。这也表明对外劳务合作中介不同于国内劳务中介,根据我国相关规范,对外劳务合作中介机构对外派人员要尽到及时跟踪,解决其与国外雇主纠纷的责任。因此,法院以被告存在过错,判决其承担赔偿责任。

另外,关于赔偿标准问题,二级法院适用不同的法律。二审法院认为,《最高人民法院关于审理涉外海上人身伤亡案件损害赔偿的具体规定(试行)》第1条明确规定其适用对象系"案件的主体、客体和法律事实具有涉外因素的,在海上和港口作业过程中因受害人生命、健康受到侵害所引起的海事赔偿案件"。根据我国《民事诉讼法》及该司法解释规定的特别地域管辖,应由海事法院管辖。但本案原告程某荣选择向内乡县人民法院起诉,请求劳务中介机构承担民事赔偿责任,就不应将其视为海事赔偿纠纷,应适用一般人身损害赔偿的标准,即适用《最高人民法院关于审理人身损害赔偿案件适用法律若干问题的解释》规定的标准计算赔偿数额。由此,两级法院适用不同的法律,确定的赔偿数额相差较大。关于二审法院的做法,仅仅因为程序上的选择法院管辖问题,而直接改判以较低标准确定原告的损害赔偿数额,而不进行实质的审查案情,或通过其他方式处理,仍有欠妥之处,不利于受害者权利的保护。

3. 王某萍、职某军等与新乡市对外经济技术合作公司人身损害赔偿案①

【案情】→

新乡市对外经济技术合作公司于1995年成立,按照新乡市对外经济贸易委员会1995年新经贸经字第015号文件《关于新乡市国际公司不再承担对外经济合作业务的通知》规定,经局党委研究决定,由经贸委批准(省经委人字第92号)成立新乡市对外经济技术合作公司,具有独立法人资格,主营劳务输出。原中国河南经济技术合作公司新乡分公司(新乡国际公司)正在进行的劳务输出业务一并划入新乡外经公司,新乡市对外经济技术合作公司办理了工商营业执照,主营劳务输出等业务,1996年12月24日,职某富、王某萍与新乡市外经公司签订劳务合同。内容为:双方就向中国土木工程公司利比亚人工河项目指挥部提供劳务事宜,签订协议如下:新乡外经公司为甲方,职某富为乙方。(1)乙方自愿到中国土分包的东亚财团利比亚人工河项目费赞水池工作。(2)乙方在国外的工资待遇、劳保待遇与甲方同类人员相同,甲方义务为:负责办理乙方在国外因公发生伤、病、残、亡的国外有关手续,并承担其费用;第4款按照中土劳发[1993]045号《关于承包劳务人员伤亡保险的通知》中规定,负责通过中土公司利比亚人工河指挥部为乙方办理在国外发生伤、残或死亡的赔偿事宜。并规定乙方试用期为三个月,根据试用情况,甲方有权将本人遣送回国或降格使用。并申明本合同已征得家属同意,本人家属作为担保人,对此负连带责任;合同约定其于1996年12月24日双方签字生效,至乙方圆满回国、财务结算完毕之日终止。1996年12月19日,职某富、王某萍在出国人员保证书上签字,共6条。其中第4条规定:遵守中土劳发[1993]045号文件规定,发生伤残、伤亡事故时决不借此刁难组织和索取规定以外的任何条件,各项保证本人自愿做出严格遵守,保证认真履行上述保证书中任何一条,保证征得家属同意,本人家属作为担保人,对此事负有连带责任。1994年11月25日,中国土木工程公司利比亚人工河项目指挥部作为甲方与新乡市国际公司(乙方)签订有借调出国劳务人员协议书,协议第3条规定,借调费技

---

① 参见《王某萍、职某军、职某锋等与新乡市对外经济技术合作公司人身损害赔偿案》,110法律咨询网,http://www.110.com/panli/panli_29350.html,下载日期:2013年4月30日。

第四章 我国对外劳务合作中的侵权案例分析

工每人每月250元人民币、普工每人每月200元,甲方责任为负责办理乙方人员在国外发生伤、病、残、亡的国外有关手续,并承担其费用,并按照中土劳[1993]045号《关于承包劳务人员伤亡保险的通知》规定,办理乙方人员在国外发生伤残或死亡的赔偿事宜。乙方责任为,办理乙方人员国外发生死亡及伤残的国内善后处理和安置工作。1993年中土劳045号中国土木工程公司文件《关于承包劳务人员伤亡保险的通知》规定:经贸部[1993]经贸援发第212号通知规定:自1993年1月16日起援外人员人身伤亡保险由成套公司办理,保险金额为每人50000元,自1993年1月16日起承包劳务,驻外机构和临时出国人员的人身伤亡保险改按上述经贸部[1993]经援发第212号通知对援外人员人身伤亡保险的规定执行。[1993]外经援发第212号文件规定:兹决定自1993年1月16日起由中国成套设备出口公司统一承办援外人员及执行各类经援项目过程中,临时出国团组在国外的人身伤亡保险的投保业务,保险金额为每人50000元。职某富与原告签订合同后于1996年12月19日被新乡外经公司作为劳务人员由中土公司借调并去利比亚工作。1998年9月14日上午7时20分,职某富乘B-254型小型客车从营地送工人去现场施工后,于9时左右与司机离开现场准备回营地,由于选择近路无正路可行,结果汽车驶进沙漠地带,在弃车走出沙漠途中,不幸遇难。死亡原因是:严重脱水而致呼吸、血液循环系统衰竭,职某富尸体于1998年9月30日上午11时葬于利比亚首都的黎波里市区公墓内。职某富有以下亲属:①爱人王某萍;②女儿职某军;③儿子职某锋;④父亲职某思;⑤母亲张某荣。以上亲属住址均在职王村。原告与被告因赔偿问题发生争执,被告向新乡市劳动争议仲裁委员会申请仲裁,仲裁裁决原告赔偿108596元,原告不服,向嘉县人民法院提起诉讼,嘉县人民法院作出[1999]获民初字第360号民事判决,判决新乡市对外经济技术合作公司一次性赔偿五原告人民币5万元。

嘉县人民法院一审判决后,被告王某萍、职某军、职某锋、职润思、张翠荣不服,向河南省新乡市中级人民法院提起上诉,称原审定性及适用法律错误,本案系因工死亡补偿案,属劳动争议,不应定为人身损害赔偿;一审适用法律错误,不应适用《民法通则》应适用劳动法规。请求上诉法院依法撤销原判,改判被上诉人支付上诉人经济补偿金124887.05元。

上诉法院审理查明:对职某富的死亡,中土公司已将赔偿金5万元汇至新乡市对外经济技术合作公司。本案其他事实与原审认定的一致。上诉法院认为:本案争执的焦点是职某富是否与新乡外经公司构成劳动关系,职某富与外经公司的劳务合同是否属于劳动合同,两合同之间有无区别。如果二者概念相同,应按照有关劳动法规由上诉人承担因劳动关系而引起的相关法律责任。否则,双方应按"劳务合同"约定内容履行。"劳动合同"指的是劳动者与用人单位确立劳动关系,明确双方权利义务的协议。"劳务合同"则是平等主体公民之间、法人之间、公民与法人之间,以提供劳务为内容而签订的协议。劳动合同是确立劳动关系的依据,属劳动法调整范畴。劳务合同是建立民事、经济法律关系的依据,属民法调整范畴。劳动合同的主体必须一方是劳动者,另一方是用人单位。劳务合同的主体既可以都是公民,也可以都是法人,或公民与法人,劳务合同对主体没有特殊要求。劳动合同签订后,劳动者便成为用人单位的一员,二者具有从属性。劳务合同主体之间不存在从属性,双方始终是相互独立的平等主体,以自己名义分别履行合同规定的义务。劳动合同与劳务合同的内容,确定报酬的原则也不相同,据此,"劳动合同"与"劳务合同"并非相同概念,不属同一范畴,本案新乡外经公司与职某富所签订的是"劳务合同",而非"劳动合同"。职某富遗属向劳动仲裁委申请的是请求按照劳动法规对其进行经济补偿,有被申诉人主体资格的只能是用人单位,从职某富与外经公司签订的劳务合同可以看出外经公司并非用人单位,综上所述,外经公司与职某富不存在劳动关系,上诉人向劳动争议仲裁委申诉要求外经公司承担与职某富因履行劳务合同中职工因工死亡后,其遗属的经济补偿,证据不足,鉴于外经公司与职某富签订的劳务合同中对发生伤、亡事故办理赔偿有约定,且中土公司已按与外经公司签订的协议约定将50000元赔偿金汇至外经公司,外经公司有将此50000元给付职某富遗属(即本案五上诉人)的义务。原审按照职某富与外经公司劳务合同约定,于2000年4月25日作出[2000]新民终字第430号判决,判决外经公司付给王某萍等五人50000元并无不当,王某萍等五上诉人理由不足,法院不予支持。

【分析】

我国对外劳务合作早期,对劳务人员与派遣公司的关系认定尚有许多模糊的方面。劳务人员职某富与新乡市对外经济技术合作公司、中国土木工程公司之间的关系需要根据案情进一步分析。新乡市对外经济技术合作公司是具有对外劳务输出资格的公司,其与劳务人员签订的劳务输出合同的性质认定,关系到劳务人员是否可以请求赔偿的问题。法院认定其为劳务合同而非劳动合同是否妥当?另外,劳务人员与中土公司的关系,根据合同约定,中土公司向新乡市对外经济技术合作公司借调职某富,中土公司将其作为员工派

第四章 我国对外劳务合作中的侵权案例分析

往国外,应承担用工单位的责任。因此,上诉法院判决新乡市对外经济技术合作公司不承担赔偿责任,其法理分析并不合理,其判决不利于劳务人员利益的维护。

第二节 财产权益受到侵害的案例

1. 辽宁日报报业集团与被上诉人许某、原审被告辽宁国际科技发展有限公司广告侵权损害赔偿纠纷案①

【案情】→

2003年12月16日,被告辽宁国际科技发展有限公司通过辽宁日报报业集团所属的《辽沈晚报》第32版"前程"版刊登了一则"辽宁国际劳务咨询"广告,内容为:英国工作签证(包括工作类别、年龄、名额)等,联系电话、具体地址。原告许某按广告中提供的地址沈阳市和平区中华路126号"中辽国际大厦"710室和联系电话找到了该公司,于2003年12月18日向辽宁国际科技发展有限公司交纳了10000元保证金,2003年12月29日双方签订协议书,协议约定原告(乙方)自愿委托辽宁国际科技发展有限公司(甲方)办理赴英国劳务,境外劳务费用总计35000元,乙方自愿报名时交纳人民币10000元,劳务签证办理期限6~7个月,甲方逾期不能送签或由于甲方的原因致使签证失败,甲方应全额退款等内容。后因辽宁国际科技发展有限公司未取得劳动和社会保障部颁发的境外就业中介许可证,被告因不具备资质,受到有关行政机关的查处,停止经营。许某因此以辽宁日报报业集团(辽宁日报社)、辽宁国际科技发展有限公司为被告,向沈阳市和平区人民法院起诉,要求赔偿保证金经济损失。

---

① 参见《辽宁日报报业集团与被上诉人许某、原审被告辽宁国际科技发展有限公司广告侵权损害赔偿纠纷一案》,110法律咨询网,http://www.110.com/panli/panli_262268.html,下载日期:2013年4月30日。

法院查明,辽宁国际科技发展有限公司在发布境外就业中介服务广告之前未经过有关工商行政管理机关的审批。辽宁日报报业集团(辽宁日报社)在下属的《辽沈晚报》发布该则广告时未与广告主签订书面合同,亦未审查广告主是否具备相应资质即取得劳务和社会保障部颁发的境外就业中介许可证,未审查要发布的广告是否具有工商行政管理机关的批准文件。

法院认为,原告与被告辽宁国际科技发展有限公司于 2003 年 12 月 29 日签订的出国中介合同属于境外就业中介服务合同。我国自 2002 年 7 月 1 日起对境外就业中介活动实行行政许可证制度,辽宁国际科技发展有限公司没有取得劳动和社会保障部颁发的境外就业中介许可证而通过发布广告与原告订立合同,违反了国家相关行政法规的强制性规定,属无效合同,辽宁国际科技发展有限公司应返还原告保证金 10000 元。《境外就业中介管理规定》第 16 条规定发布有关境外就业中介服务广告,发布前必须经有关工商行政管理机关批准,无批准文件的,不得发布。辽宁日报报业集团(辽宁日报社)作为广告经营者,应依据法律行政法规对广告主的主体资格、发布广告的批准文件、广告内容的真实性进行严格审查,并应订立书面合同,因辽宁日报报业集团(辽宁日报社)没有履行职责,审查不严,导致虚假广告得以刊登,违反了广告法的相关规定,应承担相应的民事责任。辽宁日报报业集团(辽宁日报社)主张涉案的广告主系"沈阳中辽出入境服务有限公司",辽宁日报报业集团(辽宁日报社)对此应承担举证责任。辽宁日报报业集团(辽宁日报社)向法庭提供的广告费发票存根及沈阳中辽出入境服务有限公司营业执照副本复印件、"因私出入境中介机构经营许可证"复印件不具备证据的关联性,没有证明力,故对辽宁日报报业集团(辽宁日报社)的该项主张法院不予确认。辽宁日报报业集团(辽宁日报社)亦没有证据证明其在发布广告时尽了审查义务。故对辽宁日报报业集团(辽宁日报社)的抗辩意见法院不予支持。因此,依我国《合同法》第 52 条第 5 项、第 58 条,我国《广告法》第 38 条判决被告辽宁国际科技发展有限公司返还原告保证金 10000 元;被告辽宁日报报业集团(辽宁日报社)承担连带责任。

法院判决后,辽宁日报报业集团(辽宁日报社)不服和平区人民法院[2004]和民合初字第 1248 号民事判决,向沈阳市中级人民法院提起上诉称,上诉人既不是出国中介合同的一方当事人,也不是该合同约定享有权利、履行义务的第三人,因此被上诉人起诉上诉人应属于告诉主体错误。上诉人在原审法院已经提供充分证据证明本案中涉案广告的广告主系沈阳中辽出入境服

第四章 我国对外劳务合作中的侵权案例分析

务有限公司而不是被上诉人辽宁国际科技发展有限公司。上诉人作为广告发布者在发布广告前已尽到了严格审查义务,所发布的广告无任何虚假内容,不应承担民事责任。被上诉人仅从广告刊登的地址来认定涉案的广告主没有任何事实及法律依据。被上诉人许某辩称:首先造成今天的后果,是由于看到了上诉人发布的虚假广告,按照广告的地址及电话办理了中介服务及交纳了保证金,应由辽宁日报报业集团(辽宁日报社)承担责任。

上诉法院认为,原审审理中辽宁国际科技发展有限公司承认自己系该则广告的广告主、许某亦主张自己依2003年12月16日《辽沈晚报》中没有明示广告主身份、仅刊载有联系电话及地址的相应广告于2003年12月29日同辽宁国际科技发展有限公司订立出国劳务协议。上诉人主张本案广告主系沈阳中辽出入境服务有限公司而不是原审被告辽宁国际科技发展有限公司,其提供的客户姓名不规范的广告费发票存根及其他报纸广告并不能证明其主张的事实。在上诉人没有依广告法的相关规定同广告主订立书面合同的情况下,原审法院认定辽宁国际科技发展有限公司系该则广告的广告主是正确的。上诉人主张已尽审查义务,但其在为辽宁国际科技发展有限公司发布广告时未查验证明文件、核实广告内容,上诉人系应知而未知,与广告主辽宁国际科技发展有限公司共同导致被上诉人许某依此广告缔约并受到损害,即使上诉人主张自己不是中介合同当事人,亦应承担连带责任。另外,上诉人主张该则广告不属于境外就业中介广告,从广告内容看该主张亦明显不成立。因此,2005年8月二审法院判决驳回上诉,维持原判。

【分析】

本案属于对外劳务合作中发虚假广告侵权案。我国《广告法》第3条、第4条规定,广告应当真实、合法,符合社会主义精神文明建设的要求。广告不得含有虚假的内容,不得欺骗和误导消费者。第27条规定,广告经营者、广告发布者依据法律、行政法规查验有关证明文件,核实广告内容。对内容不实或者证明文件不全的广告,广告经营者不得提供设计、制作、代理服务,广告发布者不得发布。所谓虚假广告,就是指广告内容是虚假的或者是容易引人误解的,一是指商品宣传的内容与所提供的商品或者服务的实际质量不符,另一就是指可能使宣传对象或受宣传影响的人对商品的真实情况产生错误的联想,从而影响其购买决策的商品宣传。这类广告的内容往往夸大失实,语意模糊,令人误解。本案辽宁日报报业集团所属的《辽沈晚报》,发布该则广告时未与广告主签订书面合同,亦未审查广告主是否具备相应资质即取得劳务和社保障部颁发的境外就业中介许可证,未审查要发布的广告是否具有工商行政管理机关的批准文件。依法应承担原告的损害赔偿责任,属于发表虚假广告。虚假广告行为在法律上表现为作为和不作为两种形式,作为是指故意发布虚假广告;不作为就是广告发布者有义务说明或者警告,而不作为。《广告法》关于虚假广告的法律责任规定有2条,即第37条和第38条,分别规定了虚假广告的行政责任和民事责任。就虚假广告的民事责任而言,《广告法》第38条规定:"违反本法规定,发布虚假广告,欺骗和误导消费者,使购买商品或者接受服务的消费者的合法权益受到损害的,由广告主依法承担民事责任;广告经营者、广告发布者明知或者应知广告虚假仍设计、制作、发布的,应当依法承担连带责任。广告经营者、广告发布者不能提供广告主的真实名称、地址的,应当承担全部民事责任。社会团体或者其他组织,在虚假广告中向消费者推荐商品或者服务,使消费的合法权益受到损害的,应当依法承担连带责任。"因此,辽宁日报报业集团(辽宁日报社)应承担连带赔偿责任。

从理论上看,对于虚假广告行为可以从以下两个方面考量,对于广告发布者,可以将广告作为一种确定性的要约邀请,合同相对人(消费者)可以选择按照合同违约来追究虚假广告的民事责任,《广告法》作为特别法有规定的,适用《广告法》的规定,没有规定的,可以适用《合同法》的相关规定;二是虚假广告作为一种侵权行为,消费者也可以按照民法理论,适用《民法通则》来追究广告发布者、经营者或者制作者的相关民事责任。本案辽宁国际科技发展有限公司应因此承担赔偿责任。

另外,发布虚假广告本质上说是弄虚作假,故意隐瞒事实,骗取消费者的钱财,当骗取的钱财达到一定数额时,情节严重的行为则构成了虚假广告罪,如果假冒他人注册商标,发布虚假广告情节严重或发布虚假广告生产和销售伪劣商品情节严重的一般仍依法受到从重处罚。

2. 黎丽广告侵权纠纷案[①]

【案情】→

出国是黎丽(化名)多年的梦想。一日,黎丽在一份本地有一定影响的报

---

① 参见《媒体刊登广告内容是否真实谁来把关》,110法律咨询网,http://www.110.com/ziliao/article-52300.html,下载日期:2013年5月8日。

第四章　我国对外劳务合作中的侵权案例分析

纸上见到一对外交流服务公司商务市场部的广告,称"为商务人员提供:美国、加拿大、日本、欧盟、东南亚各国及香港、澳门地区商务旅行、商务考察、工作签证及护照办理程序的免费咨询"。同年7月,黎丽来到该商务市场部,该部告知其可代其办理出国手续。黎丽当即与商务市场部签协议,约定黎丽委托商务市场部咨询代理有关赴美国商务旅游事宜,黎丽向商务市场部支付首期款人民币30000元。事后,商务市场部未给黎丽办妥出国手续,亦未退款。同年10月,黎丽接到公安机关通知,代表商务市场部与黎丽签约的舒天(化名)涉嫌合同诈骗被依法逮捕。公安机关证实,对外交流服务公司根本没有商务市场部这一机构,商务市场部也不具备办理出国手续的资质。出国梦未实现,钱款也未追回,黎丽一怒之下将刊登广告的报社和对外交流服务公司一起诉至法院。黎丽认为,报社未严格查验广告主有关文件并确认广告内容是否真实而随意发布虚假广告,对外交流服务公司明知商务市场部未作任何登记和注册,却为其提供开立银行账户的相关手续,并与其签订承包协议,故报社和对外交流服务公司均应对黎丽的损失承担责任。因此,黎丽要求对外交流服务公司返还钱款人民币30000元,报社承担连带责任。法院在审理中查明,对外交流服务公司与舒天曾签订有效期一年的合作协议,并任命舒天为商务市场部经理及部门负责人,同意舒天使用对外交流服务公司商务市场部名义对外进行合法经营活动。同时,在系争广告刊登前,报社审查了对外交流服务公司及其分部的营业执照,两份营业执照的经营范围均不包括代办出国商务旅游业务。此外,对外交流服务公司的分部地址与系争广告中商务市场部地址一致。

上海市黄浦区人民法院审理认为,对外交流服务公司及其分支机构并无代为办理出国手续的资质,故其商务市场部与黎丽所签协议无效。尽管对外交流服务公司商务市场部与其持有的对外交流服务公司第二分部的营业执照名称不符,但证据表明,两者实为对外交流服务公司的同一分支机构,对外交流服务公司亦同意该分支机构对外使用商务市场部的名义。按照法律规定,法人对其分支机构的行为后果应当承担连带责任。而且,在商务市场部及舒天与原告签订无效合同、收取费用的违法经营中,对外交流服务公司疏于管理、监督之过错责任亦属不可推卸,原告要求对外交流服务公司返还预付款人民币30000元的诉讼请求,依法予以支持。作为广告发布者的报社,如果明知或应知广告虚假而仍发布的,应当依法承担连带责任。然而,系争广告所表述的内容并不构成虚假广告,故原告要求报社承担连带责任的诉讼请求,法院不予支持。据此,法院判决对外交流服务公司于判决生效之日起10日内返还黎丽人民币30000元;黎丽要求报社承担连带责任的请求不予支持。判决后,原、被告均未提出上诉。

【分析】

本案中,对外交流服务公司承担赔偿责任的认定一般不会产生异议,而为什么作为广告发布者的报社则不承担连带责任呢?根据《中华人民共和国广告法》规定:广告必须真实、合法,不得含有虚假内容,不得欺骗和误导消费者。发布虚假广告,欺骗和误导消费者,使购买新商品和接受服务的消费者合法权益受到损害的,由广告主依法承担民事责任;广告发布者依据法律、行政法规查验有关证明文件,核实广告内容。对内容不实或者证明文件不全的广告,广告经营者不得提供设计、制作、代理服务,广告发布者不得发布。广告经营者、广告发布者明知或应知广告虚假仍设计、制作、发布的,应当依法承担连带责任。因此,本案中报社是否应该承担连带责任,就必须审查该报社是否履行了审核义务,是否发布了虚假广告。本案报社在发布广告时,审核了对外交流服务公司的营业执照,涉及的广告语是"为商务人员提供:美国、加拿大、日本、欧盟、东南亚各国及香港、澳门地区商务旅行、商务考察、工作签证及护照办理程序的免费咨询"。对这一广告内容的解释不能断章取义。从语法上分析,整段广告用语只能是一段构成动宾结构的短语,即"提供……免费咨询"。因为,"提供"之后至"免费咨询"的一段是"的"字偏正结构,其中心词是"免费咨询",中心词前面的词语均为修正"免费咨询"的定语,即表明"免费咨询"的范围。因此,系争广告的内容仅可解释为提供有关方面的义务咨询。所以,报社所发布的广告并不存在超越对外交流服务公司及其分支机构经营范围的问题,更不构成发布虚假广告,亦与黎丽所受损失无因果关系。因而,黎丽要求报社承担连带责任的请求没有法律依据。

近年来,利用媒体发布虚假广告招引拟出国务工人员受骗的案例时有发生。本案的对外交流服务公司由于疏于管理、监督之过错,最终承担了赔偿责任,其事实上也是受害者。因此,媒体在发布广告时,依法审查,才能最终维护自己的利益。

第四章 我国对外劳务合作中的侵权案例分析

3. 姜某祥等诉如皋市公安局扣押财产和行政侵权赔偿案①

【案情】→

1996年3月,南通国际经济技术合作公司(以下简称中方)与美国太平洋华海有限公司(以下简称外方)就中方向外方派遣劳务人员达成协议并签订了《建筑劳务合同》。合同约定,中方选派60名符合外方要求的人员出国从事建筑劳务。合同期为一年六个月。外方定期按标准向中方支付管理费等费用。中方负责向外方支付派出人员的违约担保金。在国外,劳工人员的收入按个人劳务合同规定实行记账、分期支付、回国时结清的管理办法。中方外派人员如通过不当途径从外方获取利益所造成外方直接损失的,外方将从中方违约担保金和管理费中扣除。中方根据外方提供的情报负责在中国境内追回。合同还约定,中方外派人员如不听指挥,给外方造成不良影响或向当地政府告状等被遣送回国的,其额外非法索取的钱暂由外方垫付,外方有权从中方管理费中扣除。同年4月,南通国际经济技术合作公司又与如皋市建筑工程管理局签约,委托其挑选60名外派人员,并将其与美国太平洋华海有限公司签约中的有关约定载入合同之中。当月,姜某祥、陈某银与其签订了《个人劳务合同》,出具了保证书,缴纳了保证金和履行了其他义务后成为60名外派人员之一。同年7月,姜某祥、陈某银随队至美国关岛在太平洋华海有限公司从事建筑工程劳务。一年后的1997年6月10日,姜某祥、陈某银私自离开住所至关岛劳工局,反映太平洋华海有限公司不按时发放工资和不及时给工人看病等情况,并表示不愿意回公司。后姜、陈被带至当地移民局。移民局通知太平洋华海有限公司和中方管理人员去处理该事。在调处中,该公司负责人同意支付每人9200美元,并出具字据一张:工资已结清,无任何欺诈行为。6月11日姜某祥、陈某银被当地政府遣送回国。当日,如皋市建筑工程管理局收到太平洋华海有限公司发来的有关姜、陈损害该公司利益,并声明支付给姜、陈的合同外收入属违法所得,要求国内根据合同协助处理的电传。如皋市建筑工程管理局接电传后,以"姜、陈在国外敲诈外商钱财"为由,书面向如皋市公安局报案。6月12日,如皋市公安局根据外方提供的姜、陈到达上海虹桥机场

---

① 参见《媒体刊登广告内容是否真实谁来把关》,110法律咨询网,http://www.110.com/ziliao/article-45557.html,下载日期:2013年5月8日。

的时间,在上海虹桥将姜、陈的护照和携带的美元扣押。后他们多次向如皋市公安局索要无着。如皋市公安局侦查无果,遂将13100美元交第三人处理。1998年9月17日姜某祥、陈某银以如皋市公安局为被告向江苏省如皋市人民法院提起诉讼。

原告诉称:原告在美国劳务输出所挣的钱是合法收入,应受到国家法律的保护。被告在没有履行任何程序、办理任何手续的情况下,在机场强行扣押我们身上的全部收入,严重违反执法程序;被告运用国家赋予的权力,在原告没有任何违法犯罪的情况下,将公民的合法财产予以扣押,明显滥用职权。请求法院在确认被告行为违法的前提下,判令被告返还所扣财产和赔偿损失。被告辩称:原告以非法占有为目的,采用到美国关岛劳工局以虚构事实控告公司老板的方式来威胁、胁迫美方老板,从而强索到财物。原告的行为涉嫌敲诈勒索,本局对原告立案侦查是合法有据的;原告涉嫌敲诈勒索,根据我国刑诉法关于在勘验、搜查中发现可以证明犯罪嫌疑人有罪或无罪的各种物品和文件应当扣押的规定,本局扣押两原告非法获取的财产是合法的;又根据刑诉法关于"对被害人合法财产应当及时返还"的规定,本案的受害者是如皋市建工局。因此,将扣押的财产及时返还给第三人是符合法律规定的;本局在行使刑事侦查行为过程中,先盘查,盘查中发现有犯罪事实便立案侦查,其程序也是合法的。综上,被告的行为是依法实施的刑事侦查行为,不属具体行政行为。因此,请求法院驳回原告的起诉。第三人述称:两原告受第三人委派去美国从事劳务,在履行劳务过程中,违反外事纪律和合同规定,向外方公司索取合同外利益。该合同外利益,外方已向我方索赔,并由我方给付。被告将13100美元发还第三人并无不当。请求法院支持被告的行为,保护第三人的利益,维护我市对外劳务输出工作的正常秩序。

如皋市人民法院经审理认为:被告辩称自己对原告所采取的行为属刑事侦查行为,从形式看手续是完备的,但认定敲诈勒索的主要事实依据不足,两原告多索要美元属违反劳务合同的行为,故被告以侦查手段处理平等主体间的劳务合同纠纷,尚缺乏法律依据;两原告私自去当地政府部门反映情况已违反外事纪律和合同的约定,被遣送回国其责任应自负。原告所获取超出劳动报酬额以外的收入,无合同和法律上的依据,也非外方公司的真实意思,故要求返还美元及赔偿利息的诉讼请求,不予支持;两原告取得的超出劳动报酬以外的13100美元已由第三人按"劳务合同"向外方偿还,被告应第三人的申请,将所扣押的13100美元发还第三人,符合有关劳务合同的规定,予以采纳。如

第四章　我国对外劳务合作中的侵权案例分析

皋市人民法院遂于 1998 年 12 月 9 日作出判决：(1)确认被告如皋市公安局 1997 年 6 月 12 日扣押原告姜某祥、陈某银所携带的 13100 美元的行为违法。(2)驳回原告姜某祥、陈某银要求返还 13100 美元及赔偿利息的诉讼请求。(3)被告如皋市公安局发还第三人如皋市建筑工程管理局 13100 美元（已履行）。

一审宣判后，姜某祥、陈某银不服，以原审判决第 2 项、第 3 项不当为由向江苏省南通市中级人民法院提起上诉，请求二审依法据实判决。

南通市中级人民法院经审理认为，两上诉人与美国太平洋华海有限公司发生劳务纠纷，经美方有关机构处理后被遣返回国，第三人没有按照劳务合同去处理其与上诉人间的纠纷，而是以"两上诉人敲诈外商钱财"为由向公安机关控告，试图通过警力迫上诉人就范。被上诉人偏听一方指控，即采取刑事侦查手段对上诉人留置盘问、扣押护照和财产，而扣押财、物又不是及时、准确地查明案情，而是急于返还第三人。被上诉人这种行为具有明显的刑事侦查为名插手涉外劳务合同纠纷的法律特征。原审法院以该行为作为可诉的具体行政行为，并确认该行为违法是正确的；美国太平洋华海有限公司与南通国际经济技术合作公司签订的劳务合同，南通公司与第三人间的劳务合同代理关系，都是平等主体间的民事法律关系。因两上诉人提前解除劳务而引起的第三人要求两上诉人承担违约责任的争议属民事权益争议。原审法院判决被上诉人发还第三人 13100 美元显然混淆了行政法律关系与民事法律关系的界限，在行政判决中追究两上诉人的民事违约责任，超越了行政审判的权限；上诉人要求被上诉人赔偿利息，缺乏法律依据不予采纳。依照《中华人民共和国行政诉讼法》第 54 条第 2 项、第 61 条第 2 项之规定，该院于 1999 年 3 月 25 日作出判决如下：(1)维持江苏省如皋市人民法院[1998]皋行初字第 64 号行政判决中的第 1 项、第 2 项的第二部分。(2)撤销该判决的第 3 项、第 2 项的第一部分。(3)如皋市公安局在本判决送达之日起 30 日内返还姜某祥、陈某银 13100 美元。

【分析】

本案是我国对外劳务合作发展早期行政机关侵害劳务人员权益的案件之一。本案本为一起普通的涉外劳务合同纠纷，公安机关以刑事侦查手段插手该起纠纷，建筑工程管理局又以第三人的身份申请参加诉讼，这使一起比较简单的劳务合同纠纷，演变成一起集刑事法律关系、行政法律关系和民事法律关系为一身的疑难、复杂案件。尽管如此，厘清当事人关系才能拨开迷雾见明月。

(1)公安机关的行为属刑事侦查行为,本案中不存在刑事法律关系。从形式上看,公安机关以两原告涉嫌敲诈勒索,办理了刑事侦查立案审批手续,似乎程序上没有缺陷。但从实质上看,本案并不存在刑事犯罪行为。公安机关在刑事侦查中扣押财、物是为了查明案情。构成犯罪的,将扣押的财、物上交国库,或返还被害人;不构成犯罪的,将财、物返还原主。如皋市公安局将原告的财产扣押后,并没有积极地展开侦查,而是草草地将所扣美元交给了第三人。第三人既不是财、物的原主,也没有证据证明是被害人。一、二审法院以该行为属行政强制措施行为列入行政诉讼的受案范围并确认为违法都是正确的。但是一审法院没有判定被告如皋市公安局返还原告13100美元,而判定返还第三人如皋市建筑工程管理局;二审法院对此作了改判是合理的。本案实际上是第三人就想借助警力迫原告就范,两原告的行为充其量违反劳务合同规定,实质上并不存在刑事犯罪行为。

(2)建筑工程管理局不是行政诉讼的第三人,其充其量只是民事法律关系的当事人。公安机关行为的性质确认后,仅就行政法律关系,人民法院是容易判决的。然而,建筑工程管理局加入诉讼,使已成的单一行政法律关系诉讼,又变成复合法律关系的诉讼。其实,建筑工程管理局根本就不是行政诉讼的第三人,一审法院在诉讼当事人上存在不妥之处。行政诉讼第三人是指同提起诉讼的具体行政行为有利害关系的其他公民、法人或其他组织。这里的利害关系是直接利害关系。间接影响则不构成行政诉讼意义上的利害关系。行政主体在行政管理活动中,给管理相对方赋予某种权能,设定某种义务,采取某种强制措施,加以某种行政处罚和对民事权益裁决或处理等。在诉讼中,相对方权益的变化,往往直接影响到第三者权益的变化。例如,在治安管理处罚行政案件中,被处罚人的受处罚责任免除,受害方的权益就会由治安管理处罚条例予以保护向不予保护发生变化,该受害方就是行政诉讼的第三人;这里的利害关系又是行政法意义上的权利义务关系。行政主体在行政管理活动中给管理相对方科以某种处罚,设定某种义务或对民事权益进行裁决或处理等,第三者将从该具体行政行为的另一侧面获取到某种权利。在诉讼中,相对方义务的消灭,也意味着第三者权利的丧失,该第三者就是行政诉讼中的第三人。本案中,如皋市公安局对原告携带的美元予以扣押,并不直接影响如皋市建筑工程管理局的权益,也与之没有任何行政法意义上的利害关系。因此,如皋市建筑工程管理局作为本案的第三人是明显不适格的,建筑工程管理局急于参

第四章 我国对外劳务合作中的侵权案例分析

加诉讼,一审法院疏以审查,再加上公安机关的掺和,目的就是想尽办法不让到手的美元让原告拿走。

(3)姜、陈在国外解决纠纷的途径是正当的,是向美国关岛劳工部反映情况。他们主张的理由也是正当的,要求与美国工人享有同等待遇符合国际法和各国劳动法的规定,其行为并不违反当地法律的规定。

因此,二审法院在剖析了公安机关扣押公民财产行为的性质,排除了刑事法律关系可能存在的情况下,进而将行政法律关系和民事法律关系进行分解,纠正了一审法院对民事权益处分部分,使本起诉讼成为完全建立在行政法律关系基础上的诉讼,取得规范、公正的双重效果。

第三节 其他权益受到侵害的案例

出国务工被蚊子咬伤赔偿案①

【案情】→

2007年6月5日,李某与武胜县某建筑公司(武胜公司)签订了劳务用工合同,出国到安哥拉从事输变电线路工程工作。2007年9月15日,李某在安哥拉工作时,右小腿不慎被毒蚊子咬伤,后由工程随队医生对伤口进行了治疗。2007年10月30日,工程完工李某回国,但他却因伤情加重,共用去医疗费4万元。2008年10月24日,广安市劳动和社会保障局认定李某为工伤,但公司方却认为李某的伤不是工伤,遂向劳动和社会保障局申请行政复议。复议结果认定李某是工伤。公司不服,最后上诉至广安市中级人民法院。2009年11月17日,广安市中级人民法院终审判决维持了广安市劳动和社会保障局作出的工伤认定。经鉴定,李某的伤情为十级伤残。李某于2010年7月起诉至武胜县人民法院要求公司赔偿。武胜县人民法院受理案件后,武胜公司答辩称其是与浙江省某输变电公司(浙江公司)签订的施工合同。法官决定追加浙江公司为第三人参加诉讼。经调解,达成如下调解协议:李某的医疗费、停工留薪期间工资及一次性

---

① 《出国务工被蚊子咬,认定工伤获得赔偿》,载《共产党员》2010年第24期。

伤残补助金等各项费用共10万元，由武胜公司承担5万元，浙江公司承担5万元。

【分析】

李某与武胜县某建筑公司签订劳务用工合同，后被派遣到浙江省某输变电公司位于安哥拉的工地工作，因受伤而要求赔偿。从法律关系上看，李某与武胜县某建筑公司是劳务派遣关系，浙江省某输变电公司为用工单位。武胜县某建筑公司为劳务派遣公司，应对李某承担法律责任。因为本案为对外劳务派遣，经调解浙江省某输变电公司也承担了部分责任。

1992年劳动部《关于外派劳务人员伤、残、亡善后处理问题的复函》第2条规定，外派劳务人员在国外发生伤、亡后，应按照因工伤亡对待。国外赔偿金与国内工伤保险待遇相重复的费用可酌情扣发。但国外赔偿金中的精神损失赔偿不作为重复待遇计算。因此，外派劳务人员在国外无论是否在工作中发生的伤亡，均按照因工伤亡对待。

我国对于外派劳务人员在境外提供劳务过程中发生的工伤事故处理问题，《工伤保险条例》第42条作出了原则性的规定："职工被派遣出境工作，依据前往国家或者地区的法律应当参加当地工伤保险的，参加当地工伤保险，其国内工伤保险关系中止；不能参加当地工伤保险的，其国内工伤保险关系不中止。"但是，针对外派企业向境外派出的劳务人员的不同情况还应做具体分析。外派企业派出的劳务人员如果属于本企业的正式职工，与其之间存在较为固定的劳动关系，即属于《工伤保险条例》规定的工伤保险参保对象，适用第42条的规定，即如果劳务所在地的国家或地区的法律要求外籍劳工参加当地工伤保险的，外派劳务人员应当参加当地的工伤保险；如果当地法律不允许外籍劳工参加工伤保险的，则外派企业在境内为外派劳务人员缴纳工伤保险费的义务不中止。因此，如果属于前一种情况，则发生工伤事故后应当按照当地有关工伤保险法律的规定予以解决。如果属于后一种情况，则发生工伤事故后应当适用我国《工伤保险条例》及《劳动法》等法律的规定处理。

外派企业派出的劳务人员如果不属于本企业的正式职工，与其之间不存在较为固定的劳动关系，即不属于《工伤保险条例》规定的工伤保险参保对象。这些劳务人员是在国内临时招募的，如果劳务所在地的国家或地区的法律要求外籍劳工参加当地工伤保险的，外派劳务人员应当参加当地的工伤保险；如果当地法律不允许外籍劳工参加工伤保险的，则外派企业没有在境内为外派劳务人员缴纳工伤保险费的义务。因此，如果属于前一种情况，则发生工伤事故后应当按照当地有关工伤保险法律的规定予以解决。如果属于后一种情况,则发生工伤事故后应寻求其他途径获得损害赔偿。[①]

小结

我国对外劳务合作中侵权案件的合理解决,直接关系到劳务人员权益的保护。我国外派劳务人员的利益得不到有力的保护。工人在人身权利和财产权利受到侵害后,无法得到救济,对外劳务合作企业也不积极为劳务人员权利保障提供帮助,这样必将直接影响到我国对外劳务合作的正常发展,影响出国劳务人员的积极性。因此完善我国外派劳务人员权利保护立法及争端解决机制,解决我国出国务工人员权利受到侵害后救济难的问题,才能维护我国对外劳务合作的稳步发展。

---

① 姜爱丽,朱颜新:《我国外派劳务人员工伤损害求偿法律适用问题研究》,载《东岳论丛》2011年2月(第32卷/第2期)。

第五章
国际劳务合作担保及其他方面案例分析

第一节 担保案例

劳务担保制度是在劳务输出过程中，派遣公司为了保证出国务工人员按要求完成相应工作，就将来工作中可能造成的损害，要求劳动者提供相应担保的一种制度。随着我国对外劳务合作的发展，劳务人员出国务工越来越多，与派出单位及国外雇主之间的纠纷也不断发生，其中出国劳务担保就是引起很多争议的一个问题。当前我国立法对出国劳务担保没有统一的规定，长期以来，我国司法实践中对劳务输出担保性质认识不一，操作模糊。

关于对外劳务输出担保的法律性质，学界有三种观点。第一种观点认为，同一般担保，担保合同是劳务输出合同的从合同，本身不具有独立性，和一般担保合同没有差异。民事担保对象为平等民事主体之间的债权债务关系，而对外劳务输出担保对象是职务行为。第二种观点认为对外劳务输出担保是一种特殊担保制度。台湾学者持这种观点，如廖家宏、曾隆兴，不承认人事保证的性质是损害担保契约，仅将其认定为一种保证，并且是关于职务关系和其他人事关系的一种特殊保证，所谓人事担保。第三种观点认为劳务输出担保是一种损害担保，主要从劳务输出担保本身的性质出发，认为其类似于一般民事合同中的争议解决条款，其本身具有相对独立性，因此它不因主合同的无效而无效。所谓损害担保合同，是指当事人在合同中约定，如果因为相对人的一定危险致其积极或消极损害，则其应独立无偿地承担赔偿责任。第二种观点在我国学界得到了更多的认同。我国法律没有对出国务工担保作出明确规定，

第五章 国际劳务合作担保及其他方面案例分析

我国学界倾向于接受前述第二种观点。史尚宽阐述,人事保证谓雇佣或职务关系,就可归责于被用人之事由,致生损害于用主时,保证人应负损害赔偿责任之保证。徐国栋认为,人事保证是一方于他方的受雇人将来因为职务上的行为而对他方为损害赔偿时,由其代负赔偿责任的合同。但从我国司法实践的发展过程来看,人事保证在我国还没有完全确立下来。

实践中,我国司法实践对出国劳务担保制度经历了一个长期的、曲折的认识过程。

1. 认为担保属于单位对其派出人员进行内部管理的一种行政措施,不属于民法和经济合同法调整范畴,不能在法院进行民事诉讼。最高人民法院在对浙江高级人民法院《关于劳务输出合同的担保纠纷人民法院应否受理问题的复函》(1990年10月9日法(经)函[1990]73号)中,就1990年宁波市国际经济技术合作公司诉单威祥劳务输出合同担保纠纷案发表意见认为,《出国劳务人员保证书》是劳务派出单位宁波市国际经济技术合作公司与美国佛罗里达州奥兰多大中集团签订的,目的是为了保证劳务输出合同的顺利实施。这一行为实质上是依用人单位的行政职权要求派出人员单洁囡对在出国期间遵守所在国法律和所在国公司各项行政规章以及出国纪律等方面作出的行为保证,是派出单位对其派出人员进行内部管理的一种行政措施。因此,单威祥为其女单洁囡工作所提供的担保,不属于民法和经济合同法调整范畴。这类纠纷属新型纠纷,尚无法律明确规定可以向人民法院起诉。故依照《民事诉讼法(试行)》第84条第2项规定,应当告知原告向有关行政部门申请解决。

由此可见,最高人民法院通过对劳务担保合同的签订双方的隶属关系分析来限制人事保证合同纠纷进入民事诉讼程序,但其没有明确否定人事保证效力,对其法律效力采取的是一种回避的态度。

2. 1997年,财政部、原外经贸部《关于印发〈对外经济合作企业外派人员工资管理办法的补充规定〉的通知》(财外字[1997]8号)中规定:"为保证外派劳务人员履行劳务合同,企业可以向外派劳务人员收取不超过劳务合同工资总额的20%的履约保证金"。肯定了对外劳务合作企业可以要求劳务人员提供担保,收取履约保证金。

3. 2001年金龙万、金龙哲与黑龙江省国际经济技术合作公司出国劳务合同纠纷案中,最高人民法院认为金龙万和金龙哲与黑龙江省国际经济技术合作公司之间形成的劳务关系及担保关系是平等主体之间基于合同而建立的民事法律关系,属民法调整的范围,人民法院应予受理,前述法(经)函[1990]73

号复函不适用于本案。本案中,最高人民法院对人事保证的认识发生了根本转变:由认为劳务关系中人事保证属于用人单位内部管理性的一种隶属行政措施,不属于民法和经济合同法调整范畴,到认为人事保证是平等主体之间基于自主约定合同而建立的民事法律关系,属民法调整的范围;由限制人事保证纠纷进入民事诉讼程序到支持将人事保证纠纷作为一种新型纠纷纳入民事诉讼程序。但是最高人民法院对人事保证的效力问题仍没有明确表明其态度,同时也没有宣示废除其1990年的复函规定。

4.2003年财政部、商务部《关于取消对外经济合作企业向外派劳务人员收取履约保证金的通知》(财企[2003]278号)规定,为适应业务发展需要,进一步规范对外劳务合作业务的经营秩序,切实减轻外派劳务人员的经济负担,经研究,财政部、商务部决定取消企业向外派劳务人员收取履约保证金的规定,改为由外派劳务人员投保"履约保证保险"。自本通知生效之日起,企业不得再向外派劳务人员收取履约保证金,也不得由此向外派劳务人员加收管理费及其他费用或要求外派劳务人员提供其他任何形式的担保、抵押。为了化解经营风险,规范外派劳务人员履行双方之间签订的外派劳务合同或协议(以下简称合同或协议)约定的义务,企业可要求外派劳务人员投保"履约保证保险"。财政部、商务部负责对企业执行本通知的情况进行监督检查,并根据有关规定,视其违规情节轻重给予相应处罚。

5.2012年《对外劳务合作管理条例》第25条规定,对外劳务合作企业向与其订立服务合同的劳务人员收取服务费,应当符合国务院价格主管部门会同国务院商务主管部门制定的有关规定。对外劳务合作企业不得向与其订立劳动合同的劳务人员收取服务费。对外劳务合作企业不得以任何名目向劳务人员收取押金或者要求劳务人员提供财产担保。

出国劳务是一个很复杂的工程,派出机构和国外雇主为此要经过很多复杂的程序,而劳务人员出国后,有了在国外工作的工作准证,熟悉了外国的工作环境,了解了更多的外国就业信息之后,有可能中途离开而到另一单位谋取报酬更高的职务。因此,危害了雇主的正常经营,损害了雇主的经济利益,也浪费了雇主招工的人力和财力。对派出单位而言,出国务工人员的脱岗有可能造成其与外国雇主的友好合作关系,造成双方的不信任,从而影响派出单位今后的业务和利益,并因此可能引起外国雇主对其索赔。因此,无论是外国雇主,还是我国派出机构都希望能有一种机制保证出国务工人员按照合同要求完成工作任务,同时在其损失发生时能得到补偿。出国劳务担保

第五章　国际劳务合作担保及其他方面案例分析

因而产生。当然出国务工人员在国外造成了雇主损失也可能产生损害赔偿担保。

根据我国《担保法》的规定，担保通常有如下三种方式：保证、抵押、质押。保证是保证人和债权人约定，当债务人不履行债务时，保证人按照约定履行债务或承担责任的行为。在意思自治形式下，由双方当事人自愿达成。和民事关系中的保证有一定差别。但同样认为具有民事行为的性质。抵押，派遣公司一般只承认不动产和现金。禁止抵押的财产同民事抵押。质押是债务人或第三人将动产交给债权人占有，将该动产作为债的担保，当债务人不履行债务时，债权人有权依法就该动产卖得的价金优先受偿。为了平衡外派劳务人员的弱势地位，清除乱象，2003年《财政部商务部关于取消对外经济合作企业向外派劳务人员收取履约保证金的通知》规定，企业不得再向外派劳务人员收取履约保证金，也不得由此向外派劳务人员加收管理费及其他费用，或要求外派劳务人员提供任何形式的担保、抵押。我国《对外劳务合作管理条例》第25条也规定，对外劳务合作企业不得以任何名目向劳务人员收取押金或者要求劳务人员提供财产担保。由此可见我国现行法规排除了对外劳务合作中的抵押和质押担保，但是对于保证法律没有明确规定不能采用，因此应该认为在实践中还是可以采用的。因此，我国很多对外劳务合作企业在签订派出合同时，往往要求出国务工人员提供担保（在国外亦称为人事保证），以此约束劳动者。

当然，对这种损害担保合同的公平性有很多争议。一般商事交易中风险与利润成正比，损害担保违背法律的公平正义。它使用人单位在获得巨大经济利益的同时，将风险转嫁到劳动者或保证人身上。企业本应利用自己现有制度来分散这种风险。虽然我国国内禁止对外劳务合作中的担保，但对外劳务输出有其特殊性。其与国内劳务输出有很多不同，如其约束的群体、适用的领域及主体均不同，造成损害后维权难度大等。因此，在我国对外劳务合作中设立有限的担保制度，有利于平衡各方利益，节约经营成本，建立当事人之间信用，促进对外劳务合作的顺利进行。我国台湾地区及日本、瑞士均采用人事保证制度，并在立法中进行明确规定，确定了当事人的义务，因而更公正合理。如台湾相关法律对人事保证中保证人的赔偿限额、期限、雇用人的通知义务、保证人责任的减免等做了明确规定。因此我国应有限制地确立劳务输出担保制度，并完善相关立法。

1. 林某为其夫出国劳务担保纠纷案①

【案情】→

2002年10月20日,原告国际公司与被告林某之夫朱某签订赴日本研修协议一份,双方约定朱某赴日本研修三年,国际公司为朱某办理相关手续。如朱某擅自离开研修企业,须赔偿国际公司不少于20万元的人民币,林某为丈夫朱某提供了担保。另国际公司与中国建材工业对外经济技术合作公司签订对内劳务合同一份,约定共同履行建材公司与东日本室内装饰协会签订的研修生派遣合同。2002年10月,朱某被中国建材工业对外经济技术合作公司选赴日本国东日本室内装饰协同组合下属企业进行研修。2002年10月23日,朱某进入日本,为东日本房屋建设室内装饰协作工作社工会接受的技能实习生。2004年1月16日,朱某离开该企业出走,未返回企业。2004年5月13日,国际公司向法院起诉,将担保人林某一人作为被告告上法庭。

法院审理后认为,被告林某向原告国际公司提供有关其夫出国研修的违约赔偿金的担保,是其真实意思表示,并不违反法律规定,该担保的效力亦应予以认定。朱某赴日之后,离开其所从事劳务的企业,构成违约,被告林某系朱某违约赔偿金的担保人,原告国际公司向其主张权利,应予支持。原告选择连带责任中的一人提出诉讼,于法有据。遂判决林某赔偿国际公司损失20万元。

【分析】

本案中,法院受理了该案,并采用2001年最高人民法院认为金龙万和金龙哲与黑龙江省国际经济技术合作公司出国劳务合同纠纷案的复函中的观点,认定被告林某向原告国际公司提供有关其夫出国研修的违约赔偿金的担保,是其真实意思表示的合法民事法律行为,林某应承担约定的担保责任。判决林某赔偿国际公司损失20万元。

---

① 参见《对劳务输出人员离岗行为赔偿金的担保是否有效》,找法网,http://china.findlaw.cn/info/case/ldal/113867.html,下载日期:2013年5月8日。

第五章 国际劳务合作担保及其他方面案例分析

2. 父亲为儿子出国劳务担保纠纷案①

【案情】

2005年1月,宋某为其子赴日研修与东浩公司及日本某协同组合签订《赴日研修生保证书》,约定,宋某之子工作期间,如从固定工作场所无故违法走脱,将给予日本企业不少于500万日元的赔偿,宋某在保证书上盖章确认。同日,宋某及其子与东浩公司及某协同组合签订《参加研修誓约书》,约定,研修生在日本失踪时,身份保证人要支付500万日元给派遣机关,宋某在保证人栏盖章确认。2006年7月10日,宋某之子离开工作场所,至今未归。东浩公司要求宋某支付其500万日元赔偿金。双方发生纠纷起诉至法院。法院认为,三方签订的保证书是当事人真实意思表示,东浩公司已依法将宋某之子输送出国,应认定东浩公司与宋某之子的劳务输出服务合同合法有效。誓约书约定,研修生在日本失踪时,身份保证人要支付500万日元给派遣机关,该誓约书应理解为宋某为其子出国研修违约时应承担的违约金向东浩公司提供担保,该具有担保性质的约定合法有效。宋某之子赴日后,离开其所从事劳务的企业,至今未归,应定性为失踪,构成违约,应当按照约定向东浩公司承担违约责任。宋某系违约赔偿金的担保人,书面保证其子不得非法脱逃,否则支付派遣机关500万日元的赔偿,是对其子的违约行为产生的违约金实施担保,该违约金属于输出公司对违约的出国劳务人员所享有的一项债权,要求担保人对债权实施担保不违反法律强制性、禁止性的规定。宋某辩称这是一种对行为、身份的担保,违反法律规定,法院未予采信。

【分析】

我国《担保法》第2条、第6条规定的担保只能针对债权、债务而设定,对行为本身不可以直接设定担保。如前所述,最高人民法院1990年10月9日发布的《关于劳务输出合同的担保纠纷人民法院应否受理问题的复函》中明文规定,派出单位与出国劳务人员及其担保人签订的保证书,是派出单位要求派出人员在出国期间遵守所在国法律和所在国公司各项行政规章,及出国纪律等方面作出的行为保证,这是派出单位对派出人员进行管理的一种行政措施;

---

① 参见《儿子出国研修失踪父亲担保支付34万违约金》,找法网,http://china.findlaw.cn/info/minshang/danbao/anli/217677.html,下载日期:2013年5月8日。

担保人为出国人员提供的担保不属于《民法》和《经济合同法》调整范畴。正是由于这一复函的存在,审判实践有关行为担保的案件,大多被认定为无效而判决驳回劳务输出公司的请求。虽然最高人民法院在金龙万和金龙哲与黑龙江省国际经济技术合作公司出国劳务担保合同纠纷案的复函中,认为人事保证是平等主体之间基于自主约定合同而建立的民事法律关系,属民法调整的范围,可以为人民法院受理。但是,并没有明确出国劳务担保的合法性。财政部、商务部《关于取消对外经济合作企业向外派劳务人员收取履约保证金的通知》(财企[2003]278号)第2条规定:"自本通知生效之日起,企业不得再向外派劳务人员收取履约保证金,也不得由此向外派劳务人员加收管理费及其他费用或要求外派劳务人员提供其他任何形式的担保、抵押。"该条排除了履约保证金等财产担保的合法性,但是对于保证,没有明确禁止。因此,在我国司法实践中,往往承认这种人事保证性质的担保具有民事性质,并且在不存在认定合同无效的情形下,根据意思自治原则,认定其效力。本案法院没有采信被告的观点,未将该担保行为认定为对行为、身份担保的行政行为,从而判决被告承担保证责任。

3. 劳务外派管理费、履约保证金返还纠纷案①

【案情】→

2005年4月,某劳务公司(该公司并不具备对外劳务经营资格)在某地发布赴日建筑工招工简章,陈某看到后就去报名,该劳务公司在陈某报名后,双方签订了《赴日本研修合同》,并为陈某办理了相关的出国手续,双方在合同中约定陈某每年应向劳务公司交纳一定的管理费,并交20000元作为出国押金(也叫履行保证金),此押金待陈某回国后如数退还,陈某出国后没有向劳务公司交纳管理费,2009年,陈某回国后要求劳务公司退还押金,该劳务公司不愿退还押金,理由是陈某没有按约定交纳管理费,陈某后起诉法院,法院最后判决劳务公司应如数退还陈某押金20000元。

---

① 参见《劳务外派收取管理费不合法 履约保证金应予返还》,道客巴巴,http://www.doc88.com/p-731755345959.html,下载日期:2013年5月8日;又参见《劳务外派收取管理费不合法 履约保证金应予返还》,110法律咨询网,http://www.110.com/ziliao/article-223728.html,下载日期:2013年5月8日。

第五章　国际劳务合作担保及其他方面案例分析

【分析】

本案是一起劳务外派（出国研修生）的案例，对于劳务外派（研修生）在商务部和国家行政工商总局规定的《对外劳务合作经营资格管理办法》第4条有明确规定："从事对外劳务合作的企业须经商务部许可，依据本办法取得对外劳务合作经营资格，并在领取《中华人民共和国对外劳务合作经营资格证书》后，方可开展对外劳务合作经营活动。"在本案中某劳务公司并没有取得对外劳务合作经营资格招工本身就是一种违法行为，其实双方签订的《赴日本研修合同》应属于无效合同，但法院考虑本案的合同已实际履行完毕，对于合同的效力就没有进行判决，至于劳务公司提出陈某没有交纳管理费而不退还押金，这是不合法的，因为在《财政部商务部关于取消对外经济合作企业向外派劳务人员收取履约保证金的通知》第2条"自本通知生效之日起，企业不得再向外派劳务人员收取履约保证金，也不得由此向外派劳务人员加收管理费及其他费用或要求外派劳务人员提供其他任何形式的担保、抵押"已有明确规定，企业不得再收取管理费及要求外派人员提供抵押。因此，劳务公司向陈某收取押金是不合法的，所以法院最后判决劳务公司应退还押金。

4. 张某要求返还违约金纠纷案①

【案情】→

2005年3月15日，张女士与大连某公司签订出国劳务合同书，双方约定公司为张女士办理出国劳务，派遣到日本。张女士将家里的房产执照交给该劳务公司，并交纳保证金20000元，双方约定在张女士回国后，公司返还保证金及房产执照。合同中还约定了，张女士在日本期间不享受带薪休假的权利。张女士赴日工作期间，以带薪休假为由向日方公司索要并领取了137096日元。2010年4月张女士回国。劳务公司不同意其拿回保证金和房产执照，张女士将该公司起诉到法院。审理中，被告公司反诉称，根据合同约定，张女士应承担违约责任。而对于这笔费用，张女士表示属于加班费用，而不是带薪休假费。西岗区法院经审理认为，张女士已经按期回国，保证金20000元应当

---

① 参见杜杰锋：《劳务派遣案例　归还13万日元还掏违约》，110法律咨询网，http://www.110.com/ziliao/article-189393.html，下载日期：2013年5月8日；新商报，2010-11-28www.jyw.gov.cn，下载日期：2013年5月8日。

返还,收取的房产执照也应当返还。关于被告公司要求支付违约金的反诉请求,法院酌情支持10000元,关于向日方索要的带薪休假费,因没有证据支持是加班费,张女士应予以返还。法院判决,被告公司返还张女士保证金和房产执照,张女士偿还带薪休假工资137096日元,并支付被告公司违约金10000元。

【分析】

在财政部、商务部《关于取消对外经济合作企业向外派劳务人员收取履约保证金的通知》第2条"自本通知生效之日起,企业不得再向外派劳务人员收取履约保证金,也不得由此向外派劳务人员加收管理费及其他费用或要求外派劳务人员提供其他任何形式的担保、抵押"已有明确规定,企业不得再收取管理费及要求外派人员提供抵押。因此,劳务公司和陈某约定的管理费和收取押金是不合法的,在张女士回国后,这笔保证金当然应该返还。所以法院最后判决劳务公司应退还押金。

第二节　其他案例

我国对外劳务合作因其复杂性,发生的纠纷种类繁多,案情复杂。在民事经济领域,除了前述合同、侵权及担保等方面的纠纷外,往往还涉及其他许多问题,需要我国司法机关面对和解决。

(一)确认劳动关系案例

王某与中国某股份有限公司劳动关系确认案[①]

【案情】→

王某2009年2月13日入职中国某股份有限公司,在巴基斯坦项目部工

---

① 参见刁伟:《未办理正常出国工作签证等就业的手续,企业否认劳动关系时,劳动者怎么维权》,110法律咨询网,http://www.110.com/ziliao/article-290027.html,下载日期:2013年5月8日。

第五章 国际劳务合作担保及其他方面案例分析

作。双方未订立劳动合同,口头约定王某为一般管理人员(实为项目经理),但中国某股份有限公司未按项目经理标准支付王某工资,并且中国某建筑公司于2009年11月30日违法解除劳动合同。王某于2009年12月到北京市海淀区劳动仲裁委申请仲裁,要求中国某建筑公司支付违法解除劳动合同赔偿金36000元;支付2009年2月13日至2009年11月30日实际工作岗位与约定工作岗位工资差额62482.83元,并加付25%经济补偿金15620.71元;支付2009年2月13日至2009年11月30日未休带薪年假工资32276.01元,及25%的经济补偿金8096元;支付2009年3月5日至2009年10月19日延长工作时间加班费39569.62元及25%的经济补偿金9892.41元;支付2009年2月15日至2009年11月8日公休日加班费64552.02元及25%的经济补偿金16138元;支付2009年2月13日至2009年11月6日法定节假日加班费14896.62元及25%的经济补偿金3724.16元;支付2009年3月13日至2009年11月30日未签订劳动合同二倍工资差额119800元。

中国某建筑公司辩称,与王某为劳务关系,双方不存在劳动关系,故不同意其申请请求。王某入职时为中国某建筑公司六局员工,借调至项目处工作;职务为土建工程师,以每月12000元标准支付其劳动报酬;最后工作日期为2009年11月12日,此日后双方劳务关系解除;公司足额支付其报酬,且另多付1.5个月工资作为解除劳务关系的经济补偿金。中国某建筑公司另主张长期驻外员工实行不定时工时制。北京市海淀仲裁委作出裁决认为双方存在劳动关系,中国某建筑公司一次性支付王某违法解除劳动关系的赔偿金差额26482.76元;一次性支付2009年2月13日至2009年11月30日实际工作岗位与约定工作岗位工资差额62482.83元,一次性支付王某2009年3月13日至2009年11月13日未签订劳动合同二倍工资差额116551.72元;一次性支付王某2009年2月13日至2009年11月13日期间未休年假工资8710.32元;驳回其他申请。双方均不服该劳动争议的裁决,均起诉到北京市海淀区人民法院。

原告(被告)王某认为仲裁机关对于工作岗位和双方劳动关系的解除适用法律错误,要求法院判令被告(原告)向原告(被告)支付违法解除劳动合同赔偿金、经济补偿金、加班费和年休假工资等,并由被告(原告)承担本案诉讼费。

被告(原告)中国某建筑公司辩称及诉称:被告(原告)与原告(被告)从法律和事实角度都不存在劳动关系。中国某建筑公司认为王某是自行办理旅游签证出国,然后通过老乡介绍到巴基斯坦项目部工作,属于非法就业,只有通过该公司向外交办理因工出国护照的员工才派到国外工作。双方于2009年11月13日解除劳务关系,而不是原告(被告)所说的于2009年11月30日解除劳动关系。北京市海淀区仲裁裁决认为双方存在劳动关系是错误的,因此被告(原告)请求人民法院判令其无须向原告支付赔偿,并由原告承担诉讼费用。

北京市海淀区人民法院经审理认为:中国某建筑公司虽然主张与王某是劳务关系,王某自行办理旅游签证出国,然后通过其老乡介绍到巴基斯坦项目部工作,属于非法就业,但是不能举证,中国某建筑公司作为用人单位,应承担审查劳动者就业资格的义务,故本院不采信。本院认为双方于2009年2月13日建立劳动关系,因中国某建筑公司未与原告签订书面劳动合同或协议,应向原告(被告)支付两倍工资。双方于2009年11月13日解除劳动关系,但无法确认被告具有合法理由解除,因此应向原告(被告)支付违法解除劳动关系的赔偿金。由于未满一年,不享受年休假,对于年休假工资不予支持。对于原告(被告)其他诉讼请求,由于缺乏证据,不予支持。

【分析】

本涉外劳动争议案的焦点在于与国内具有境外派遣资质的企业未签订劳动合同,未办理正常出国就业工作签证的手续,被派往国外工作,最后企业否认劳动关系时,劳动者如何维权?

本案中,王某2009年2月13日入职中国某股份有限公司,被派往巴基斯坦项目部工作。这是典型的对外工程承包带动劳务输出的情形。王某为中国某股份有限公司派往国外,但其与派遣单位仍存在劳动关系。但王某在国内未与中国某股份有限公司订立劳动合同,仅口头约定,并未按标准支付工资,最后违法解除劳动合同。在王某提起的劳动仲裁中,被申请人中国某股份有限公司否定劳动关系,但承认王某入职时为其员工,借调至项目处工作。其否定的仅仅为派往巴基斯坦项目部工作关系为劳务关系,非劳动关系。这与我国实践不符。因此,法院认定双方存在劳动关系,并且因中国某建筑公司未与原告签订书面劳动合同或协议,应向原告支付两倍工资。

实践中,当事人在用人单位违法解除劳动合同时,可以要求由国外项目部出具解除劳动关系通知,依据书面通知书,到劳动仲裁机构仲裁。总之,涉外性质的劳动纠纷,需根据个案具体分析。如果外派劳务人员与境外劳务派遣公司既没有签订劳动合同,也没有按照正规手续办理出国手续,造成"打黑工"的现象。一旦出现纠纷,外派劳务人员维权将比较复杂。

第五章 国际劳务合作担保及其他方面案例分析

(二)劳动权利保障案例

外派劳务人员医疗费纠纷案[①]

【案情】

2001年10月25日,某市就业管理处与B公司签订一份有关劳务输出合作《协议书》。约定由某市就业管理处提供合格的外派劳务人员,B公司提供外派许可证、与外方签订劳务合同、督促外方履行合同等;外方按每月每人提供给双方共1万日元管理费,某市就业管理处分成60%,B公司分成40%。2001年11月9日,本案原告屈某经人介绍与被告某市就业管理处签订《协议书》,约定去日本国研修,研修期间的交通、医疗、保险和月基础补贴税金等,由外方负责办理,研修生享受综合保险的内容包括疾病治疗费用300万日元(不包括牙科)等。同时,屈某支付赴日研修费用8000元(包括护照、签证等费用)及交纳保证金1万元,屈某向被告保证并在《履约保证担保书》上签字:在每月补贴5万日元的前提下,完全履行B公司与日方所签协议规定的中方义务。2002年3月14日,屈某如约赴日本国潮来市某养殖厂工作。日本国的国际研修协力机构为屈某办理了2002年3月15日至2003年4月15日期间的《外国人研修生综合保险》,其中疾病治疗费用保险金额为300万日元。2002年9月,屈某在日本生病治疗时被发现患有淋巴癌,日方公司配合积极治疗,一个月余后,屈某同意回国内治疗并在安徽省立医院医治,计花去医疗费用3万多元。2003年12月,屈某向法院起诉,要求某市就业管理处支付原告合同约定期间内生病所花费的医疗费31952.60元及承担继续治疗的医药费用。

被告某市就业管理处认为,协议书与履约保证书是中介合同。被告接受B公司委托从事中介事务,在接受招工委托后如实公布赴日研修生待遇及在日本国的权利义务。招工采取自愿报名,经日方审查录取后委托被告代为培训,代办护照、签证手续并由日方接受企业按月支付中介费用。原告在日生活补贴费用由日方接受企业按月支付原告本人,日方接受企业为原告办理了外国人研修生综合保险,医疗保险费按照日本保险合同规定,由受益人即原告

[①] 参见《外派劳务人员境外生病谁应支付医疗费》,110法律咨询网,http://www.110.com/ziliao/article-43980.html,下载日期:2013年5月8日。

向投保人申请,由投保人向保险机构申请理赔,被告没有义务支付此医疗保险费。事发后,被告积极帮助原告向日本公司争取其生病期间的研修补贴和医疗费问题,已尽到了人道主义帮助。

第三人B公司意见认为,其与屈某不存在劳务关系,屈某的工资由日本方支付,日本公司为雇主。B公司受日本公司的委托,日本公司将所雇员工的条件告诉B公司,然后B公司把条件告诉原告,B公司与被告的协议是劳务中介性质,工作介绍完毕,中介任务就算完成,至于后面的事宜中介机构也没有办法管理。本案医疗被保险人是屈某,其医疗保险费应由日方支付,适用日本国的法律规定,屈某后来的医疗费没有得到理赔,在于国内治疗的医疗费发票没按要求寄往日本,责任在于原告自己。

一审法院经审理后认为:屈某与某市就业管理处之间签订的合同是有效合同,该合同当属劳务中介合同性质。因双方在合同中约定"在外研修期间的交通、医疗、保险和月基础补贴税金等,由外方负责办理",故屈某医疗费保险(300万日元)并非是被告的义务。屈某在日本研修期间患病,后回国治疗的医疗保险费用,应属屈某与外方保险公司之间的问题并应按有关的保险合同解决,某市就业管理处及第三人并无向屈某支付医疗费的义务。一审判决因此驳回屈某的诉讼请求。

宣判后,屈某不服上诉称:原、被告所签订的《协议书》不是中介合同,而应该是劳务合同。并且,屈某只与某市就业管理处签订过这一份协议,与B公司及日本方没有签订过任何的协议,屈某去日本及到日本后所干的工作,全部由被告与第三人安排,工资的数额和支付方式也完全是由第三人与日本方在协议中预先约定好的。另本案保险是雇主为员工投的保险,保单和员工没有关联,员工生病的话,雇主要负责,屈某不是日本方的员工,屈某依据协议所享有的300万日元的医疗保险,是在劳动过程中的一种劳动保护待遇,与日本方是否投保、保险公司是否理赔没有直接关联,更与外国保险公司没有直接的关联,因而一审判决认定屈某医疗保险费的解决"应属原告与外方保险公司之间的问题"显然是错误的。故上诉要求改判。二审审理后,作出终审判决:驳回上诉,维持原判。

【分析】

本案为外派劳务人员在境外因病回国治疗的费用承担产生的纠纷。其本质亦为原告与两被告某市就业管理处及B公司是否存在劳动关系的问题。如果答案为是,则他们应承担赔偿原告医药费的责任。如果否,则不承担责任。二级法院均作了否定回答,法院认定原告损失应由日方雇主承担。

第五章 国际劳务合作担保及其他方面案例分析

实际上,原告回国后,就其医疗费向日方请求承担往往会遇到很多困难。正如本案中,B公司认为,原告没有得到日方赔偿,主要是由于其在于国内治疗的医疗费发票没按要求寄往日本。外派人员回国后,请求外方赔偿会遇到许多障碍。因此,即便在法院认定两被告无赔偿责任的情况下,B公司及某市就业管理处也有义务积极协助屈某医疗保险费用的解决,切实维护我国境外就业人员的合法权益。如果两被告在协助中不作为或有过错,也应存在相应的责任才合理。

(三)培训费赔偿纠纷案例

公司向进修后辞职人员索赔案①

【案情】→

王先生于2002年应聘至日辉公司从事桥梁设计工作,2003年7月双方又签订期限自2003年7月1日至2006年6月30日的劳动合同一份。2004年初,日辉公司表示要送王先生到日本母公司某株式会社进修,双方又签订一份《个人进修合同》,约定:进修期限一年,每天的进修时间同该株式会社的工作时间,进修地点为株式会社本部,在日期间的住宿、教材费、交通费及来回日本的机票均由该株式会社负担;同时还按每月10万日元标准向王先生支付进修津贴。而日辉公司则在王先生进修期间内支付他每月400元的基本工资及负担被告养老金等各项保险金,上述进修费用约为每年12万元。同时双方约定王先生最少在回国后3年内(合同期)为公司工作,如回国后在合同期内辞职,连续工作未满一年,必须赔偿前项费用的全额,满一年时必须赔偿费用的2/3,以后每年的赔偿金额将以全部费用的1/3递减等。2005年3月20日王先生回国后上班。2005年11月8日,便向公司递交书面辞职报告。同年11月30日双方解除劳动关系。2005年11月24日,公司向劳动争议仲裁委员会申诉,要求王先生赔偿进修期间的费用人民币11.14万余元。王先生在罗军民律师的帮助下,裁决未支持公司请求,为此,公司不服向法院提起诉讼。

律师认为:(1)双方签订的《个人进修合同》名为进修实为劳务输出。王先

---

① 参见《员工出国进修后辞职,公司索赔无据败诉》,110法律咨询网,http://www.110.com/ziliao/article-203118.html,下载日期:2013年5月8日。

生在日本期间并未得到进修,而是为第三方提供劳务,且在日期间的费用也非原告出资。(2)原告公司没有举证证明对王先生存在出资培训。因此,双方对服务期及违约金的约定不符合法律规定,原告公司要求被告王先生承担所谓"培训"期间的费用没有依据,应予驳回。

嘉定法院经审理后认为,用人单位出资(指有支付货币凭证的情况)对职工进行各类技术培训,职工提出与单位解除劳动关系的,在合同期内,则用人单位可以要求劳动者支付该项培训费用。2004年4月1日,双方签订《个人进修合同》后,王先生按约定至日本进修,被告进修期间,根据双方的约定,王先生在日本期间的教材费、交通费等均由日方负担,而日辉公司在审理中未能提供由其出资培训的事实依据,也未能提供由日本的株式会社出资并同意由日本向王先生主张权利的合法有效证据。有关保险费、市内交通费、服装费、护照费非日辉公司为王先生培训而支出的,且双方在《个人进修合同》中对此也未作约定,有关机票,根据《个人进修合同》约定,机票费用日方负担,原告要求被告赔偿上述费用无依据。有关王先生培训期间的工资问题,因王先生经日辉公司同意并派出培训的,培训期间,日辉公司应当支付相应的报酬。据此,2006年9月7日,嘉定法院判决:对日辉公司要求王先生赔偿进修期间的进修费人民币11.14万余元的诉讼请求不予支持。

【分析】

按照国内劳动法的规定,用人单位出资培训,工人在培训约定期限内辞职,通常应赔偿相应费用。但本案实为日资企业借培训之名,派遣工人到日本母公司工作,工人回国后辞职,原公司要求赔偿培训费。因此,法院判决原告请求没有事实和法律依据,驳回其诉讼请求。

(四)保险纠纷案例

出国劳务保险能否适用国内负伤保险赔偿纠纷案[①]

【案情】→

2004年年初,徐某变造蒙古国某建筑装潢公司的委托书,以介绍出国劳

---

① 参见《出国劳务办保险 国内打工负重伤 保险公司是否还该"埋单"?》,110法律咨询网,http://www.110.com/ziliao/article-43263.html,下载日期:2013年5月8日。

第五章　国际劳务合作担保及其他方面案例分析

务为由,委托海安县某经济信息服务部招收赴蒙古国劳务人员。2004年2月8日,汪某得此信息后在该服务部报名并交费。在为汪某等人办理出国劳务报名手续的过程中,该服务部于2004年2月10日在汪某等人准备离开海安去二连浩特市时,将徐某委托其与汪某等劳务人员签订的"外蒙建筑工劳务协议书"交汪某等人签字,徐某作为该协议书的甲方,承诺有依法招聘合格出国劳工的招工权;并为应聘的乙方工人办理人身意外伤亡保险,保险金额为每人12万元,如发生伤亡事故,按保险公司规定执行,赔偿金由保险公司支持,甲方不承担经济赔偿责任;合同有效期为两年。此外,双方还就出国劳务期间的工资待遇等事项进行了约定。随后,该服务部以徐某作为投保人、汪某作为被保险人向保险公司申请办理了人身意外伤害保险,保险公司也签发了人身意外伤害保险保险单,该保险单的投保人与被保险人关系栏填写为"雇用",工种为木工,保险期限自2004年2月11日零时起至2005年2月10日二十四时止,保险金额为12万元,费率为2‰,保险费为240元。该保险单所附保险条款第3条保险责任中载明,因意外事故以致双目永远完全失明或两肢永久完全残疾,给付保险金额全数。在保险手续办理完毕后,徐某在内蒙古二连浩特市为包括汪某在内的劳务人员办理了为期一个月的旅游签证,并组织汪某等劳务人员出境去蒙古国从事非法打工活动。同年8月,汪某等人被蒙古国边防部门罚款后遣返回国。徐某也因经营非法劳务的行为触犯我国刑法被南通市中级人民法院一审以组织他人偷越国(边)境罪判处有期徒刑10年。

汪某在被蒙古国遣返回国后,自行与他人一起至上海市虹口区打工,从事建筑装潢业务。2004年11月6日凌晨2时许,汪某在睡眠过程中不慎从所睡的上床铺跌落至地面受伤。随后,汪某被同宿舍的人员送至上海市第一人民医院抢救治疗,诊断为C4/5脱位伴高位截瘫。在该院治疗、施行手术后,汪某于同年12月3日出院。事故发生后,汪某家人向保险公司报险。因与保险公司就保险理赔发生争议,汪某遂向法院提起诉讼。

庭审中,原告汪某诉称,2004年2月10日,徐某以与其存在雇佣关系为由并以其为被保险人与保险公司办理了人身伤害保险手续。2004年11月,原告在上海市从事木工装修期间夜间睡眠时从上层床铺跌落至地面受伤,诊断为C4/5脱位伴高位截瘫。事故发生后,其家人即向保险公司报险,但被告拒绝理赔。请求判令保险公司支付保险金12万元。被告保险公司辩称,投保人徐某故意隐瞒其非法组织汪某等人去蒙古国打工的事实,未履行如实告知义务,其有权随时解除合同;徐某与汪某之间不存在合法的雇佣关系,保险合同无效，且汪某回国后打工风险增加，但未通知保险公司并协商调整保险费，其与投保人之间的雇佣关系已不存在，该事故不在保险范围内。请求驳回汪某的诉讼请求。

诉讼过程中，在汪某向法院申请伤残程度鉴定时，保险公司对汪某的伤残程度属于本案所涉保险合同的保险责任条款中应给付保险金额全数的情形没有异议。此外，保险公司还陈述，在为汪某等人办理人身意外伤害保险时，虽不是使用的专门为出国劳务人员团体进行投保的保险单，但知道该批劳务人员是出国的，仅是口头上问清了相关情况，未向代办投保手续的人员一一询问，未形成投保单，但代办人员提交了徐某作为甲方与部分出国劳务人员签订的外蒙建筑工劳务协议书，保险公司当时据此确认投保人与被保险人之间存在雇佣关系而办理了相关的保险手续。

法院经审理后认为，徐某与汪某之间因出国劳务事项形成雇佣关系，且双方所订的协议中明确约定了办理人身意外伤亡保险，可以说明汪某同意徐某为其投保，应认定作为投保人的徐某对被保险人汪某具有保险利益。在投保及保险公司签发保单过程中，就保险事项体现了保险合同当事人的意思表示，不违反法律、行政法规的强制性规定，应认定保险合同合法有效。本案所涉险种为人身意外伤害险，对被保险人是否从事出国劳务、劳务人员是否通过合法手段出国等方面并无特别要求，保险公司明知被保险人系出国劳务人员，但未就与出境劳务人员相关的、认为影响其决定是否同意承保或提高保险费率的重要事项书面进行询问，依法应认定投保人、被保险人履行了告知义务。徐某在组织汪某等人出国劳务的过程中，采取办理旅游签证的非法手段，该事实的存在，并不影响其以与汪某等人存在雇佣关系为由与保险公司所办的一般人身意外伤害保险合同的效力，且徐某是否为被组织偷越国（边）境的人员办理人身意外伤害保险手续，并非其实施犯罪行为的必要环节。人身保险合同的投保人在保险合同订立后，失去其在订立保险合同时所应具有的保险利益，不影响已经订立的人身保险合同的效力。据此，法院依照我国《保险法》的有关规定，判决被告承担赔偿责任。一审宣判后，保险公司不服提起上诉。上诉法院经审理后，驳回了保险公司的上诉请求，维持了一审判决。

【分析】

本案争议的焦点是，案外人徐某非法组织原告汪某等人出国劳务所签订的保险合同是否有效？而确认该保险合同的效力的关键在于，确定投保人与被保险人在签订保险合同时是否具有保险利益。所谓保险利益，是指投保人对保险标的具有法律上承认的利益。它一般包括以下内容：一是投保人对自身生命、身体和健康存在可保利益；二是投保人对他人的生命、身体和健康作为保险标的，主要表现为投保人与被保险人之间具有血缘关系、姻亲关系或者商务关系（如雇主与雇员的关系）；三是投保人为被保险人投保的，还须获得被保险人的同意。

在本案中，从徐某犯罪与为汪某签订保险合同关系看，为汪某签订保险合同不是徐某进行犯罪活动的手段，徐某犯罪与为汪某投保是两个不同的法律关系，两者之间在违法性上没有因果关系。从地域范围看，本案保险合同未设定保险地域范围，未明确仅对汪某在蒙古国打工提供保险，也未设定保险公司对汪某在上海打工跌伤可以免责的条款。从出险的可能性看，没有证据证明到蒙古国打工的风险一定小于国内，也没有证据证明在国内打工的风险高于到国外打工，而且原告汪某系在睡眠过程中受伤，与在何处打工没有关系。从意外险出险方式看，合同没有设定意外险出险的方式范围，也没有设定包括汪某在睡眠中受伤免责条款。因此，徐某以其与汪某之间存在雇佣关系为其投保，且原告汪某对此表示同意，可以认定具有保险利益，本案所涉的保险合同体现了当事人的真实意思表示，不违反法律、行政法规的强制性规定，应当合法有效，保险合同当事人应当遵照履行。因此，对汪某在上海打工受伤，保险公司应当按照保险合同承担保险责任。

（五）涉及程序问题案例

1. 未经公证和认证的境外证据纠纷案[①]

【案情】→

2000年5月，马某亮之子马某申请通过河南省对外劳务合作公司赴日本研修。2001年5月14日，马某亮向河南省对外劳务合作公司出具担保书一份，保证："本人系马某的经济担保人，如马某在日本研修期间出现违约、出走事件，我愿承担由此产生的赔偿50000元的经济责任。"被告在保证书担保人栏目签字。同年5月19日，马某持此保证书与河南省对外劳务合作公司签订

---

① 参见《来自境外的证据未经公证和认证，能否认定有效？》，110法律咨询网，http://www.110.com/ziliao/article-53878.html，下载日期：2013年5月18日。

赴日研修合同书一份,约定由河南省对外劳务合作公司派遣马某赴日本从事研修和技能实习。5月22日,马某支付25000元人民币合同履行保证金后,被河南省对外劳务合作公司派送到日本国刑部化工有限会社工作。后因马某在研修过程中,私自离开日本国工作单位,违犯了研修合同,河南省对外劳务合作公司向洛阳市涧西区人民法院起诉,要求被告马某亮承担赔偿保证金50000元及诉讼费用的责任。被告马某亮辩称:(1)马某出国后,应由原告对其履行管理、保护责任,而目前马某与家人没有联系,也没有被遣返回国,实际处于下落不明状况,原告反而起诉担保人承担赔偿责任,无事实根据。(2)原告与被告签订担保合同过程中存在欺诈,2000年5月14日与被告签订担保书时,看到的是与原告当庭提交的内容不一致的合同书。2000年5月19日原告与被担保人签订的赴日研修合同,时间在从合同之后,担保人在没有知情主合同内容情况下与原告所签担保合同根本不具备法律效力,也不能承担主合同的保证责任。

原告提交马某在日本国的工作单位"刑部化工有限会社"的日文资料一份,日期为"平成13年8月7日",及河南省东方翻译公司于2001年8月7日翻译的《关于研修生及技能实习生逃跑的报告》中文资料一份,其翻译文内容为"于2000年5月22日入境的研修生马某,未能按规定完成研修及技能实习,于2001年7月23日擅自离开了会社"等。提交马某同住工人阮某、李某飞、王某刚出具的马某失踪证明书及三人的身份资料,证明内容为"2001年7月22日早8时马某工作结束回到宿舍,当晚没有上班,从此没见过马某"。原告以此证明马某违约出走的事实,被告认为此证据来自境外,属中华人民共和国领域外单位出具的证明,未经该国公证机关公证及中华人民共和国驻该国领(使)馆认证,且证明单位、证明人与原告有劳务输出利害关系,证明人身份不详,故该证据不具备证据效力。原告提交马某外公、外婆的信件一封,原告据以证明马某家人挑唆其违约出走,被告认为证据来源不明,其内容不能证明马某违约出走的事实,不予认可。

关于马某在日本工作的管理,《赴日研修合同书》约定如下:第一年研修期间,马某每月领取60000日元的津贴,但每月须向原告交纳30000日元的追加保证金,第二年技能实习期间,每月交纳30000日元的追加保证金和10000日元的管理费。合同将"违反日本法律在外打工"和"失踪"规定为违约情形,对违约责任约定如下:"……乙方赔偿甲方所有的经济损失,赔偿方法以下记为准:A. 甲方不归还乙方出国前支付的合同履行保证金;B. 甲方不归还乙方出

第五章　国际劳务合作担保及其他方面案例分析

国后的追加保证金(每月向甲方交纳 30000 日元);C. 甲方通过其他方式向乙方追偿最高 50000 元人民币的经济损失。"原告未向法院提供证据或说明,马某赴日后交纳保证金及管理费的总数额,及马某是否有欠交保证金及管理费的情形。

法院经公开审理认为:原告对外劳务公司具备对外劳务合作的资格条件,其与马某签订的赴日研修合同书及其与被告马某亮签订的担保书均合法有效;被告马某亮依法应对被担保人在研修期间的违约行为承担保证责任。但原告提交的证明马某"违约出走"的证据均来自于境外,未经所在国公证机关公证并经我国驻该国领(使)馆履行相关认证、证明手续,不符合证据有效的合法形式要件,故马某违约出走的事实无法认定。被告马某亮应依约对马某违约承担最高数额 50000 元的保证责任,但被告提出马某已交纳巨额保证金的抗辩理由,即使马某违约出走事实成立,原告扣除保证金、追加保证金后并无损失,现原告未提交主合同债务人马某已交保证金及补充保证金的数额,致其实际损失数额没有事实依据。故要求被告赔偿最高限额 50000 元的损失亦无事实根据。原告诉讼请求证据不足。依照《中华人民共和国合同法》第 44 条、《中华人民共和国担保法》第 20 条、《中华人民共和国民事诉讼法》第 64 条之规定,判决驳回了原告河南省对外劳务合作公司的诉讼请求。

一审判决后,原告不服,上诉至河南省洛阳市中级人民法院,二审审理期间,原告又补充提交我国驻日大使馆经济商务参赞处于 2001 年 11 月 26 日给河南省对外劳务合作公司作出的《关于研修生出走事件处理意见的函》,该函对其他赴日研修生赵治国、申志飞等出走出具的出具指导性处理意见,二审法院认为日本研修单位和同住工人的证明及驻日大使馆商务处函,能印证马某出走的事实,被上诉人对其反驳未提出相反证据。为维护河南省劳务市场信誉及对外研修秩序,依照《中华人民共和国民事诉讼法》第 153 条第 1 款第 3 项之规定,判决撤销了一审判决,并判决由马某亮赔偿河南省对外劳务合作公司 50000 元。

【分析】

本案虽涉及对外劳务合作中的担保问题,但影响本案最终判决结果的不是担保的效力,而是对马某出走事实的认定。如果马某离开原单位出走事实存立,则出现了被告与原告之间的担保合同约定的情形,被告应因此承担赔偿保证金的责任。因此,本案审理中,有两个关键的案件事实必须查清:(1)马某违约出走的事实是否能够认定。(2)被告马某亮承担担保赔偿责任的事实依据和数额依据。

关于马某是否违约出走的事实,应由原告承担举证责任,因为原告是诉讼主张的请求人,马某出国后的工作、生活均也由原告单位管理、监督,并收取追加保证金和管理费,出国后,担保人对被担保人的状况处于实际无法知情、无法控制状况,故应由原告提出证据,证明马某违约出走事实的成立。对原告提交的证据的认定。原告证明马某违约出走,其主要证据是日本国合作单位的报告书及同住工人的证明,证明人均与原告有一定利害关系,且同住工人的证明是在一个现成的证明上签一个名字,有钢笔体、有铅笔体,证明人身份不明,证据真实性无法判断。一审审理时,最高人民法院《诉讼证据规则》尚未颁布,对原告提交证据的认定成为争议较大的问题,一种观点认为,出国研修生出走事件经常发生,为维护良好的劳务输出合作信誉和海外劳务市场,不能过分加重劳务公司举证责任;另一种观点认为,根据《中华人民共和国民事诉讼法》的有关规定,来自中华人民共和国境外的证据,未经所在国公证机关公证或我国驻该国领(使)馆认证、证明,该证据的内容真伪根本无法判断,故对原告提交的证据不应认定。最后以第二种意见处理。二审期间,最高人民法院《诉讼证据规则》颁布实施,第 11 条的规定与一审法院对证据的处理理由完全一致,就一审中提供的证据,一审法院的处理应当是正确的。

关于原告所诉担保赔偿责任的问题,合同书及担保书约定的保证责任方式是最高限额 50000 元的赔偿责任。根据担保法及其他民事法律的规定,赔偿损失的范围一般应是因违约、违法或侵权行为遭受的实际损失,本案被告承担的责任性质,首先是一种赔偿责任,故责任的承担应以损失存在为依据,赔偿的数额必须是原告单位因马某违约出走受到的实际损失,而并非合同约定的最高限额。此案被担保人马某出国前交纳 25000 元保证金,出国后每月固定交纳管理费外的追加保证金,这些保证金已处于本案原告的实际控制之下,假如马某违约出走的事实可以认定,原告按合同的约定可直接扣除,其损失是完全可以避免或减少的。担保人马某亮应承担的责任,应该界定在马某已交保证金、追加保证金数额之外,不足以弥补损失的部分。如保证金和追加保证金数额大于或等于 50000 元,则即使马某违约出走,担保人也不应对劳务合作公司承担赔偿损失的责任。已交保证金的数额究竟有多少,被告并不知情,而原告并未提交证据或向法庭陈述清楚,如法院直接判决担保人承担最高限额 50000 元的赔偿责任,肯定会超过主债务的责任范围,并且也会失去超额承担部分对被担保人的追偿权,势必是一种不公正处理。故一审法院就一审中证

第五章　国际劳务合作担保及其他方面案例分析

据作出的判决是正确的。

二审审理期间,原告又补充提交我国驻日大使馆经济商务参赞处于2001年11月26日给河南省对外劳务合作公司作出的《关于研修生出走事件处理意见的函》,二审法院认为日本研修单位和同住工人的证明及驻日大使馆商务处函,能印证马某出走的事实,被上诉人对其反驳未提出相反证据。因此,二审法院判决被告承担赔偿50000元保证金的责任。但该数额的认定似乎应作明确的说明。

正如前所述,随着我国对外劳务合作的发展,要求各方当事人在对外劳务合作活动中严格地规范自己的行为,守法守约。一方面,对外劳务合作单位,在收取管理费的同时,应遵守国内国际法律规范的规定,规范操作,合理管理;另一方面,对外劳务人员也应该重约守信,维护对外劳务合作的正常发展。因此,我国法院在实践中应以合法、平等地维护经营利益和出国劳工的安全及利益为原则,公平合理地处理对外劳务纠纷。

2. 代位权诉讼案①

【案情】→

法院经审理查明:2000年11月10日,吴某(乙方)与环球公司(甲方)签订招聘远洋渔船渔民劳务合同一份。约定甲方接受乙方委托,代理乙方申办有关手续;合同签订依据为远洋渔船渔工项目的涉外劳务合作合同及其附件,出国远洋渔船船员遵守事项,船员报到誓约书;合同期限为36个月,从离开中国大陆之日起至回国之日止,工资按合同期内工资计;甲方受托聘请乙方为远洋渔船渔民,具体派出时间以甲方正式通知为准;乙方基本工资按每月105美元标准作为安家费,外方到款,按航次发给乙方国内直系亲属或乙方指定的代管人,另50美元由船主在国外发给乙方;生活福利待遇根据远洋渔船渔工涉外合同签订的有关条款由船主提供给乙方免费的按同船其他国籍渔民同等的食宿待遇,由船主负责免费提供给乙方劳动作业保护用消耗品,船上其他福利按船员报到誓约书条款与同船其他国籍渔民福利待遇同等。乙方必须以3000元人民币和离境后前6个月国内安家费(共计630美元)作为履约保证

---

① 参见王长圣、罗昌宏:《主债务异议成立,代位权诉讼被驳(?)》,110法律咨询网,http://www.110.com/ziliao/article-61297.html,下载日期:2013年5月18日。

金和护照押金,待乙方全面实际履行合同后,即如数返还乙方。合同签订后,环球公司于 2000 年 11 月 13 日安排吴某出境,2004 年 6 月 25 日吴某结束境外劳务。吴某从事远洋渔业劳务期间,被船主扣除发了 5.83 个月安家费,另其汇入环球公司的报酬已被领付 18830.60 元。环球公司因经营不佳,已成立清算小组进行清算。王某某等 6 被告曾对环球公司负有 50 万元的债务,现尚未完全清偿。因此,吴某以王某某等 6 人为被告向海安县人民法院起诉,要求王某某等 6 名被告给付我劳务报酬 23206.40 元。海安县人民法院受理吴某提起的诉讼后,依法追加环球公司的清算组为第三人参加诉讼。

清算组答辩称,原告未向环球公司交纳相关费用,其未履行合同义务,另环球公司的上家公司未将原告应得报酬汇到环球公司。原告应于 2000 年 11 月 13 日开始计发工资,其从事劳务期间被船主扣发了 5.83 个月的工资,现其多算了 40 天的工资。另其所称已领工资与实际不符。

法院审理后认为:债务人在代位权诉讼中对债权人的债权提出异议,经审查成立,人民法院应当裁定驳回债权人的起诉。本案清算组对原告吴某从事劳务的时间、应得报酬及已付报酬提出异议,经查其异议成立,故对原告吴某的代位权诉讼应予驳回。根据《中华人民共和国合同法》第 73 条,《最高人民法院关于适用〈中华人民共和国合同法〉若干问题的解释(一)》第 11 条、第 18 条第 2 项之规定,裁定驳回原告吴某的起诉。

【分析】

《最高人民法院关于适用〈中华人民共和国合同法〉若干问题的解释(一)》第 11 条规定,债权人依照合同法第 73 条的规定提起代位权诉讼,应当符合下列条件:①债权人对债务人的债权合法;②债务人怠于行使其到期债权,对债权人造成损害;③债务人的债权已到期;④债务人的债权不是专属于债务人自身的债权。根据该款第 1 项的要求,人民法院在审理债权人代位权的案件时,侧重审查三个要素:第一,债务人与债权人之间的债权债务关系是否合法;第二,债权债务关系是否有效;第三,债权人对债务人所享有的债务是否确定。所谓"确定",是指该债权是经过法院或仲裁机构裁判后而确认的债权,而不是在诉讼或仲裁过程中的债权。受理代位权的人民法院对债权人对债务人的债权是否确定进行审查的标准在于:债务人是否对其与债权人之间的债权存在异议,以及该异议是否成立。如果债务人对债权人的债权没有异议,或者虽然债务人在代位权诉讼中对债权人的债权提出异议,但该异议经审查不成立的,则人民法院可以认定该债权是确定的,并继续审理代位权诉讼。反之,如果债

第五章　国际劳务合作担保及其他方面案例分析

务人的异议经审查成立,人民法院会裁定驳回债权的代位权诉讼。

本案中,由于吴某与债务人坏球公司的债务尚有争议,因此处于不确定状态,其起诉被法院裁定驳回。因此,代位权诉讼中,必须充分注意其条件是否成立。

小结

担保案例是我国对外劳务合作中争议较多,也是实践中出国劳务人员必须具体面对的问题之一。对外劳务合作企业出于保障自己的经营利益和业务发展考虑,要求出国务工人员提供担保有其合理性。我国对外劳务合作中,担保合同大量出现,这与我国出国劳务人员在国外跳槽、出走频繁也不无关系。因此,出国劳务人员遵守合同,诚实守信,担保合同对其一般不会产生负面的后果。但是,同样也要防止对外劳务合作企业片面强调自己的利益,利用保证合同规避自己应当承担的风险。因此我国今后的立法应综合考虑两方面的利益,制定适合我国国情的相关规定,才能减少或避免诸多争议的发生。当然,我国对外劳务合作中的其他问题,如劳动关系确认、保险的赔付以及诉讼中的证据问题等,对我国对外劳务合作活动也产生直接的影响,妥善处理此类问题,是我国对外劳务合作活动的具体组成部分。

第六章
对外劳务合作刑事案例分析

随着我国对外劳务合作的不断发展,对外劳务合作领域经济犯罪也时有发生。近年来,上海、山东、江苏、福建、辽宁等地公安机关陆续立案查处了一批案件。此类案件损害了出国劳务人员的合法利益,影响了中国的对外劳务输出市场秩序,并造成了不良的国际影响。我国对外劳务合作领域经济犯罪主要具有如下特点:(1)犯罪主体复杂,以非法劳务中介机构为主。其中,大多数是既无工商注册又无劳务输出资质的"黑中介",少数是通过挂靠方式获得有劳务输出资质公司委托的合法中介,还存在极个别合法中介人员与他人相勾结共同实施犯罪的现象。(2)犯罪手法主要是骗取出国保证金、培训费等费用。犯罪分子以虚假的优越工作条件、高额收入为诱饵,有的甚至通过电视、报刊等媒体发布虚假广告,引诱受害群众与其签订出国劳务合同,以需要进行语言、技能等培训为由索取高额培训费及各种名目手续费,并在收取费用后逃匿或恶意推诿、不履行合同。有的采用办理旅游签证、商务签证等方法将劳务人员输往境外,劳务人员出境后只能打黑工或根本无工可做。(3)受害人数多,且主要是弱势群体。此类案件多属涉众型案件,受害人主要来自农村经济落后地区和城市低收入人群。他们受教育程度较低,信息渠道窄,自我保护意识弱,同时求富心切,急于摆脱生活窘境,因此极易受到蛊惑。不少人举债交纳出国费用,受骗后更是债台高筑,走投无路之下到政府部门聚众求助、上访,引发群体性事件,影响社会稳定。(4)损害中国国家形象,造成不良国际影响。劳务人员非法出境后无工可做,长期滞留境外,人身安全得不到保障,不少人向当地驻外使馆求助、上访,常伴以过激行为。近年来,屡次发生中国出国劳务人员因经济纠纷或被诈骗后滞留境外的事件,极大损害了国家形象。

涉外劳务犯罪主要表现为中介人员犯罪和劳务人员犯罪两大类。其中,中介人员犯罪中又可以分为有业务无资质的中介人员犯罪和既无业务又无资质的人员——假中介犯罪,表现为5种形式:一是无照经营的职业介绍;二是以旅游或商务签证代替务工签证的职业介绍,出境就业者由于没有工作许可证,在国外属于"打黑工";三是通过吹嘘"国外工作薪水高"等手段诱骗求职者的职业介绍,即无对外劳务合作经营资格或中介资格,以虚假的优越工作条件、高额收入为诱饵,有的甚至通过电视、报刊等媒体发布虚假广告,以需要进行语言、技能等培训为由索取高额培训费及各种名目手续费,并在收取费用后逃匿或恶意推诿、不履行合同的行为;四是收取高额中介费超过法定限制的职介;五是向求职者介绍非法工作,出国人员到国外从事非法或非正当职业的职业介绍。除此之外,还有组织他人偷越国(边)境罪、骗取出国证件罪等犯罪,这些大多见之于边境口岸。关于这些中介行为,在触犯刑律,构成犯罪时,到底应该认定为诈骗罪、合同诈骗罪还是非法经营罪,理论上常常有不同的观点,实践中司法机构的做法往往并不统一。

总之,我国对外劳务合作犯罪形式多样,案件具有证据多、取证难度大、证据易灭失的特点,而且由于是近年发生的新的刑事犯罪,在法律适用上也往往引起很多争议,法院在审理中难度较大。

第一节 骗取出境证件罪、组织他人偷越国境罪、偷越国境罪以及走私罪

1. 袁某钢、包某敏骗取出境证件案[①]

【案情】→

被告人袁某钢,男,1961年1月10日出生于浙江省象山县,持有某国护照,原系江苏英特劳务技术合作公司总经理助理。1997年10~12月间,被告人袁某钢伙同无业人员包某敏,采取冒用"上海宏运珠宝玉器商行"、"上海联登医学工程设备有限公司"等单位赴日本洽谈商务的手法,私刻公章,伪造上海市居民顾建洪等12人的出国派遣书、归国保证书,编造假材料,骗取出国签

---

① 参见《袁某钢、包某敏骗取出境证件案》,110法律咨询网,http://www.110.com/ziliao/article-56548.html,下载日期:2013年5月18日。

证。其中,顾建洪等5人偷渡出境后至今未归。1998年1月24日,袁某钢、包某敏因涉嫌犯骗取出境证件罪被逮捕,上海市黄浦区人民检察院以被告人袁某钢、包某敏犯骗取出境证件罪,向黄浦区人民法院提起公诉。黄浦区人民法院认为:被告袁某钢单独或伙同包某敏,伪造并私刻印章,编造虚假材料,以赴日商务考察的名义骗取签证,为组织他人偷越国境使用,情节严重,二被告人的行为已构成骗取出境证件罪。检察机关指控的犯罪成立。被告人袁某钢在共同犯罪中起主要作用,系主犯。袁某钢在归案后坦白交代态度较好,并有立功表现,可以从轻处罚。关于辩护人提出的袁某钢系某国公民的辩护意见,经查,袁某钢1989年底受日本公司委托进驻某国某市工作,1993年2月以投资移民的方式花高价买取了某国护照,加入某国籍,1993年4月归国。袁某钢只是购买了某国护照,实际上并未在某国定居。依据《中华人民共和国国籍法》第9条"定居外国的中国公民,自愿加入或取得外国国籍的,即自动丧失中国国籍"的规定,袁某钢不符合自动丧失中国国籍的条件;在其未根据我国籍法的规定办理退出中国国籍的申请并获有关部门批准以前,其仍具有中国国籍。辩护人的此节辩护意见,不予采信。被告人包某敏系从犯,应当减轻处罚。被告人包某敏在归案后认罪态度较好,有悔罪表现,可以宣告缓刑。1998年8月31日法院判决:(1)被告人袁某钢犯骗取出境证件罪,判处有期徒刑4年,并处罚金人民币10万元。(2)被告人包某敏犯骗取出境证件罪,判处有期徒刑2年,缓刑2年,并处罚金人民币5万元。一审宣判后,被告人袁某钢不服,以其早已在1993年2月加入某国籍,系外国公民,黄浦区人民法院没有管辖权为由,向上海市第二中级人民法院提出上诉。上海市第二中级人民法院经审理后认为:一审判决认定上诉人袁某钢犯骗取出境证件罪的事实清楚,证据确实、充分,定罪准确,量刑适当,审判程序合法。袁某钢称其系某国公民,与事实不符,袁的上诉理由及辩护人的辩护意见不予支持。依照《中华人民共和国刑事诉讼法》第189条第1项之规定,于1999年9月7日裁定如下:驳回上诉,维持原判。

【分析】

骗取出境证件罪,是指行为人以劳务输出、经贸往来或者其他名义,弄虚作假,骗取护照、签证等出境证件,为组织他人偷越国(边)境使用的行为。本罪侵犯的客体是国家机关对出境证件的正常管理活动和对国(边)境的正常管理秩序。本罪的犯罪对象仅限于护照、签证等出境证件。

本罪在客观方面表现为行为人以劳务输出、经贸往来或者出国考察、观光旅游等名义,弄虚作假、从国家主管机关骗取护照、签证等出国(边)境所必需的出境证件,而且行为人将骗取的出境证件交给组织他人偷越国(边)境的犯罪分子用于犯罪活动。表现为行为人弄虚作假,以欺骗手段,使国家出入境管理机关的有关工作人员发生错误认识,为其办理出境证件、从而合法地获取出境证件。这是骗取出境证件罪的本质特征,也是骗取出境证件罪区别于其他犯罪的重要标志。

本罪的主体要件为一般主体,单位和个人均可构成。所谓个人,是指具有刑事责任年龄和刑事责任能力的自然人。单位构成本罪,对单位判处罚金,并对直接负责的主管人员和其他直接责任人员,依照本罪的规定处罚。

本罪在主观方面表现为故意,即明知他人用于组织偷越国(边)境犯罪,而故意为其骗取出境证件,该罪的成立不要求必须以营利为目的。骗取出境证件的目的是为组织他人偷越国(边)境使用。如果行为人骗取出境证件的目的不是为组织他人偷越国(边)境使用,则不构成本罪。无论行为人在事实上是否已将骗取的出境证件供组织他人偷越国(边)境使用,只要行为人主观上具有为组织他人偷越国(边)境使用的目的,就构成本罪。但在行为人还未将骗取的出境证件供组织他人偷越国(边)境使用的情况下,应根据行为人的行为综合判断行为人是否有此目的。

我国《刑法》第319条规定:以劳务输出、经贸往来或者其他名义,弄虚作假,骗取护照、签证等出境证件,为组织他人偷越国(边)境使用的,处三年以下有期徒刑,并处罚金;情节严重的,处三年以上十年以下有期徒刑,并处罚金。单位犯前款罪的,对单位判处罚金,并对其直接负责的主管人员和其他直接责任人员,依照前款的规定处罚。

本罪原是全国人大常委会《关于严惩组织、运送他人偷越国(边)境犯罪的补充规定》第2条规定之罪。该补充规定第2条规定,犯本罪依照组织他人偷越国(边)境罪处罚。新刑法单独规定了该罪的法定刑。从法理上讲,本罪规定的行为实质上是组织他人偷越国(边)境行为的一种特殊情况,只是由于这种犯罪日益猖獗,法律才将它规定为独立的犯罪。所以,只要行为人实施了为组织他人偷越国(边)境骗取出境证件的行为,就构成本罪。如果行为人骗取出境证件后,又采用骗取的出境证件组织他人偷越国(边)境,则根据吸收犯的理论,对行为人以组织他人偷越国(边)境罪论处,但在量刑时应从重。

2000年公安部《关于妨害国(边)境管理犯罪案件立案标准及有关问题的通知》(2000.3.31公通字[2000]30号)对该罪进行了更明确规定:(1)以劳务

输出、经贸往来或者其他名义弄虚作假,骗取护照、通行证、旅行证、海员证、签证(注)等出境证件(以下简称出境证件),为他人偷越国(边)境使用的,应当立案侦查。(2)骗取出境证件,具有下列情形之一的,应当立为重大案件:①骗取出境证件5~19本(份、个)的;②为违法犯罪分子骗取出境证件的;③违法所得10~20万元的;④有其他严重情节的。(3)具有下列情形之一的,应当立为特别重大案件:①骗取出境证件20本(份、个)以上的;②违法所得20万元以上的;③有其他特别严重情节的。

2. 李某军、金光某偷越国境案①

【案情】→

2002年6月至2003年3月间,金某洙、李某军、金光某、陈某峰、郑某英以非法牟利为目的,伪造境外企业商务考察邀请函、境内企业在职证明及其他虚假材料,组织他人伪装成商务考察人员,骗取韩国驻上海领事馆签证,送往韩国从事非法务工。金某洙、李某军、陈某峰分别拉拢、引诱欲出国人员,金光某、陈某峰负责将欲出国人员送往出境口岸和组织签证前的培训,金某洙负责伪造韩国企业邀请函件、国内企业虚假证明,部分交由郑某英打印成韩国文本。金某洙单独或分别伙同李某军、金光某、陈某峰、郑某英等人以每人人民币4万~5万元不等的价格收取酬金,先后组织黄某仙、姚某光等70余人次去韩国从事非法劳务。

2004年12月17日,南京市中级人民法院一审判决认为:金某洙、李某军、金光某、陈某峰、郑某英以虚假资料、虚构事实骗取签证,组织他人偷越国境去韩国从事非法务工,其行为均构成组织他人偷越国境罪。在共同犯罪中金某洙、李某军为主犯,金光某、陈某峰、郑某英为从犯。金某洙犯组织他人偷越国境罪,判处无期徒刑,剥夺政治权利终身,没收全部个人财产;李某军犯组织他人偷越国境罪,判处有期徒刑7年,罚金人民币10万元,连同前罪刑罚,决定执行有期徒刑11年;金光某犯组织他人偷越国境罪,判处有期徒刑7年,罚金人民币10万元。陈某峰犯组织他人偷越国境罪,判处有期徒刑7年,罚

---

① 参见《以商务考察之名组织他人偷越国境的构成组织他人偷越国境罪——江苏高院驳回李某军、金光某上诉案》,110法律咨询网,http://www.110.com/ziliao/article-58217.html,下载日期:2013年5月18日。

第六章　对外劳务合作刑事案例分析

金人民币 10 万元。郑某英犯组织他人偷越国境罪,判处有期徒刑两年,缓刑两年,罚金人民币 2 万元。判决后李某军、金光某不服,提出上诉。江苏省高级人民法院以原审判决认定事实清楚,证据确实、充分,定性准确,审判程序合法,驳回上诉,维持原判。

【分析】

本案涉及如下几个问题:

1. 被告人金某洙等人的行为是否构成犯罪。本案系一起以虚假资料、虚构事实骗取签证,组织他人偷越国境去外国非法打工的案例。与以往蛇头利用船只或边境不设关卡处,组织他人偷越国(边)境等非法形式出境有所不同的是:被告人金某洙等人是骗取出境证件后,以"合法"的形式组织人员出境到韩国打工,因此辩护人提出该行为能否构成犯罪。组织他人偷越国境罪,是指违反出入国(边)境管理法规,非法组织他人偷越国(边)境的行为。《边防检查条例》、《外国人入境出境管理法》和《公民出境入境管理法》等一系列法规均明确规定,任何人出入我国国(边)境,必须依照法律规定,履行必要的申办手续,经有关部门签发出入国(边)境的证件,在规定的时间、地点出入我国国(边)境。可见,组织他人偷越国境不仅包括未办理出国手续、在未设关处偷越国境或是使用伪造的出入境证件出入境,也包括违反法律规定,组织不具备合法出境资格的人非法出境。本案的被告人为牟取非法利益,伪造境外企业商务考察邀请函、境内企业在职证明及其他虚假材料,骗取韩国驻上海领事馆签证,使不具备合法出境资格的人利用骗得的证件出境。因而虽然是用真实的签证出境,其实质是非法的,是以"合法"的形式达到非法的目的,其行为构成组织他人偷越国境罪。

2. 本案金某洙等人是构成骗取出境证件罪,还是构成组织他人偷越国(边)境罪。如前所述,骗取出境证件罪,是指行为人以劳务输出、经贸往来或者其他名义,弄虚作假,骗取护照、签证等出境证件,为组织他人偷越国(边)境使用的行为。从法理上讲,本罪规定的行为实质上是组织他人偷越国(边)境行为的一种特殊情况,只是由于这种犯罪日益猖獗,法律才将它规定为独立的犯罪。但其与组织他人偷越国(边)境罪并非特殊与普通的关系,二者在犯罪构成上有诸多不同。首先客体要件不同,两者虽然主要都是侵犯国家对国(边)境的正常管理秩序,但前者的客体还包括国家机关对出境证件的正常管理活动,其犯罪对象仅限于护照、签证等出境证件。其次,犯罪的客观方面不同,组织他人偷越国(边)境表现为采取煽动、串连、拉拢、引诱、欺骗、强迫等手段,策划联络安排他人偷越国(边)境,或是在首要分子指挥下,实施拉拢、引诱、介绍他人偷越国(边)境等行为;骗取出境证件罪的客观方面则表现为行为人以劳务输出、经贸往来或者出国考察、观光旅游等名义,弄虚作假,骗取护照、签证等出国(边)境所必需的出境证件,而且行为人将骗取的出境证件交给组织他人偷越国(边)境的犯罪分子用于犯罪活动。再次,犯罪主体不同,骗取出境证件罪自然人和单位均可构成,而组织他人偷越国(边)境罪主体只能是自然人,单位不能构成本罪。最后,犯罪的主观方面虽然都是故意,但两者的主观目的有着明显不同。骗取出境证件罪明知他人用于组织他人偷越国(边)境而故意为其骗取出境证件;组织他人偷越国(边)境罪的主观目的是要将他人非法送出或引进国(边)境。从上述两罪的构成要件可以看出,组织他人偷越国(边)境罪中部分有骗取出境证件的行为,但不是所有能构成骗取出境证件罪的行为都能构成组织他人偷越国(边)境罪,两者是交叉关系而不是包容关系,因而也不是普通与特殊的关系。

从本案来看,被告人金某洙等人以虚假资料、虚构事实骗取签证,是骗取出境证件后又组织他人偷越国(边)境,其行为既构成骗取出境证件罪,同时又构成组织他人偷越国(边)境罪。对此应如何定罪量刑?是构成牵连犯,还是吸收犯?被告人骗取出境证件的目的是为了组织他人偷越国(边)境,其骗取证件后,又有组织签证前的培训、将出国人员送往出境口岸等组织他人偷越国(边)境的行为。根据刑法的规定,牵连犯是指以实施某一犯罪为目的,而其犯罪的方法行为或者结果行为又触犯了其他罪名的情况。构成牵连犯必须具备以下条件:(1)牵连犯必须有两个以上的危害行为,这是构成牵连犯的前提条件。(2)牵连犯的数个行为之间必须具有牵连关系。所谓牵连关系,是指行为人实施的数个行为之间具有手段与目的或者原因与结果的关系。(3)牵连犯的数个行为必须触犯不同的罪名。而吸收犯是指在一个犯罪过程中,行为人所实施的数个犯罪行为因属于同一罪质,而由高度行为吸收低度行为的犯罪形态。金某洙等人既有骗取出境证件行为,又有组织他人偷越国(边)境的行为,两者之间是手段行为与目的行为的关系,且分别构成骗取出境证件罪和组织他人偷越国(边)境罪,因此,其更符合牵连犯的特征,故对其定罪应根据牵连犯"从一重罪处罚"的原则,以组织他人偷越国(边)境罪论处。

3. 构成要件。根据我国刑法理论,组织他人偷越国境罪的构成要件如下:

(1)侵犯的客体是国家对国(边)境的正常管理秩序。国家对国(边)境管

第六章 对外劳务合作刑事案例分析

理的正常秩序,维系着国家主权、领土完整和国(边)境的安全以及社会秩序的稳定。为此,我国制定了《边防检查条例》《外国人入境出境管理法》和《公民出境入境管理法》等一系列法规。这些法规明确规定,任何人出入我国的国(边)境,必须依照法律规定,履行必要的申办手续,经有关部门签发出入国(边)境的证件,在规定的时间、地点出入我国国(边)境。不法分子利用人们出国挣大钱的向往,组织他们偷越国(边)境而从中大发不义之财。这种行为严重破坏了国家对国(边)境的管理秩序,影响了我国社会秩序的稳定,也在国际上给我国造成了恶劣影响,同时也会给国内外的犯罪分子包括敌特间谍分子非法出入我国国(边)境进行犯罪活动或逃避法律制裁制造机会。

(2)在客观方面表现为非法组织他人偷越国(边)境的行为。组织,一般表现为煽动、串连、拉拢、策划、联络他人偷越国(边)境以及为偷越国(边)境进行准备、制造条件的行为。例如,安排他人偷越国(边)境的交通运输工具;为他人偷越国(边)境出谋划策,拟定偷越国(边)境的具体行动计划;确定偷越国(边)境的时间、路线,指示偷越国(边)境的具体地点等。行为人通常兼而实施上述系列组织他人偷越国(边)境行为,也有的只实施其中的一种或几种。目前,组织他人偷越国(边)境的犯罪活动日益向着集团化的方向发展。境内外组织偷越国(边)境的犯罪分子,往往互相勾结,严密分工,有的实施煽动行为,有的实施串连行为,有的实施具体安排偷越国(边)境的时间、路线等的行为,有的则负责联络偷越国(边)境的交通工具,等等。不管行为人具体实施哪一种行为,上述各行为的指向都是相同的,即组织他人偷越国(边)境。因此,上述各行为并非各自独立,而是相互联系、密切配合,构成一个完整的共同组织他人偷越国(边)境的行为,至于组织偷越的地点,可以是边境口岸,也可以是非边境口岸,具体地点如何,不影响犯罪的成立。

我国《刑法》第318条第2款规定:"犯前款罪,对被组织人有杀害、伤害、强奸、拐卖等犯罪行为,或者对检查人员有杀害、伤害等犯罪行为的依照数罪并罚的规定处罚。"杀害、伤害、强奸、拐卖等犯罪与组织他人偷越国(边)境罪是数罪关系,因此,对该条款规定的情况,应当按照组织他人偷越国(边)境罪和另外实施的故意杀人、故意伤害、强奸、拐卖妇女、儿童的犯罪行为,分别定罪判刑,然后实行并罚。

(3)主体是一般主体,即达到刑事责任年龄、具有刑事责任能力,实施了组织他人偷越国(边)境行为的自然人。单位不能成为组织他人偷越国(边)境罪的主体。本罪主体没有国别及居住地的限制,不论是中国公民(包括港澳台地区的居民)还是外国人,也不论是边境地区的居民还是内地来过境地区的居民,均可构成组织他人偷越国(边)境罪。

(4)在主观方面是直接故意,其主观目的是要将他人非法送出或引进国(边)境。主观上不一定必须具备以营利为目的。实践中,组织他人偷越国(边)境的犯罪一般是以营利为目的。但也不能排除不以营利为目的而实施的组织他人偷越国(边)境的行为,如以走私、拐卖人口、诈骗等犯罪活动为目的,而实施组织他人偷越国(边)境的行为。

4. 本罪与走私罪、运送他人偷越国(边)境罪、偷越国(边)境罪的界限有着本质的区别:

(1)与走私罪的区别:一是侵犯的客体不同,组织他人偷越国(边)境罪侵犯的客体是国家对国(边)境的正常管理秩序;而走私罪侵犯的客体是国家的对外贸易管理制度,其走私的对象是指国家禁止、限制进出口的任何物品。二是客观方面有所不同。前者是非法组织他人偷越国(边)境;而后者则是非法携带、运输国家禁止、限制进出口的物品进出国(边)境。二者相同点是都是非法进出国(边)境,两罪从构成特征上看不难区分,但司法实践中存在着以走私为目的,组织他人偷越国(边)境的行为,对此,一般认为,走私是目的行为、组织他人偷越国(边)境是为达到走私目的的手段行为,根据本法关于牵连犯的处罚原则,应以其所犯罪行中的重罪论处。

(2)与偷越国(边)境罪的区别:一是犯罪主体不同。组织他人偷越国(边)境罪的主体尽管是一般主体,但实际上,只有偷越国(边)境犯罪活动的组织者,即从事组织他人偷越国(边)境犯罪活动的"蛇头",才能构成组织他人偷越国(边)境罪;而偷越国(边)境罪的犯罪主体在立法上无任何特殊要求,只要是达到刑事责任年龄、具备刑事责任能力,实施了偷越国(边)境行为的自然人,均可成为偷越国(边)境罪的犯罪主体。所以,如果不是从事组织他人偷越国(边)境犯罪活动的"蛇头"有组织、有计划地煽动、拉拢、串连、动员、安排他人偷越国(边)境,而是在共同偷越国(边)境的过程中,出于江湖义气或亲友私情,为个别偷越国(边)境的人员提供有关帮助的行为,不构成组织他人偷越国(边)境罪,其中情节严重者,以偷越国(边)境罪的共犯处理。二是犯罪客观方面的表现形式不同。组织他人偷越国(边)境罪在客观方面表现为,以抗拢、串连、诱使、煽动等方式,有组织、有计划地安排他人偷越国(边)境的行为;而偷越国(边)境罪在客观方面则表现为,违反国(边)境管理法规,偷越国(边)境的行为。三是刑罚不同。我国刑法第318条规定,组织他人偷越国(边)境的,处二年以上七年以下有期徒刑,并处罚金;有下列情形之一的,处七年以上有期徒刑或者无期徒刑,并处罚金或者没收财产:①组织他人偷越国(边)境集团的首要分子;②多次组织他人偷越国(边)境或者组织他人偷越国(边)境人数众多的;③造成被组织人重伤、死亡的;④剥夺或者限制被组织人人身自由的;⑤以暴力、威胁方法抗拒检查的;⑥违法所得数额巨大的;⑦有其他特别严重情节。犯前款罪,对被组织人有杀害、伤害、强奸、拐卖等犯罪行为,或者对检查人员有杀害、伤害等犯罪行为的,依照数罪并罚的规定处罚。

2000年公安部《关于妨害国(边)境管理犯罪案件立案标准及有关问题的通知》(2000.3.31公通字[2000]30号)规定了组织他人偷越国(边)境案的立案标准:(1)组织他人偷越国(边)境的,应当立案侦查。(2)组织他人偷越国(边)境,具有下列情形之一的,应当立为重大案件:①一次组织20~49人偷越国(边)境的;②组织他人偷越国(边)境3~4次的;③造成被组织人重伤1~2人的;④剥夺或者限制被组织人人身自由的;⑤以暴力、威胁方法抗拒检查的;⑥违法所得人民币5万~20万元的;⑦有其他严重情节的。(3)组织他人偷越国(边)境,具有下列情形之一的,应当立为特别重大案件:①一次组织50人以上偷越国(边)境的;②组织他人偷越国(边)境5次以上的;③造成被组织人重伤3人以上或者死亡1人以上的;④违法所得20万元以上的;⑤有其他特别严重情节的。

3. 周某等四温州人偷越国境案[①]

【案情】→

1999年初,四名温州人欲到外国打工,苦于无门,欲假冒仙居人骗取因公护照偷越国境。仙居人周某某、陈某为其收集了周某、林某、王某、陈某四个仙居人的身份证,并将这四个仙居人的名字分别挂在四家企业,并冠以副经理、副厂长等头衔。仙居县对外友好协会将这四个仙居人的名字及周某某等人报给外国一家公司,请这家外国公司向中国发邀请函,邀请这四个"仙居人"及周某某等人前往外国这家公司考察。收到外国这家公司的邀请函后,经外事部门审批,这四个"仙居人"及周某某等人取得了外事部门的出国任务批件,并通

---

① 参见《四个温州人假冒仙居人骗取护照偷越国境"帮忙"的仙居人被判刑》,110法律咨询网,http://www.110.com/ziliao/article-27369.html,下载日期:2013年5月18日。

过了这四个"仙居人"挂名企业所在乡镇党委和县委组织部门的政审。然后,将四个要出国打工的温州人的照片冒充上述四个仙居人的名字及周某某等人上报,骗取了因公出国护照。外事部门指定由周某某任该赴某国出国考察代表团团长。在出国前,仙居外事办对出国人员进行出国前教育,讲课人讲课所使用的语言是仙居方言,四个冒充仙居人的温州人根本听不懂,对讲课毫无反映。1999年11月27日,陈某和仙居外事办负责人用两辆出租车将周某某和四名冒充仙居人的温州人送到上海虹桥机场登机赴某国。温州人的家属在确定其家人到达某国后,以保证金的名义支付了一定的费用。出国考察期满后,四名冒充仙居人的温州人滞留某国未回,仅周某某一人回国。事发后,安全部门进行立案侦查,侦查终结后移送检察机关审查起诉。

2005年4月26日,检察机关以组织偷越国(边)境罪指控,向法院提起公诉。庭审中被告律师提出辩护观点:(1)建议本案定为骗取出境证件罪。《中华人民共和国刑法》第319条规定,以劳务输出、经贸往来或者其他名义,弄虚作假,骗取护照、签证等出境证件,为组织他人偷越国(边)境使用的,处三年以下有期徒刑,并处罚金;情节严重的,处三年以上十年以下有期徒刑,并处罚金。单位犯前款罪的,对单位判处罚金,并对其直接负责的主管人员和其他直接责任人员,依照前款的规定处罚。本案被告人陈某的行为符合法律规定的骗取出境证件罪的犯罪构成要件,宜定骗取出境证件罪而不宜定组织偷越国(边)境罪。(2)本案应属单位涉案,被告人陈某是涉案单位下属的工作人员,是单位涉案的一个责任人员。(3)在骗取出境证件的共同犯罪中,被告人陈某所起的作用较少。(4)被告人陈某认罪态度较好。具备适用缓刑的法定条件。认为应对被告人陈某从轻处罚并适用缓刑。2005年5月26日,法院作出[2005]仙刑初字第131号刑事判决:被告人陈某犯组织他人偷越国(边)境罪,判处有期徒刑三年,缓刑三年,并处罚金15000元。周某某等人另案处理。

【分析】

本案定性为骗取出境证件罪,而非组织他人偷越国境罪。被告人陈某的犯罪行为是骗取出国证件,供他人偷越国境使用。而非煽动、串连、拉拢、策划、联络他人偷越国(边)境以及为偷越国(边)境进行准备、制造条件。

如前所述,骗取出境证件罪的基本特征是行为人弄虚作假,以欺骗手段,使出入境管理机关的工作人员产生错误认识,误信行为人是合法出境,为其办理出境证件,从而取得合法的出境证件。弄虚作假包括虚构事实和隐瞒真相两种情形。虚构事实,一般是指以语言、文字或者某种行为故意捏造根本不存在的事实或者故意夸大事实,使人把根本不存在的事实误认为已经存在或者将夸大的事实误以为真。隐瞒真相,一般是指通过虚构事实,掩盖真实的目的。合法的出境证件只能用于合法的目的。虽然申请办理出境证件的材料都是真实的,但是行为人冒充身份骗取出国证件,破坏了出入境管理秩序,构成骗取出境证件罪。

4. 组织他人偷越国境案[①]

【案情】→

A 与他人协作,利用假身份证、假在职证明、假营业执照等虚假材料办理部分替头护照,组团办理日韩旅游签证,安排 36 名欲赴韩国打工人员出境到日本,再由日本进韩国,被韩国警方扣留遣返中国。检察机关认定 A 积极谋划、协调联系、运作组织,在共同犯罪中起领导、策划、指挥的主要作用。法院第一次开庭后 A 主动揭发他人职务侵占犯罪(涉嫌数额 3 万元)。法院审理后判决被告人犯组织他人偷越国境罪,判处有期徒刑 6 年,并处罚金 50000 元。

【分析】

有关以非法形式掩盖非法目的召集、组织他人出国打工或留学,实践中的做法基本上以组织他人偷越国(边)境罪、骗取出境证件罪追究涉案人员的刑事责任。二罪在主观上均应为直接故意犯罪,但后者在出国人员非法的出国目的上,涉案人员往往只是持放任的态度。

5. 骗取出国护照案[②]

【案情】→

犯罪嫌疑人康某,男,24 岁,汉族,无业。康某原系本市某旅游公司的业务人员。于 1999 年 6 月离开原工作单位。康某通过朋友租了一间办公用房,

---

① 参见高宏图:《以签订劳工合同为由骗取他人财物是合同诈骗还是普通诈骗?》,110 法律咨询网,http://www.110.com/ziliao/article-141471.html,下载日期:2013 年 5 月 18 日。

② 参见《帮助他人骗取出国护照的行为构成何罪》,110 法律咨询网,http://www.110.com/ziliao/article-56235.html,下载日期:2013 年 5 月 18 日。

康某、苏某在没有营业执照和经营许可证的情况下,在报纸上刊登广告、在办公房外张贴广告,内容是办理中国公民出国旅游、商务考察、留学、协助办理5年因私护照及各国签证。1999年9月,有四名东北朝鲜族人找到康某的办公地点,想到韩国打工,因在原籍对此管理较严,不易办理,所以请求康某帮他们办去韩国旅游的护照,康某答应并留下照片,索要几千元定金。按有关规定:办理出国护照必须在户籍所在地进行,且须本人持户口本、身份证到出入境管理处办理。康某遂通过某派出所民警传真四张本市居民的户口底卡,康某找到葛某做了假户口本和身份证(照片是四名东北人的),还让葛某私刻了某事业单位的人事保卫专用章,之后康某到旅行社领了四张中国公民出境申请审批表,冒用本市居民的身份填写该表,在每张表后档案所在单位及应聘单位意见栏里写上同意自费出国旅游及签名并加盖了伪造的某单位"人事保卫专用章"。康某持申请表及伪造的身份证、户口本,带四名东北人到出入境管理处办理出国手续时,被发现并抓获。公安机关以康某涉嫌骗取出境证件罪移送检察院审查起诉。检察院以康某犯有伪造国家机关证件罪、伪造事业单位印章罪、伪造居民身份证罪提起公诉,法院以检察院认定的罪名判处康某有期徒刑。

【分析】

关于本案有几种不同的观点。第一种意见认为,康某的行为构成骗取出境证件罪。理由是:(1)从主观上讲,康某就是要通过办理假的手续,使得持有这些假手续的人能够通过参加旅行社组织的旅行的方式,达到偷越国境的目的。(2)其行为侵犯的客体是复杂客体,一方面侵犯了国家机关对出境证件的正常管理秩序,另一方面也妨害了我国对国(边)境的正常管理秩序。(3)康某实施了伪造户籍卡、身份证,冒用本市居民身份到出入境管理部门骗取出国护照的行为。第二种意见认为,康某的行为构成诈骗罪。理由是:(1)康某从事旅游业务多年,明知出入境管理部门的有关规定,仍对四名东北人谎称能够在京办理出国手续,目的是为了从中骗取高额手续费。(2)康某的行为侵犯了四名东北人的财产权利。(3)康某弄虚作假的行为,是为了继续行骗(因为只收取了部分定金)。第三种意见认为,康某的行为构成伪造国家机关证件罪、伪造事业单位印章罪、伪造居民身份证罪。理由是:(1)康某的行为目的只是帮助他人骗取出国护照,并没有组织他人偷越国(边)境的故意。(2)康某为达到上述目的,分别为四名东北人制作了假身份证、户籍卡及出境审批表。(3)康某的行为妨害了国家机关的正常活动,影响了国家机关证件、居民身份证的信誉；影响了事业单位的声誉。第四种意见认为，康某的行为除构成第三种意见所定罪名外，还构成伪造国家公文罪，理由是：(1)康某冒用本市居民的身份为四名东北人填写了"中国公民出境申请审批表"，其内容是虚假的。(2)该审批表的制作单位是公安部，其行为影响了国家机关公文的信誉。

  第三种意见即康某的行为构成伪造国家机关证件罪、伪造事业单位印章罪、伪造居民身份证罪占主导地位。(1)伪造国家机关证件罪、伪造居民身份证罪分别是指制作机关以外的单位或个人在无权限的情况下冒用国家机关的名义制造假的证件、居民身份证的行为。伪造事业单位印章罪指制作机关以外的单位或个人在无权限的情况下冒用事业单位的名义制造假的印章的行为。本案中，康某为了帮助他人骗取出国护照，指使他人私刻了一枚某事业单位的"人事保卫专用章"，盖在中国公民出境申请审批表的审查意见栏里，伪造了该审批表，对负责审查该表的公安人员进行欺骗；同时康某为了使四名外地人员在北京办理出国手续，采取欺骗手段，从某派出所民警处索取了本市居民的户口本传真件，并依据该传真件伪造了四张户籍卡。户口本系国家机关印制、颁发的用以证明身份的凭证，伪造了户籍卡应属伪造国家机关证件的行为；另外，康某还利用户籍卡的传真件，利用本市居民的身份及四名外地人的照片，伪造了居民身份证，构成了伪造居民身份证罪。(2)康某的行为不构成骗取出境证件罪。我国《刑法》第319条规定，以劳务输出、经贸往来或者其他名义，弄虚作假，骗取护照签证等出境证件，为组织他人偷越国(边)境使用的，构成该罪，如果骗取的目的是为了本人或者他人出国，不是为了组织他人偷越国(边)境使用的，不构成本罪。本案中康某分别为四名东北人制作了假的证件、身份证以及出境申请表，为达到帮助他人骗取出国护照的目的，没有组织行为，因此不构成骗取出境证件罪。(3)康某的行为不构成诈骗罪，因为其虽然没有营业执照等手续又收取了一定的费用，但是几名东北人明知在北京办理出国手续是不符合有关规定的，仍委托康某帮助办理并给其一定报酬，因此，康某的行为不存在以非法占有为目的，虚构事实的问题。(4)康某的行为不构成伪造国家公文罪。国家公文是指国家机关在其职权内，以其名义制作的用以指示工作、处理问题或者联系事务的各种书面文件。而"中国公民出境申请审批表"是由公安部制作的表格，其用途是为有出国要求的公民向出境管理部门提出申请不属于国家公文的范畴。所以，康某冒用本市居民身份填写"中国公民出境申请审批表"的行为不构成该罪。

6. 组织他人合法出境后再偷渡前往目的地案①

【案情】→

2008年8月至2009年4月,被告人王某民为牟取非法利益,采取由其负责办理护照、组织务工人员,由山东国信国际经济技术合作有限公司(以下简称国信公司)等单位负责以旅游签证等形式将务工人员送出国(边)境的方法,多次非法组织农民出境务工。分述如下:(1)2009年2月,施某找到被告人王某民,要求去新加坡打工。2月17日,被告人王某民在收取施某办理护照费用人民币1300元后,虚构了施某去新加坡探亲访友的事实,帮施某办理了护照。在明知前往香港是非法务工的情况下,被告人王某民收取施某中介费人民币28000元,并帮其订了去深圳的火车票,指挥其到深圳与国信公司人员接头。3月30日,施某由国信公司为其办理印度尼西亚旅游签证后经罗湖海关出境去香港打工。4月,施某被香港警察抓获并被判刑12个月。(2)2009年3、4月间,黄某等3人先后找到被告人王某民,要求去澳门打工,并每人交纳了中介费人民币18000元及护照办理费人民币2300元。被告人王某民编造去新加坡务工的理由,通过国信公司"李经理"的夫人办理了柬埔寨旅游签证,并于当晚出境到澳门非法滞留打工。(3)2008年8月,汤某、顾某2人找到被告人王某民,要求去新加坡打工。被告人王某民通过南通三建海外劳务公司,以外派俄罗斯劳务的手续为名办理了汤某、顾某2人的护照。同年9月,被告人王某民通过徐州诚信公司将顾某送往安哥拉打工。同年12月,被告人王某民安排汤某乘火车到山东济南,通过山东潍坊中远劳务咨询有限公司办理了商务签证的手续,从乌鲁木齐乘飞机出境赴阿塞拜疆打工。后王某民被捕,由检察机关向法院提起公诉。法院经审理后认为,被告人王某民多次组织务工人员非法偷越国(边)境,其行为已构成组织他人偷越国(边)境罪。依照《中华人民共和国刑法》第318条第1款、第64条之规定,判决如下:(1)被告人王某民犯组织他人偷越国(边)境罪,判处有期徒刑7年,并处罚金人民币3万元。(2)追缴被告人王某民非法所得人民币14000元,予以没收,上缴国库。

---

① 参见《组织他人合法出境后再偷渡前往目的地的行为如何定性》,110法律咨询网,http://www.110.com/ziliao/article-190060.html,下载日期:2013年5月18日。

第六章 对外劳务合作刑事案例分析

【分析】

对于本案的处理,有两种不同意见:第一种意见认为,被告人不构成组织他人偷越国(边)境罪,构成骗取出境证件罪。组织他人偷越国(边)境是违反国(边)境管理法规,组织他人偷越国(边)境的行为。本罪侵犯的是出入境管理秩序。由于被告人组织他人在我国出境是合法的,其违法行为只是发生在国外,不可能侵犯我国的出入境管理秩序,只是侵犯了外国的出入境管理秩序。受我国刑法适用范围所限,我国刑法一般不保护外国的利益。因此,被告人不构成组织他人偷越国(边)境罪。由于被告人弄虚作假,掩盖出境真实目的而骗取合法的出境证件,构成骗取出境证件罪。第二种意见认为,合法出境再偷渡前往目的国对我国的国际声誉和出入境管理秩序都有危害,因为如果偷渡人在目的地被查获,按照国际惯例,应遣返至国籍国,而不是中转国。因此,被告人的行为构成组织他人偷越国(边)境罪。

因此,多数人认为第二种观点更为合理。骗取出境证件罪,是指自然人或者单位以境外旅游、劳务输出、国际贸易等名义弄虚作假、骗取护照、签证等出境证件,为组织他人偷越国(边)境而使用的行为。"为组织他人偷越国(边)境",属于主观构成要件要素。如果为了自己偷越国(边)境而骗取出境证件的,不构成本罪。

关于组织他人合法出境后再偷渡前往目的地的行为定性。实践中,偷渡的形式多种多样,除了本案中"借道偷渡"的方式外,还有"跳伞"偷渡(利用飞机在偷渡目的国中转的机会,利用该国机场漏洞进入该国)、"直飞"偷渡(假借境外旅游、考察、国际贸易等名义骗取偷渡目的国的签证,到该国后滞留不归)、假借涉外婚姻偷渡(偷渡者在国内与外国公民假登记结婚,以夫妻团聚的名义申请签证,到达目的国后在他国居留)等方式。这些方式的共同特点是出境的文件、手续合法,但是行为人隐瞒了出境的真实目的。这种以合法形式掩盖偷渡目的的行为同样侵犯了我国的出境管理秩序,对这些行为,应认定为偷越国(边)境。

在实践中,组织他人偷越国(边)境罪与骗取出境证件罪存在竞合的情况:第一,行为人为了组织他人偷越国(边)境的目的,实施了骗取出境证件的行为,但尚未着手实施或参与实施偷越国(边)境的行为,是组织他人偷越国(边)境罪的预备犯与骗取出境证件罪的实行犯的竞合,构成骗取出境证件罪。第二,偷越国(边)境的组织者以外的行为人实施了骗取出境证件的行为,是组织他人偷越国(边)境罪的帮助犯与骗取出境证件罪的实行犯的竞合,应定为骗取出境证件罪。第三,偷越国(边)境的组织者实施了骗取出境证件的行为,又组织他人偷越国(边)境,是组织他人偷越国(边)境罪的实行犯与骗取出境证件罪的实行犯的竞合。这种情况下,骗取出境证件是手段,组织他人偷越国(边)境是目的,属于牵连犯,根据牵连犯"从一重处断"的原则,以组织他人偷越国(边)境罪定罪处罚。

因此,行为人以组织他人偷越国(边)境为目的,借境外旅游、劳务输出、国际贸易、国际婚姻和其他名义取得出境证件,出境后滞留不归,或者以出境后又偷渡前往目的国,情节严重的,以组织他人偷越国(边)境罪定罪处罚。本案中法院即以该结论定罪量刑。

7. 组织他人偷越国境罪案①

【案情】→

2002年9月30日,犯罪嫌疑人王某、纪某、张某、鲍某以非法输出劳务为目的,协议约定以办理旅游、商务签证名义组织农民出国,然后让农民非法滞留国外打工。协议规定由纪某物色农民打工者,王某负责提供相关资料,张某、鲍某负责办理旅游和商务签证。2005年9月至2007年11月间,四犯罪嫌疑人为获取非法利益,先后单独或结伙以伪造身份证明、国外邀请函等办法骗取旅游签证或商务签证,在明知持旅游签证或商务签证不能在国外从事正规劳务的情况下,擅自组织高某、陈某、严某等20多名农民乘坐民航班机出境到西班牙、以色列、韩国等国,并帮助联系国外人员接机或安排在国外打工。其间,四犯罪嫌疑人收取每人3.3万元至8.3万元不等的费用,共非法收取打工农民出国费用计人民币58.6万余元。后高某、陈某、严某等多位农民被入境国移民局警察查获遣送回国,其他农民滞留国外从事非法劳务。

检察机关以王某等四人涉嫌组织他人偷越国境罪向人民法院提起公诉。法院以王某等四人犯组织他人偷越国(边)境罪,依法分别对四被告人作出有期徒刑二年缓刑三年至有期徒刑七年不等的判决。

---

① 参见林森:《浅析非法劳务输出行为的司法认定》,110法律咨询网,http://www.110.com/ziliao/article-204796.html,下载日期:2013年5月18日。

【分析】

本案以组织他人偷越国境罪判刑。本案罪行的特征很明显,罪名的认定没有太多异议。但各犯罪嫌疑人的量刑不同,应根据各犯罪嫌疑人在共同犯罪中的作用不同而判定。

第二节　诈骗罪、合同诈骗罪还是非法经营罪

1. 合同诈骗还是普通诈骗罪?①

【案情】→

2001年元月,被告人徐某明在仙游县城关胜利南路擅自成立福建省仙游国际经济信息咨询有限公司,并在其名片上使用假名徐富银,自封为总经理。被告人徐某明伙同朱某、易某艺、林某泉以能为他人办理到澳大利亚、巴林、卡塔尔等国做劳工为由,先后骗取郑某金等人计人民币23万元。被告人徐某明于2002年5月到朱某所在的香港享惠旅游有限公司后,已明确他们没能力替他人办理出国劳务手续,但仍收取他人费用,后又关闭公司,停掉电话,拒不返还他人交纳的费用。2005年3月17日,被告人徐某明被公安机关抓获归案。检察机关以徐某明犯诈骗罪提起公诉。仙游县人民法院经审理认为,被告人徐某明虚设公司,与他人订立劳务出口委托合同,伙同同伙虚构办理劳务出口手续的事实,收取他人费用后,明知没能力办理也不返还,其主观上具有非法占有他人财物的目的,且数额巨大,其行为已构成合同诈骗罪。公诉机关指控被告人徐某明犯诈骗罪不当,应予纠正。被告人徐某明汇还郑某金的2万元与本案无关,被告人徐某明辩解,其把收取的大部分钱财交给朱某等三人,此属徐某明与朱某等人之间对赃款进行瓜分,且也缺乏其他证据证实,不影响对其犯罪数额的认定。被告人及其辩护人关于徐某明的行为不构成犯罪的辩

---

① 参见杨国地:《以签订劳工合同为由骗取他人财物是合同诈骗还是普通诈骗》,找法网,http://china.findlaw.cn/hetongfa/hetongzhapian/hetongzhapiananli/35958_4.html,下载日期:2013年5月18日。

解、辩护意见无理,不予采纳。被告人非法所得应分别返还各被害人。根据《中华人民共和国刑法》第224条第1、5项,第25条第1款,第64条之规定,判决如下:(1)被告人徐某明犯合同诈骗罪,判处有期徒刑5年,并处罚金人民币1万元。罚金限在本判决生效后10日内交纳。(2)被告人徐某明应退出非法所得人民币23万元,分别返还被害人郑某金等人民币23万元。一审法院宣判后,被告人徐某明没有提起上诉,检察院亦未抗诉,判决已发生法律效力。

【分析】

本案被告人徐某明以签订劳务出口委托合同为名,骗取他人财物的行为构成犯罪,这一点是没有疑义的。但对其行为应定为普通诈骗罪还是合同诈骗罪,合同诈骗犯罪与合同纠纷及其他民事欺诈行为如何区分,这些问题倒是本案需要深入讨论的。

1. 关于本案被告人徐某明的行为应认定为普通诈骗罪还是合同诈骗罪,仙游县人民法院在审理中存在不同的意见。

第一种观点认为该案定为合同诈骗罪。最高人民法院《关于审理诈骗犯罪案件具体应用法律的若干问题的解释》第2条规定:"根据刑法第一百五十一条和第一百五十二条的规定,利用经济合同诈骗他人财物数额较大的,构成诈骗罪。"其中使用了"利用经济合同"一词,而刑法第224条在规定合同诈骗罪时,没有沿用该司法解释的"利用经济合同"六字,只是用了"合同"两字。由此可见,合同诈骗罪中的合同不仅仅指"经济合同",只要是在签订、履行合同过程中,骗取对方当事人财物,数额较大的行为均应定性为合同诈骗罪,而不应考虑合同的性质,因此该案应认定为合同诈骗罪。

该观点认为,合同诈骗罪是一种利用"经济合同"进行诈骗的犯罪。诈骗行为发生在合同签订、履行过程中,是此罪区别于其他诈骗犯罪的重要特征。正确界定合同诈骗罪中的"合同"有利于此罪彼罪的区分。合同诈骗罪中的"合同",主要是指经济合同,不能认为凡是利用合同进行诈骗的都是合同诈骗罪,是否构成合同诈骗罪之"合同",其标准应根据合同诈骗罪侵害的客体即扰乱市场经济秩序并结合该条立法目的界定。从合同诈骗罪侵害的客体看,合同诈骗罪规定于刑法分则第三章破坏社会主义市场经济秩序罪第八节"扰乱市场秩序罪"中,该罪不仅侵犯他人财产所有权,而且侵犯国家合同管理制度,破坏了社会主义市场经济秩序,因此合同诈骗罪中的"合同",必须存在于合同诈骗罪所保护的客体范围内,能够体现一定的市场秩序。只有结合合同的具体情况,考察其行为是否符合"扰乱市场秩序"的特征,才能确定是否为

第六章 对外劳务合作刑事案例分析

合同诈骗。只有行为人利用能够体现市场秩序,破坏各种市场交易行为的合同进行诈骗,才符合合同诈骗罪中"合同"的要求。因此,本案中,被告人徐某明以虚构的"福建省仙游国际经济信息咨询有限公司"的名义,与他人签订劳务出口委托合同,收取人民币23万元的行为,明知没能力办理也不返还,其主观上具有非法占有他人财物的目的,且数额巨大,其行为属于利用签订、履行合同的方法进行诈骗,属于合同诈骗罪的"合同"范围。公诉机关指控被告人徐某明犯普通诈骗罪不当,法院对其以合同诈骗罪定罪处罚才是正确的。

第二种观点认为该案应定为普通诈骗罪。首先合同诈骗罪中的"合同",必须存在于合同诈骗罪所保护的客体范围内,能够体现一定的市场秩序,否则便与刑法的立法宗旨不符,而大凡与这种社会关系无关的各种"合同""协议",如婚姻、监护、收养、扶养等有关身份关系的协议、赠与合同、劳务合同均不在该罪"合同"之列。因此,应注意分清合同诈骗罪中"合同"与合同法中"合同"的不同含义。《合同法》第2条规定了"合同"的定义,即:"本法所称合同是指平等主体的自然人、法人、其他组织之间设立、变更、终止民事权利义务关系的协议。""婚姻、收养、监护等有关身份关系的协议,适用其他法律的规定。"现行合同法基本涵盖了绝大部分民商事合同,对各种民商事合同行为进行了规范和调整,但是不能认为凡是行为人利用了合同法所规定的合同进行诈骗的,就构成合同诈骗罪,而应当结合该合同的具体情况,考察其行为是否符合"扰乱市场秩序"的特征,否则就不能定合同诈骗罪。普通诈骗罪的行为人虽然利用了一定合同形式,但该合同在当时的条件、环境下并不具有规范市场行为的性质,对行为人也不应以合同诈骗罪论处。例如,行为人以生活窘迫为名,立下借条骗借他人财物后挥霍一空而不予偿还的,不宜以合同诈骗罪定罪处罚。本案的行为人徐某明以非法占有为目的,利用虚构的"福建省仙游国际经济信息咨询有限公司"的名义,与他人签订劳务出口合同,而骗取他人财物,带有身份关系的劳务合同,不含有扰乱市场经济秩序特征,其行为已构成普通诈骗罪,而不是合同诈骗罪。所以,只要行为人采用虚构事实、隐瞒真相等方法,诈骗公私财物数额较大的行为,这种诈骗行为就应以普通诈骗罪论处。其次,合同诈骗罪与诈骗罪在构成上是特殊与一般的关系,前者系从修订前刑法中诈骗罪分解而来。两罪的区别主要是:诈骗罪的客体具有单一性,它侵犯的是他人财产所有权,在刑法体例中排列在侵犯财产类罪之下。合同诈骗罪是复杂客体,不仅侵犯他人财产所有权,而且侵犯国家合同管理制度,而本案行为人没有存在侵犯国家合同管理制度,破坏社会主义市场经济秩序;两罪的主体都可以由自然人构成,但是按照刑法第231条的规定,合同诈骗罪的主体也可以由单位构成,而诈骗罪的主体只能由自然人构成,单位不能成为诈骗罪的主体;两罪犯罪手段不同的是合同诈骗罪是利用合同,即以签订合同、履行合同为手段,骗取他人财物;诈骗罪则未对手段进行限定,只要行为人采用欺骗手段骗取他人财物的,均构成诈骗罪,本案既存在签订劳务合同的过程又存在签订委托关系的合同等手段。此外,合同诈骗罪与集资诈骗罪、贷款诈骗罪、保险诈骗罪等其他诈骗犯罪存在一定的竞合关系,如行为人利用贷款合同诈骗银行贷款,这种行为触犯数罪名的情况下,应择一重罪论处。因此应定为普通诈骗罪。

本案中,被告人徐某明以虚构的"福建省仙游国际经济信息咨询有限公司"的名义,与他人签订劳务出口委托合同,骗取他人23万元的行为,危害了我国对外劳务合作管理秩序,扰乱了我国对外劳务合作市场。因此,认定为合同诈骗罪更符合案情。我国《刑法》第224条规定,有下列情形之一,以非法占有为目的,在签订、履行合同过程中,骗取对方当事人财物,数额较大的,处三年以下有期徒刑或者拘役,并处或者单处罚金;数额巨大或者有其他严重情节的,处三年以上十年以下有期徒刑,并处罚金;数额特别巨大或者有其他特别严重情节的,处十年以上有期徒刑或者无期徒刑,并处罚金或者没收财产。(1)以虚构的单位或者冒用他人的名义签订合同的。(2)以伪造、变造、作废的票据或者其他虚假的产权证明作担保的。(3)没有实际履行能力,以先履行小额合同或者部分履行合同的方法,诱骗对方当事人继续签订和履行合同的。(4)收受对方当事人给付的货物、货款、预付款或者担保财产后逃匿的。(5)以其他方法骗取对方当事人财物的。这里所说的其他方法,是指在签订、履行经济合同过程中使用的上述四种方法以外,以经济合同为手段、以骗取合同约定的由对方当事人交付的货物、货款、预付款或者定金以及其他担保财物为目的的一切手段。所谓数额较大,根据以非法占有为目的,在签订、履行合同过程中,骗取对方当事人财物,涉嫌下列情形之一的,应予追诉:(1)个人诈骗公私财物,数额在五千元至二万元以上的;(2)单位直接负责的主管人员和其他直接责任人员以单位名义实施诈骗,诈骗所得归单位所有的,数额在五万至二十万元以上的。个人或单位均可构成主体。犯本罪的个人是一般主体,犯本罪的单位是任何单位。

本罪是1997年刑法新增设的罪名。关于经济犯罪案件追诉标准,根据最高人民检察院公安部《关于公安机关管辖的刑事案件立案追诉标准的规定》(二)第77条的规定,以非法占有为目的,在签订、履行合同过程中,骗取对方当事人财物,数额在二万元以上的,应予立案追诉。

2. 合同诈骗犯罪往往与合同纠纷交织一起,罪与非罪的界限容易混淆。要划清它们的界限,大体有三种情形:一是内容真实的合同,即行为人是在有实际履行能力的前提下签订的合同。这种合同的签订,表明了行为人在签订合同时有进行经济往来的真实意思,并非旨在诈骗他人钱财,根据有关司法解释的精神,即使合同签订后没有得到完全的履行,也不属于诈骗犯罪。但是,有的行为人以有限的履约能力和他人签订大大超过履约能力的合同,就另当别论了。以超出自己履约能力的合同签订后,行为人积极落实货源,设法履行合同,即使最终没有完全履约,也不能认定为诈骗罪。但若行为人在合同签订后,并没有设法履行合同,就有故意诈骗他人财物的企图了,此时就应以合同诈骗罪论处。二是内容半真半假的合同。就是那种行为人只具有某种履行合同的意向,就与第三人签订的合同,其内容带有半真半假的性质。这类合同客观上已经具备部分履约的可能性,但要受到许多条件的制约。如果行为人有履约意图,客观上也为履行合同作积极努力,最后因种种客观原因未能履行合同,不能认定为诈骗犯罪。相反,如果行为人借有部分履约能力之名行诈骗之实,没有为合同的进一步履行做出努力,就应当以合同诈骗罪论处了。三是内容完全虚假的合同,即行为人是在完全没有履约能力情况下签订的合同。行为人在主观上就没有准备履行合同,占有他人财物的动机明显,应当以合同诈骗罪论处,但行为人主观上无长期占有他人财物的意图,只是想临时借用,待将来有收益后再行归还对方的,一般不宜以合同诈骗罪论处。

3. 合同诈骗犯罪也往往同民事欺诈行为交织在一起,但是二者也有明显的区别。民事欺诈不同于合同诈骗罪,主要表现在以下两个方面:(1)主观目的不同。民事欺诈是为了用于经营,借以创造履行能力而为欺诈行为以诱使对方陷入认识错误并与其订立合同,不具有非法占有公私财物的目的,只希望通过实施欺诈行为获取对方的一定经济利益,而合同诈骗罪是以签订经济合同为名,达到非法占有公私财物的目的。(2)欺诈的内容与手段不同。民事欺诈有民事内容的存在,即欺诈方通过商品交换,完成工作或提供劳务等经济劳动取得一定的经济利益。而合同诈骗罪根本不准备履行合同,或根本没有履行合同的实际能力或担保。合同的民事欺诈一般无须假冒身份,而是以合同条款或内容为主,如隐瞒有瑕疵的合同标的物,或对合同标的物质量作虚假的说明和介绍等;而合同诈骗罪的行为人是为了达到利用合同骗取财物的目的,总是千方百计地冒充合法身份,如利用虚假的姓名、身份证明、授权委托书等骗取受欺诈方的信任。(3)欺诈财物的数额不同。(4)欺诈侵犯的客体不同。民事欺诈的客体是双方当事人在合同中约定的权利义务关系,如欺诈方骗来的合同定金、预付款等,都是合同之债的表现物;而合同诈骗罪侵犯的客体是公私财物的所有权,作为犯罪对象的公私财物始终是物权的体现者。(5)欺诈的法律后果不同。民事欺诈是无效的民事行为,当事人可使之无效。若当事人之间发生争议,引起诉讼,则由民事欺诈方对其欺诈行为的后果承担返还财产、赔偿损失的民事责任,而合同诈骗罪是严重触犯刑律,应受刑罚处罚的行为,行为人对合同诈骗罪的法律后果要负担双重的法律责任,不但要负刑事责任,若给对方造成损失,还要负担民事责任。(6)适用法律不同。民事欺诈虽在客观上表现为虚构事实或隐瞒真相,但其欺诈行为仍处在一定的限度内,故仍由民法规范调整;而合同诈骗罪是以非法占有他人公私财物为目的,触犯刑律,应受到刑罚处罚,故由刑法规范调整。

本案劳务合同属于经济合同调整的范围,在签订、履行劳务合同过程中所形成的诈骗,应认定为合同诈骗罪。

2. 金某吉、车某淑诈骗案[①]

【案情】→

1999年3月,被告人金某吉对其母亲车某淑谎称其在哈尔滨上学的时候,认了一个干爸叫赵某超,他有个朋友是王震将军的儿子叫王某,赵和王某合伙在澳大利亚办了一个公司,现在国内招收劳务输出人员。并让车某淑联系其亲属来报名和交款。被告人车某淑相信了金某吉的谎言,便与自己的亲属联系,把金某吉认识赵某超及王某和能办理出国劳务的事情告诉了亲属金某立、严某植、朴某培、沈某日、张某哲、黄某在等人。其亲属相信了金某吉能够办理出国手续,并在1999年3月至2001年7月间,以向金某吉家汇款交钱的方式,共计交给被告人车某淑人民币15.9万元。

1999年7月,被告人车某淑将金某吉能办理出国手续的事情告诉了朋友

---

① 参见《金某吉、车某淑诈骗案》,110法律咨询网,http://www.110.com/panli/panli_12603.html,下载日期:2013年5月15日。

第六章 对外劳务合作刑事案例分析

白某玉，白某玉相信了车某淑的话，在此期间，被告人金某吉伪造了大量的传真信函及出国审查表等，骗取了白某玉及亲属们的信任，并谎称王某的养女在日本定居，能帮助白某玉的女儿及女婿去日本留学。被害人白某玉相信了被告人金某吉的谎言，自1999年9月至2001年7月间，白某玉交给车某淑及金某吉人民币51.6万元。

被告人金某吉为了使其亲属及他人更加相信自己能够办理出国手续，骗取更多的钱财，在哈尔滨市南岗区保安器材商店购买各种警服及警用器材，并着装谎称是黑龙江省公安厅防暴队的警察，骗取他人的信任，并伪造了出境登记卡、出国人员审批单、传真等信件，骗取他人的信任。

被告人金某吉于2001年3月给大庆市红岗区的金某华打电话，谎称能办理出国手续，金某华为了验证金某吉的话，给被告人车某淑打电话。此时的车某淑已明知金某吉无能力办理此事，却仍然告诉金某华，金某吉有能力办理此事，并称金某吉去过许多国家和认识王某等。金某华相信了车某淑的谎言，先后交给车某淑、金某吉共计人民币13.18万元、美元200.00元。被告人金某吉、车某淑自1999年3月至2001年7月间，以能办理出国打工及出国留学手续为由，骗取他人现金80.68万元、美元200.00元，所获赃款被被告人金某吉全部挥霍。被告人金某吉、车某淑分别于2001年8月24日、2001年11月11日被公安机关抓获归案。大庆市人民检察院以庆检刑诉[2002]第9号起诉书指控被告人金某吉、车某淑犯诈骗罪，于2002年1月31日向黑龙江省大庆市中级人民法院提起公诉。

法院认为，被告人金某吉、车某淑以非法占有为目的，采用虚构事实、隐瞒真相的手段，骗取公民财物，其行为均已构成诈骗罪。被告人金某吉参与诈骗数额特别巨大，造成损失数额特别巨大，应依法惩处；其在共同犯罪中起主要作用，系本案主犯，应按其参与的全部犯罪处罚。被告人车某淑明知被告人金某吉没有能力为他人办理出国打工、留学手续，而仍然帮助金某吉实施诈骗活动，其在共同犯罪中起次要、辅助作用，系本案从犯，应当从轻、减轻或免除处罚。鉴于其认罪态度较好，有悔罪表现，适用缓刑不致再危害社会，故可对其宣告缓刑。公诉机关指控的犯罪事实成立，适用法律正确，应予采纳。为维护社会治安秩序，保护公民合法财产权利不受侵犯，严厉打击此种犯罪。判决被告人金某吉犯诈骗罪，判处无期徒刑，剥夺政治权利终身并处罚金人民币9万元；被告人车某淑犯诈骗罪，判处有期徒刑三年，宣告缓刑五年并处罚金人民币1万元（刑期自判决确定之日起计算）。

【分析】

本案被告虚构事实,对受害人进行诈骗,构成诈骗罪,而不属于合同诈骗罪。从本质上看,合同诈骗罪也是一种具体的诈骗犯罪,其与诈骗罪是特殊与一般的关系,它们的区别主要表现在以下几个方面:(1)侵犯的客体不同。诈骗罪只侵犯财产所有权,是单一客体,而合同诈骗罪既侵犯他人的财产权利,同时又侵犯合同行为管理制度。(2)犯罪客观方面表现不尽相同。诈骗罪可以表现为虚构任何事实或隐瞒真相,以骗取财物;合同诈骗罪只是在经济合同的签订、履行过程中,因而欺诈手段有特定范围的特殊性。(3)犯罪主体不尽相同。诈骗罪限于自然人主体;合同诈骗罪主体包括单位,且是任何单位。等等。

3. 被告人黄某梅非法经营罪案①

2007年年初,黄某钦在闽清县成立了"福州市壮安经济开发有限公司闽清办事处"(下称壮安闽清办事处),招收了许某川、被告人黄某梅担任工作人员,被告人黄某梅主要负责提供咨询、带出国人员办理手续,代收出国人员上交的费用等。2007年5月间,被告人黄某梅受黄某钦委托以福州壮安经济开发有限公司的名义,在闽清招收黄某林、黄某灿、郑某华、黄某锦、陈某焕、陈某英、张某太、黄某俊、黄某标、张某官、林某健、黄某群、黄某银等13名劳务人员赴波兰共和国务工,每人分别交纳了1万~2万的押金。2008年3月,壮安闽清办事处的劳务资格被取消。2008年4月,黄某钦以福建华源国际贸易经济合作公司(下称华源公司)的名义在闽清成立"闽清经营部"(下称华源闽清经营部),该经营部没有办理出国劳务的资格。被告人黄某梅明知壮安闽清办事处的劳务经营资格被取消,仍继续以华源公司的名义为黄某林等13人办理赴波兰共和国的劳务签证手续,并收取13名务工者每人13万元的费用,其中的112.92万元的费用,经黄某钦授意,由被告人黄某梅汇往华源公司员工林某的个人账户上。该笔业务,被告人黄某梅得到提成9100元。2008年5月29日、6月5日,黄某林等13人分两批先后赴波兰共和国,后黄某林等人因工资

---

① 参见《被告人黄某梅非法经营罪案》,110法律咨询网,http://www.110.com/panli/panli_100146.html,下载日期:2013年5月18日。

第六章 对外劳务合作刑事案例分析

问题与波兰共和国的雇主发生纠纷。2008年7月底，被告人黄某梅明知壮安公司无劳务经营资格，仍以壮安公司的名义招收了张某、张某文、许某绥等人赴波兰从事屠宰、建筑务工，并向张某收取押金5000元，被告人黄某梅向被害人张某等人承诺在3个月内办理出国劳务，办理不成退还押金等。后被告人黄某梅被公安人员抓获，未能办理张某等人的出国劳务。2009年5月18日闽清县人民检察院以黄某梅犯非法经营罪，向闽清县人民法院提起公诉。被告人黄某梅辩解，13名劳工2007年4月在壮安公司报名时，他还没到黄某钦的公司打工。他的工作是负责报名、收取劳务人员交来的钱。2008年3月份，黄某钦交代将壮安公司营业执照拿到华源公司去，后来公司就办了华源闽清经营部的执照放在闽清经营部，那些劳工也都知道是华源公司帮他们办出去，他们也有去过华源公司，并查询了华源公司的劳务资格。务工者的签证是华源公司签的。2008年7月份，他又招收张某（屠宰工）及其他6名建筑工，并有收取押金，但只有张某的5000元还没退还，其余已经全部退清了。他愿意退还张某5000元押金。其辩护人认为被告人黄某梅不构成非法经营罪，认为13名劳工是通过合法的途径出国务工的。被告人黄某梅主观上没有非法经营的意图，其只是替华源公司在闽清招收出国务工的人员。黄某钦是否构成非法经营罪目前没有证据证明，因此被告人黄某梅帮助犯的地位亦不能成立；而且本案办理业务的机构是华源公司，主要工作人员也是华源公司的人员，且劳工申办出国签证的相关手续也是由华源公司出具的；被告人黄某梅身为一雇工，只是按雇主的指示做相关事务，且其在本案中所办之事均是合法、合理、正常之事。因此，应当判处被告人黄某梅无罪。

被害人黄某林等13人的诉讼代理人的代理意见认为：被告人黄某梅的行为给被害人及其家属造成了巨大的经济损失。被害人出国时的费用大多是向他人高利借的。被害人在出国前，被告人黄某梅介绍申办的签证是5年期限，可申请绿卡，月报酬为1000欧元以上，而被害人到波兰后，雇主仅付800美金的月工资。案件在审查起诉阶段，黄某钦退还了被害人每人51000元人民币，但被告人黄某梅没有退款。被告人黄某梅犯非法经营罪，要求对其依法惩处。

法院经审理查明，内资企业登记基本情况表、营业执照证实福州壮安经济开发有限公司闽清办事处是有限责任公司分公司，法定代表人黄某钦，经营范围为提供相关业务信息咨询。福建华源国际贸易经济合作公司闽清经营部是全民所有制分支机构（非法人），成立时间是2008年4月10日，法定代表人黄某钦，经营范围为受公司委托提供相关业务信息咨询。华源公司于2005年9

月获商务部批准取得对外劳务合作经营资格,并通过2007年度年审,但华源公司未派13名劳工赴波兰,也没有收取任何费用或签订协议。闽清营业部只负责按其要求招聘各种技术劳务人员,到目前为止未提供过任何劳务人员,该机构也无权直接收取任何费用。华源公司出具证明表明,华源公司劳务三部是杨某平责任承包经营。承包期2008年2月至2009年1月(现部门已撤销),承包期间在华源公司没有开拓任何劳务业务。黄某钦、林某、潘某娜等人的工作职责由劳务三部承包人安排。华源公司未授权黄某钦代表公司签过任何声明书。壮安公司派遣劳务资格因违规操作于2007年10月被撤销;黄某钦在多年前与壮安公司有业务上合作,但没有签订任何雇佣合同,也未有过正式任命;2008年1月,壮安公司停止所有驻外办事处的工作,8月已办妥注销手续。商务部《关于福建壮安公司违规外派劳务处理意见的函》证实,商务部鉴于壮安公司在外派新西兰劳务过程中严重违规,于2007年10月30日发函福建省外经贸厅,不予通过壮安公司2007年年审,不得新签对外劳务合作合同,并责令整改。企业资信查询、撤销办事处声明证实,壮安公司闽清、莆田等驻外办事处已被注销。被告人黄某梅的供述,证实2007年5月,公司有一批去波兰劳务的招收单,他在闽清贴出广告后,有很多人来咨询。后来有15人报名,其中2名因没钱不去了,剩下13名。每人交1万元押金。这批劳务前期是以壮安公司名义申请,后来壮安公司劳务出口被取消后,由华源公司接手办理。2008年3月,壮安公司的劳务经营资格被取消,之后黄某梅明知赴波兰劳务的业务与华源公司无关,仍然帮助黄某钦在闽清经营部以华源公司的名义代收费用等,办理13名劳工的出国手续。2008年5月,手续办好后,他们交了剩下的钱,根据黄某钦的要求,黄某梅背钱汇到林某某的账户。办理这批赴波兰劳务,他得了9100元的报酬。这些劳务人员到波兰后认为工资太低,与原来承诺的不一样,双方发生纠纷,后来这些劳务人员家属冲到他办公室,要求退钱。2008年7月底,他又以华源公司的名义招收张某等6名的屠宰工、建筑工赴波兰劳务,收取屠宰工押金5000元,之后没多久被公安抓获,押金等已叫家人归还报名人员。被告人黄某梅辩解他不知华源公司闽清经营部没有劳务资格。

  法院认为,被告人黄某梅帮助黄某钦办理有关人员赴波兰共和国劳务,且被告人黄某梅明知闽清经营部没有办理出国劳务的资质;其辩护人认为被害人黄某林、陈某焕、黄某灿等人书面陈述的真实性值得怀疑,法院认为,被害人陈某焕、黄某灿、张某官、黄某锦、黄某银、黄某群、黄某林、黄某标、林某健、黄

第六章 对外劳务合作刑事案例分析

某俊、陈某英、张某太、郑某华书面陈述内容与被告人黄某梅,证人黄燕某、黄某英、林某娇等人的证言能相印证,且该书面证言是由公安人员提供的,证据来源合法,应予以确认。

被告提供三份证据:(1)签名"林某"的"关于波兰事件的情况说明":2008年2月原壮安公司高层变动,于是她等整个业务部门搬迁至华源公司4007办公室,搬迁人员有黄某钦、杨某平、潘某娜、陈晶。13位波兰劳工的单子是2007年11月在壮安公司的余单,黄某钦让她做这些单子的后续资料。在上海大使馆签证时并无要求他方提供国内公司营业执照,所需提交的基本材料为波兰劳务部批给工人的工作准证、工人的技能证书、照片、签证申请表、雇主雇佣信等。5月,她和黄某梅带领13位工人前往上海面签。6月份工人前往波兰。2008年7月份左右她已辞职。有听说因工时问题,工人与雇主闹翻,于是他们帮忙协调另找雇主,但因住宿等问题,工人说要到国内起诉。最后和他们通电话是8月份,当时无法安抚工人的情绪,工人很激动,说话很难听。后来工人找到新的雇主,工作很开心。当初收汇款的时候,黄某钦在东北,说不便收款,于是就用她的账户收汇款。黄某梅分批次一共汇给林某1137000元人民币,工人黄某标直接汇到她的户头120000元,共计1257000元。后来黄某钦让林某将这笔钱转到另一工行账户,两次共汇了1041500元。黄某梅是工人赴波兰劳务的中介,负责招收工人,并且收取一定的中介费。(2)"华源公司"的批准函,内容为"福建华源国际贸易经济合作公司同意在闽清设立经营部,注资3万元"。(3)任职通知,内容为"黄某钦担任华源公司闽清经营部负责人"。法院认为,没有证据证明"关于波兰事件的情况说明"系林某本人所写并签名,"华源公司"的批准函及任职通知上人为修改的痕迹没有得到华源公司的认可,故上列三份证据不予以采纳。

本案在开庭审理过程中,被告人黄某梅的辩护人提供了由黄某武、许某龙、许某明、许某衡、王某辉、许某振、黄某兴等7人签名的退款证明,证实被告人黄某梅已将押金退还上述人员。法院认为,该证据的真实性无法确认,不予认定。

法院认为,被告人黄某梅帮助他人非法经营劳务输出,经营额为112.92万余元人民币,从中年利9100元人民币,扰乱市场秩序,破坏经济的健康发展,其行为已构成非法经营罪,且属情节严重,公诉机关指控的罪名成立。被告人黄某梅是黄某钦设立的闽清经营部的工作人员,他所起的作用是帮助黄某钦向出国人员提供咨询、带出国人员办理手续,代收出国人员上交的费用等,系从犯,依法可以从轻或减轻处罚;2009年7月16日,被告人黄某梅家属自愿将被告人黄某梅收取的被害人张某的押金4000元人民币退还被害人张某,被害人张某表示自愿放弃余下的1000元,并请求司法机关从轻处罚被告人黄某梅。因此,根据被告人黄某梅的犯罪情节、认罪态度和悔罪表现,对其判处缓刑确实不致再危害社会,判决被告人黄某梅犯非法经营罪,判处有期徒刑三年,缓刑三年,并处罚金20000元人民币。被告人黄某梅的违法所得9100元人民币予以没收,上缴国库。

【分析】

我国《刑法》第225条规定了非法经营罪,即违反国家规定,有下列非法经营行为之一,扰乱市场秩序,情节严重的,处五年以下有期徒刑或者拘役,并处或者单处违法所得一倍以上五倍以下罚金;情节特别严重的,处五年以上有期徒刑,并处违法所得一倍以上五倍以下罚金或者没收财产:(1)未经许可经营法律、行政法规规定的专营、专卖物品或者其他限制买卖的物品的。(2)买卖进出口许可证、进出口原产地证明以及其他法律、行政法规规定的经营许可证或者批准文件的。(3)其他严重扰乱市场秩序的非法经营行为。

非法经营罪,是指未经许可经营专营、专卖物品或其他限制买卖的物品,买卖进出口许可证、进出口原产地证明以及其他法律、行政法规规定的经营许可证或者批准文件,以及从事其他非法经营活动,扰乱市场秩序,情节严重的行为。本罪在主观方面由故意构成,并且具有谋取非法利润的目的,这是本罪在主观方面应具有的两个主要内容。如果行为人没有以谋取非法利润为目的,而是由于不懂法律、法规,买卖经营许可证的,不应当以本罪论处,应当由主管部门对其追究行政责任。非法经营罪犯罪构成如下:

1. 侵犯的客体应该是市场秩序,为了保证限制买卖物品和进出口物品市场,国家实行上述物品的经营许可制度。其中进出口许可制度是经营许可制度的重要内容,买卖进出口许可证和进出口原产地证明的行为除侵犯市场秩序外,还侵犯了对外贸易管理制度。根据《对外贸易法》的规定,国家实行统一的对外贸易制度,根据平等互利的原则,促进和发展同其他国家和地区的贸易关系。为了保证对外贸易发展,国家要求进出口货物必须提供原产地证明,对除法律规定的特殊情况可以免领许可证的以外还须申请进出口许可证。因此,进出口原产地证明、进出口许可证必须是真实有效的,不允许进行伪造、变造。同时,进出口原产地证明、进出口许可证是针对特定进出口人的特定进出

第六章 对外劳务合作刑事案例分析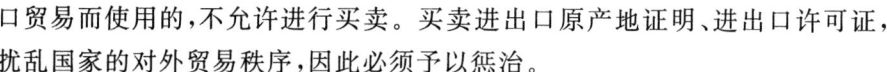

口贸易而使用的,不允许进行买卖。买卖进出口原产地证明、进出口许可证,扰乱国家的对外贸易秩序,因此必须予以惩治。

2. 客观方面表现为未经许可经营专营、专卖物品或者其他限制买卖的物品、买卖进出口许可证、进出口原产地证明以及其他法律、行政法规规定的经营许可证或者批准文件,以及从事其他非法经营活动,扰乱市场秩序,情节严重的行为。主要有以下几种行为方式:(1)未经许可经营法律、行政法规规定的专营、专卖物品或者其他限制买卖的物品。为了保证市场正常秩序,对一些有关国计民生、人们生命健康安全以及公共利益的物资实行限制经营买卖。只有经过批准,获取经营许可证后才能对之从事诸如收购、储存、运输、加工、批发、销售等经营活动。没有经过批准而擅自予以经营的,就属非法经营。(2)买卖进出口许可证、进出口原产地证明以及其他法律、法规规定的经营许可证或者批准证件。经营许可证或者有关批准文件,是持有人进行该项经济活动合法性的有效凭证。无之则属于非法经营。(3)其他严重扰乱市场秩序的非法经营行为,非法经营证券、期货或者保险业务,非法从事资金支付结算业务。(4)其他严重扰乱市场经济秩序的非法经营行为。

3. 犯罪主体是一般主体,即一切达到刑事责任年龄,具有刑事责任能力的自然人。依法成立、具有责任能力的单位也可以成为本罪的主体。本罪的主体,依本条原意是指经营者,但在市场经济条件下,"无人不商",如果将本罪的主体限定为特殊主体,将会使许多没有任何经营许可证(非经营者)的买卖物品和进出口许可证和进出口原产地证的行为得不到惩处,因之,本罪的主体为一般主体。

4. 主观方面由故意构成,并且具有牟取非法利润的目的,两个方面应同时具备。如果行为人没有以谋取非法利润为目的,而是由于不懂法律、法规,买卖经营许可证的,不应当以本罪论处,应当由主管部门对其追究行政责任。

该罪从被取消的投机倒把罪名中分解衍生出来。如前所述,我国《刑法》第225条采用了叙明罪状表述,并以列举的方式作了具体规定。但是非法经营罪仍然保留了"口袋罪"的某些特征。《刑法》第225条第4项"其他严重扰乱市场秩序的非法经营行为"之规定,在尚无立法解释加以限制的情况下,显然是一个富有弹性的条款,从而给司法机关留下较大的自由裁量余地。在修订刑法的过程中,对于取消投机倒把罪之后,是否需要在"非法经营罪"中留这么一个小"口袋",曾有过争论。一种意见认为,由于新刑法要确立罪刑法定原则,刑法规范的明确具体是罪刑法定的内在要求,因此,在新刑法分则中不宜再规定"其他"之类不确定的罪状内容,这也符合对"口袋罪"进行分解使之具体化的初衷。另一种意见认为,由于要取消类推制度,对"口袋罪"进行分解之后,如果对某些罪状规定得过于确定、具体而毫无弹性,对各种犯罪行为又难以尽列无遗,特别是在经济犯罪形态发展变化较快的经济变革时期,倘若有的条款一点"口袋"都不留,可能不利于及时打击不断变化手段的经济犯罪,也不利于刑法典的相对稳定,因此有限制地设置一点"其他"之类的拾遗补漏条款还是必要的。新刑法关于非法经营罪的规定正是更多地考虑了后一种意见而设置了第4项内容。这也从一个角度反映了我国刑法改革的渐进性和传统的原则性与灵活性相结合的立法指导思想对修订刑法的深刻影响。该罪确立以来,从司法实践的情况看,《刑法》第225条第4项之规定正越来越多地被援引,作为对刑法没有明文具体规定的有较大社会危害性的非法经营行为定罪的法律依据。由于"经营"的含义相当宽泛,生产、流通到交换、销售等几乎所有的经济活动,都可能属于经营活动,因此,非法经营罪的适用范围在实践中存在不断扩大的趋势。

但是,并非所有扰乱市场秩序的非法经营行为都可构成本罪,而必须是情节严重者始当构成。非法经营罪作为一种经济犯罪,其所谓"情节严重",首先应当考虑经济衡量标准。如经营数额特别巨大、销售金额巨大、获利数额较大、造成合法经营者的严重经济损失或给国家造成严重经济损失等。此外,造成恶劣的社会影响或者人民生命、财产重大损失等严重后果者,也可视为情节严重。由于"情节严重"与否关乎罪与非罪的界限,因此统一的具体规定显得更为重要。

本案中,被告人黄某梅在出国劳务中的非法行为构成非法经营罪。从经济学上看,劳动力也是一种特殊的商品。1990年12月14日国务院办公厅国发办〔1990〕71号转发经贸部《关于外派劳务人员出国审批手续和办理护照的暂行办法》通知的第4条明确规定:"外派单位必须持有经贸部颁发的、有效的外派劳务人员许可证及与外国机构、经济组织和企业等签订的合同,方可组织派出劳务人员。"被告人违反上述管理规定,而非法从事劳务输出,可以构成非法经营。本案法院根据对黄某梅犯罪情节和案件审理具体情况,对其合理地进行了定罪量刑。

第六章 对外劳务合作刑事案例分析

4. 李某太合同诈骗案①

【案情】→

2001年5月25日被告人李某太受聘担任吉林省对外经济技术合作公司国际业务部经理后,伙同张某(在逃)在本市南关区中吉大厦,以吉林省对外经济技术合作公司国际业务部的名义发布"招募简章"称招赴斐济劳务工作人员,工种为制衣工,每月工资为人民币3000—5000元,包吃住,三年工作签证,签证总费用为人民币40000元。嗣后,被告人李某太于2001年6~8月间,先后以吉林省对外经济技术合作公司国际交流部及国际业务部、海外部的名义与被害人牟某萍、张某波、邓某华、苏某荣等21人签订办理赴斐济出国劳务合同,并在合同中许诺为被害人办理为期三年的赴斐济出国劳务签证,负责安排工作,每月工资为人民币3000—5000元,同时收取每名被害人人民币38000—40000元不等的费用,被告人李某太总计收取21位被害人共计人民币64万元,被告人李某太得赃款人民币156000元,余款被告人李某太交给张某、石某满等人。后被告人李某太为牟某萍等人办理了旅游签证,牟某萍等6名被害人持旅游签证到斐济国后因不能找到工作而返回国内。后部分被害人因不能兑现出国劳务而向公安机关报案,案发后,追缴人民币48300元并返还被害人,其余赃款均被挥霍。

长春市南关区人民检察院以吉长南检刑诉字[2003]第123号起诉书指控被告人李某太、邹某建犯诈骗罪,于2003年2月10日向长春市南关区人民法院提起公诉。在审理过程中,被告人邹某建于2003年2月20日死亡。法院下发裁定书对被告人邹某建终止审理。公诉机关认为,指控的犯罪事实有被告人供述、被害人陈述、证人证言、物证、书证等证据为凭。被告人李某太目无国法,采用虚构事实的手段,诈骗公私财物,且诈骗数额特别巨大,被告人之行为已触犯了《中华人民共和国刑法》第266条之规定,应当以诈骗罪追究其刑事责任。被告人李某太辩称,他没有诈骗的动机,也没有实施诈骗行为,客户的钱已到他手,但他没有占用此款并积极配合客户出国。被告人李某太的辩护人认为,被告人李某太没有诈骗他人钱财的主观故意,对张某以旅游签证办理出国劳务一事李某太是后知道的,被告人李某太所收的劳务款除自己应得的

---

① 参见《李某太合同诈骗案》,110法律咨询网,http://www.110.com/panli/panli_8861.html,下载日期:2013年5月18日。

利润用于正常开销,其余款均支付给了合作方办理签证费用。因此被告人李某太在客观上没有实施非法占有他人财物的行为,李某太的行为不构成诈骗罪。

庭审中,被告人李某太以吉林省对外经济技术合作公司国际业务部、国际交流部、海外部的名义与被害人签订的协议书及以办理签证费、保证金及办理护照费用等名义收取被害人款时出具的收据,证明被告人李某太以招出国劳务为由,收取各被害人钱款的事实;被告人李某太为被害人办理的旅游签证手续,证明被告人李某太为招收的出国劳务人员办理旅游签证的事实;中国驻斐济使馆发外交部中机发8260号电报一份,其内容证明持旅游护照到斐济的6名被害人无法找到工作的事实。被害人李某太的辩护人提供了由侦查机关取得的被害人闭延彬的陈述;被告人李某太将所收取的钱款部分交给邹某建、张某的相关手续及长春市中级人民法院[2002]长民终字第110号判决书,用以证实被害人知道持旅游签证出国及被告人未占有全部款项的事实,证明被告人李某太无诈骗他人的主观故意及行为。公诉机关对上述证据的真实性、合法性均未提出异议,但合议庭评议认为,上述证据不足以证明被告人李某太无诈骗的主观故意,但能证明被告人未全部占有所得赃款的事实,可作为情节在对本案被告人李某太量刑时予以考虑。

合议庭认为,公诉机关指控被告人李某太目无国法,采取虚构事实的手段,诈骗他人财物的作案事实,有经过庭审核实的大量证据证明,公诉机关指控的作案事实成立,应予支持。但指控被告人李某太的行为构成诈骗罪的罪名不当,不予支持。对于公诉机关认定被告人李某太诈骗数额特别巨大一节,鉴于目前法律对诈骗数额特别巨大无数额规定,可按诈骗数额巨大予以惩处。被告人李某太以非法占有为目的,在签订、履行合同过程中,骗取他人财物,数额巨大,其行为已构成合同诈骗罪,应依法惩处。关于被告人李某太辩称其无诈骗的动机也没有实施诈骗行为未占用此款,及其辩护人提出被告人李某太在主观上没有非法占有他人财物的故意,不构成诈骗罪的辩护意见,本合议庭评议认为,被告人李某太作为吉林省对外经济技术合作公司国际业务部负责人,知道外派出国劳务人员应办理相关手续的规定,及持旅游签证出国不允许劳务的规定,在尚未签订对外劳务合同的情况下,明知自己没有履行合同的能力,即与多名被害人签订招赴国外劳务人员合同并收取被害人的钱款,后以办理旅游签证的形式将被害人骗出国,其行为特征反映出其主观上具有明显的诈骗故意,客观上实施了骗取他人财物的行为。2003年3月判决被告人李某太犯合同诈骗罪,判处有期徒刑7年,并处罚金人民币30000元。

第六章 对外劳务合作刑事案例分析

【分析】

本案需区分如下几个罪名：

1. 合同诈骗罪与非法经营罪。合同诈骗罪是从诈骗罪中分离出来的，是新刑法中增设的罪名，1979年刑法中没有规定这一罪名。将合同诈骗罪单列出来，这是我国刑事立法的进步表现，也是我国刑事立法健全的重要标志。合同诈骗罪，是指以非法占有为目的，在签订、履行合同过程中，骗取对方当事人财物、数额较大的行为。合同诈骗罪的主体是一般主体，凡达到刑事责任年龄且具有刑事责任能力的自然人均可成为本罪主体，单位亦能成为本罪主体。合同诈骗侵犯的客体是复杂客体，既侵犯了合同他方当事人的财产所有权，又侵犯了正常的市场经济秩序，其特点突出了以"合同"的形式。而诈骗罪则是以非法占有为目的，采用虚构事实或者隐瞒真相的方法，骗得数额较大的公私财物的行为。犯罪主体为一般主体，但单位不能构成诈骗罪的主体。合同诈骗罪和诈骗罪的主观方面都只能是故意，并且都有非法占有公私财物的目的。

非法经营罪侵犯的客体为市场管理秩序。客观表现为违反国家规定，非法经营，扰乱市场秩序，情节严重的行为。犯罪主体为一般主体，个人和单位都可构成本罪的主体，这一点与合同诈骗罪有共性。主观方面表现为故意。同样是骗取出国劳务人员的劳务费，有相应业务、无资质的是非法经营罪，既无业务又无资质的是合同诈骗罪。实践中还要区分合同诈骗罪与合同纠纷以及合同诈骗罪与合同欺诈的区别。区分合同诈骗与合同纠纷的关键在于行为人主观上是否具有非法占有对方当事人财物的目的。

2. 合同诈骗罪与合同欺诈。区别的关键在于其二者的主观目的不同。前者是以诈骗钱财为目的，后者虽有欺诈的故意，但不具有非法占有他人财物的目的，其目的是生产经营。本案定罪量刑同样要注意二罪原区分。

5. 诈骗还是非法经营？①

【案情】→

2001年底，被告人林某擅自私刻"镇江市京口境外劳务有限公司句容咨

---

① 参见《对该起非法劳务输出案如何定性，诈骗还是非法经营？》，110法律咨询网，http://www.110.com/ziliao/article-55340.html，下载日期：2013年5月18日。

询处"印章一枚,以该咨询处名义在句容招收了 8 名赴马来西亚的劳务人员。由于不具备输出劳务资质,且马来西亚未向中国开放普通劳务市场(对此两被告人供述在案发后才明知),林某通过他人介绍结识了被告人周某,请求其帮助办理旅游护照等相关事宜。周某表示同意并通过镇江市东方旅游公司某业务员,在支付相关手续费用后(被告人周某所在的公司也收取了每人 200 元的手续费),从该旅游公司开取了出国旅游交费的发票,并用该发票顺利办理了旅游护照,再由广州远洋国际旅游公司梁某为劳务人员办理旅游签证和购买出境机票,最后被告人林某以旅游的名义将这 8 名劳务人员送至马来西亚,到达后由该国的李某负责具体安置。在这批劳务输出人员中,被告人林某共收取劳务人员费用 16.38 万元。其中支付广州梁某签证和订购机票费 2.4 万元,交李某 15.4 万元,自己垫付劳务人员欠款 1.4 万元。期间,被告人周某作为镇江市智源国际科技与人才咨询服务有限责任公司(以下简称智源公司)的总经理,为拓展该公司业务,经智源公司董事会决定,于 2002 年 1 月 8 日注册成立智源公司句容办事处,正式聘请被告人林某任该办事处主任。2002 年 1 月,由被告人林某在句容直接以智源公司句容办事处的名义,招收赴马来西亚劳务人员 6 名。同样,由于智源公司也不具备劳务输出的资质,被告人周某、林某采用与上一次相同的方法,对该批 6 名劳务人员一直送至马来西亚。后在被告人林某得知,对于第一批向马国输送的 8 名劳务人员,马方李某未按合同全部落实好工作,部分落实的工作待遇也大大低于合同约定,并且未能办理到合法打工所必需的工作准证,但被告人林某仍让这 8 名劳务人员说在马来西亚生活、工作很好并拍摄成影像带回国进行宣传。2002 年 3 月,被告人林某、周某又以同样的方法和手段,以智源公司句容办事处的名义输送赴马来西亚劳务人员 4 名。被告人林某、周某从输出的这两批劳务人员中,收取劳务费用计 21.3 万余元。其中,被告人林某交广州梁某办理旅游签证购买机票 3 万元,交李某 16 万多元,自己得款 1.7 万元,智源公司未能获利。2002 年 4~6 月,被告人周某以"智源公司"的名义在丹阳招收赴马来西亚劳务人员 9 名,共收取劳务人员费用 242600 元,公司留取部分手续费外(约 13400 元),余款通过公司财务全部交汇广州林某、梁某账户上,用于办理签证、订购机票以及转汇给马来西亚李某。在同一期间,被告人周某还委托青岛出国人员服务公司招收赴马来西亚劳务人员 10 人,并由智源公司先垫付资金 23 万余元给林某将这 10 名劳务人员送至马来西亚。

被告人林某、周某先后五次将 37 名劳务人员输至马来西亚打工以后,由

第六章 对外劳务合作刑事案例分析

于马方李某不能办理到赴马来西亚打工必须具备的工作准证,且发现聘用合同上的马来西亚公司根本不存在,当地的实际打工收入亦与合同约定的报酬相差甚远,感觉上当受骗。此时李某却避而不见,无法联系,被告人林某又无法妥善解决此事和控制事态的发展,劳务人员遂静坐我国驻马来西亚使馆,申请领事保护。我国驻马来西亚使馆先后多次向外交部紧急电传反映此事。案发后,被告人周某三次赴马来西亚将劳务人员全部召回,并退还部分被害人人民币 37.8 万余元,公安机关扣押被告人周某赃款 12.2 万元人民币。林某回国后被捕,检察机关公诉至人民法院。

对于本案应如何定性,法院在审判过程中产生了下列分歧意见:第一种意见认为,被告人林某、周某明知智源公司不具备涉外劳务输出的资质,仍以丰厚的待遇作诱饵,招收赴马来西亚打工的劳务人员,利用办理旅游签证的方式将劳务人员输送出国。其客观上具有隐瞒非法劳务输出真相的行为,主观上具有非法占有劳务人员钱财的故意,构成诈骗罪。第二种意见认为,被告人林某、周某的行为不构成普通诈骗罪,但构成合同诈骗罪。理由是:他们在向马来西亚输送劳务人员的过程中,均是以签订合同的方式骗取被害人的钱财。这不仅侵犯公私财产的所有权,也侵犯了经济合同管理秩序这一客体。本案中智源公司是合法成立的有限责任公司,具有法人资格,应构成单位犯罪。第三种意见认为,本案主要应认定为智源公司犯非法经营罪。对于被告人林某第一次非法输出 8 名劳务人员的行为,有观点主张,可以视为智源公司的单位行为;有观点主张,应认定为林某个人的诈骗行为;亦有观点主张,应认定为林某个人的非法经营行为。

第三种意见中的最后一种观点占主导地位,即智源公司犯非法经营罪,林某个人行为为非法经营行为。具体理由如下:

1. 两被告人非法占有公私财物的主观故意不明显,其行为不符合诈骗罪和合同诈骗罪的特征及构成要件。第一,我国《刑法》规定,诈骗罪是指以非法占有为目的,用虚构事实或者隐瞒真相的方法,骗取公私财物数额较大的行为。这一法律规定阐明了诈骗罪的主观故意是以非法占有为目的,采取的手段是虚构事实或者隐瞒真相,侵犯的客体是单一客体,即公私财物的所有权,而是否签订书面合同则不是犯罪构成的必备要件。结合本案,公诉机关指控两被告人非法招收并输出劳务人员的行为,均是以聘用合同书、保证书等书面形式进行的,因此,两被告人的行为不符合诈骗罪的特征。第二,我国《刑法》规定的合同诈骗罪是指以非法占有为目的,在签订、履行合同过程中,虚构事实或者隐瞒真相,骗取对方当事人的财物数额较大的行为。它侵犯的是复杂客体,即公私财物的所有权和经济合同管理制度。新《刑法》之所以将合同诈骗罪从普通诈骗罪中分列出来,就是为了能更好地将二罪加以区别,以便准确地适用法律。本案中两被告人的行为,虽然具有占有他人一定财物和侵害经济合同管理制度的成分在内,但更主要的是非法从事劳务输出活动,并从中获取相应利润,因而非法占有公私财物的主观故意则不明显,不符合合同诈骗罪非法占有、骗取他人财物的这一本质特征,也不应以合同诈骗罪对两被告人进行处罚。第三,两被告人的主观目的是获取中介费用。本案中两被告人与所有出国劳务人员签订的合同均约定,出国人员的出国准证全由马来西亚李某负责办理,所需费用也已全部支付给了李某。至于李某到底能否办到合法的工作准证,林某、周某开始并不知道。在整个劳务输出过程中,林某虽有明知无劳务输出资质、私刻公章的成分在内,但是否达到诈骗的程度?目前尚无充分证据加以证实。由于诈骗的本质特征是以非法占有为目的骗取公私财物,而本案中,第一批劳务输出是亏损;第二批林某个人获利17000元,智源公司未获利;第三批智源公司盈13400元,且是从经营劳务输出的业务中获取相应的利润,属于中介费用的性质,并没有占有受害人交付的全部财物,非法占有的故意并不明显,证据也不充分。

2. 本案的客观行为表现为违法经营。首先,我国《刑法》第225条规定的非法经营罪是指违反国家规定非法经营、扰乱市场秩序,情节严重的行为。这里的违反国家规定是指违反国家的法律或行政法规,情节严重可理解为非法经营额要达到一定的数额标准,虽然《刑法》以及最高人民法院尚未有一个明确的数额标准或司法解释,但是2001年4月18日最高人民检察院、公安部《关于经济犯罪案件追诉标准》的规定中已明确规定"从事其他非法经营活动个人非法经营数额在5万元以上或者违法所得在1万元以上的;单位非法经营数额在50万元以上的或者违法所得在10万元以上的应予追诉"。其次,劳务输出亦可成为非法经营罪的犯罪对象。《刑法》第225条规定:违反国家规定,有下列非法经营行为之一的构成非法经营罪,即未经许可经营法律、行政法规规定的专营、专卖物品或者其他限制买卖的物品的;买卖进出口许可证、进出口原产地证明以及其他法律、行政法规规定的经营许可证或者批准文件的;未经国家有关主管部门批准,非法经营证券、期货或者保险业务的;其他严重扰乱市场秩序的非法经营行为。对此有人认为,本法条规定属穷尽列举式罪名,即使第4项的口袋条款也未明确将非法从事劳务输出列为非法经营的范围。而且,劳务不是商品,不能把劳务输出作为商品来经营。因此,上述列举非法经营情形的实质在于,违反相关经营管理制度去经营,客观结果是,扰乱了市场秩序。只要违反这两点,均应视为符合刑法第225条第4项的违法经营行为。第三,我国驻马来西亚使馆经商处文件明确,马来西亚法律规定,中国不是马来西亚普通劳务市场的开放国(这一点林某、周某在案发后才明知)。本案中咨询处、办事处、智源公司在均无劳务输出的资质,也未接受任何具有劳务输出资质公司的委托的情况下,即根据马来西亚李某所提供的劳务输出的信息、邀请函、招工简章、聘用合同等进行招收劳务人员,并利用旅游签证的方法将劳务人员输出国境。虽然其中有部分人员已安排工作,但月薪未达到原来约定的标准,工作环境也差。被告人周某作为合法成立的智源公司的总经理,为拓宽公司的经营业务渠道参与了本案向马来西亚非法输送劳务人员的经营,在整个经营中,均是以智源公司句容办事处、智源公司的名义签订合同、财务往来的,应该说被告人周某个人主观上不具备非法占有的故意。但智源公司没有涉外输出劳务的资质,这一点智源公司以及作为总经理的被告人周某是明知的,因此智源公司、被告人周某非法经营的故意是明显的,客观上智源公司参与向马来西亚非法输送劳务的业务,即参与了招收赴马来西亚劳务人员,为他们办理旅游护照等。符合非法经营罪的构成要件。

此外,被告人林某使用伪造的"京口境外公司句容咨询处"公章对外招工,并输往马来西亚时,智源公司句容办事处还没有成立,林某还未被智源公司正式聘用,林某的这一行为当属个人从事非法经营活动的行为,应由林某个人承担相应责任。这样认定更符合我国刑法理论中关于罪责自负这一基本原则。

综上所述,根据本案的事实、证据,法院认为,两被告人组织对外劳务输出是一种真实的经营活动行为,其主观上不具有诈骗他人财物的目的,不构成诈骗罪,但林、周两人未经相关部门批准,在明知单位无劳务输出资质的情况下,仍然非法从事劳务输出活动,该行为既违反相关法规规定,又扰乱了我国劳务市场外派的管理制度,并造成较为严重的后果,故本案中智源公司及两被告人的行为比较符合非法经营罪的构成要件和特征。应认定智源公司构成非法经营罪,对被告人林某、周某分别追究直接责任人员和主管人员的刑事责任。

【分析】

本案案情比较复杂,从案情的具体细节分析,智源公司构成非法经营罪定罪量刑,被告人林某等承担直接责任人的责任。

6. 顾某非法经营罪案①

【案情】

顾某(无业)于2006年10月至2007年8月间,在不具备对外劳务合作经营资格的情况下,非法帮助他人办理出国劳务事项,共收取李某、万某等12名被害人定金、出国手续费合计人民币77.78万元,约期安排赴韩国、欧州等地打工,但未能安排报名人员如期出境,造成被害人经济损失人民币70.48万元。顾某于2007年8月6日,以帮助李某办理出国劳务为名,要求李某将签证费用人民币7万元打入其指定的中国建设银行账户。同月8日,顾某在明知无法帮助办理出国签证的情况下,向李某谎称外出办事,携带李某缴纳的签证费人民币7万元,化名杨元平逃匿。

法院审理后判决顾某犯非法经营罪,判处有期徒刑三年六个月,并处罚金人民币10万元;犯诈骗罪,判处有期徒刑四年,并处罚金人民币4万元。决定执行有期徒刑六年六个月,并处罚金人民币14万元。

【分析】

本案以非法经营罪定罪,但是否符合诈骗罪或合同诈骗罪尚待斟酌。

7. 沈某非法经营罪案②

【案情】

2008年1～2月期间,犯罪嫌疑人沈某借用了无对外劳务合作经营资质的启东龙祥建筑劳务有限公司的营业执照,以启东龙祥建筑劳务有限公司哈萨克斯坦分公司的名义与工人签订了合同进行招工,并收取了140万余元的押金。2008年2月15日,当沈某知道启东龙祥建筑劳务有限公司无对外劳务合作经营资格,工人办不到护照后,采取了补救措施,找到了启东对外经济技术合作有限公司,要求该公司给予办理出国手续。但是,犯罪嫌疑人沈某没

---

① 参见林森:《浅析非法劳务输出行为的司法认定》,110法律咨询网,http://www.110.com/ziliao/article-204796.html,下载日期:2013年5月18日。

② 参见林森:《浅析非法劳务输出行为的司法认定》,110法律咨询网,http://www.110.com/ziliao/article-204796.html,下载日期:2013年5月18日。

有能够根据启东市对外经济技术合作公司的要求,提供完整的手续,致工人无法出国劳务,收取的押金被犯罪嫌疑人沈某非法使用。2009年3月27日某检察机关对沈某以涉嫌非法经营罪批准逮捕。

【分析】

本案更符合非法经营罪的构成要件,法院将以该罪对其定罪。

第三节　其他刑事案例

在国外刑事犯罪的案例①

【案情】→

戴某华、虞某庚等人均是金坛市外出到阿尔及利亚打工的建筑工人,因与中方管理人员争执,分别煽动并带领工人堵塞阿国的交通干道,砸毁管理人员办公设备,殴打管理人员和劝阻的工人,掀翻阿国处警的警车等,导致阿国警察朝天鸣枪百余发,我国大使多次出面做工作,事态才得以平息。案件惊动中国外交部,直至国务院,在国际上造成了极为恶劣的影响。戴某华等人回国后,在江苏省金坛市人民法院以聚众扰乱交通秩序罪提起公诉,虞某庚等人被以寻衅滋事提起公诉,戴某华等3人被分别判处有期徒刑三年六个月、三年、三年,虞某庚等4人分别被判处有期徒刑一年、八个月、八个月、三个月。

【分析】

我国《刑法》第7条规定,中国公民在中华人民共和国领域外犯本法规定之罪的,适用本法,但是按本法规定的最高刑为三年以下有期徒刑的,可以不予追究。该条决定了我国对此类案件拥有管辖权。但是因为案件毕竟发生在国外,外国可以将罪犯交中方处理,但非友好国家则可能以此攻击中国人权。此类案件影响大,造成的后果比较严重。我国对戴某华、虞某庚等人处以刑

---

① 参见李向立、庄严:《涉外劳务犯罪对策分析》,中国法院网,http://www.chinacourt.org/article/detail/2004/11/id/139376.shtml,下载日期:2013年5月18日。

罚,以资对此类案件的重视以产生对今后类似行为的惩戒与预防效果。

小结

我国对外劳务合作中刑事案件的发生,严重影响我国对外劳务合作的正常发展,扰乱我国对外劳务合作秩序,直接侵害外派劳务人员的合法利益,并可能导致在国际社会给我国造成不良影响的群体事件。因此,通过刑事手段,制裁违法犯罪行为,规范我国对外劳务合作活动,是一种必要而且力度最大的法律手段。实践中,发生最多的组织他人偷越国(边)境罪、骗取出国证件罪,危害了我国的边境管理秩序,影响我国对外劳务合作的稳定发展。同时非法出国务工人员在国外的权益更容易受到侵害,不利于工人权益的保护。合同诈骗罪及非法经营罪直接对国内的对外劳务合作活动造成影响,尤其是后者违反了我国对外劳务合作市场的秩序。对这些行为通过刑事手段加以规制,准确、及时打击犯罪,并采取合法手段预防犯罪,才能更好维护对外劳务合作秩序,促进我国对外劳务合作的正常发展。

参考文献

1. 韩德培主编:《国际私法学》,高等教育出版社、北京大学出版社 2007 年版。
2. 黄进主编:《国际私法》,法律出版社 2005 年第 2 版。
3. 黄越钦:《劳动法新论》,中国政法大学出版社 2003 年版。
4. 姜爱丽:《我国外派劳务关系法律调整理论与实务》,北京大学出版社 2004 年版。
5. (德)沃尔夫冈·多伊普勒著,唐仑亿、谢立斌译:《德国雇员权益的维护》,中国工人出版社 2009 年版。
6. 郑尚元:《劳动争议处理程序法的现代化》,中国方正出版社 2004 年版。
7. 廖小健,《中外劳务合作与海外中国劳工的权益保护——以在日中国研修生为例》,载《亚太经济》2009 年第 4 期。
8. 张国华:《涉外劳动关系的法律调整——以我国外派劳务人员的权利保护为视角》,载《杭州师范学院学报》(社会科学版)2007 年第 4 期。
9. 谢增毅:《美国劳务派遣的机制及对我国立法的启示——兼评《我国劳动合同法的相关规定》,载《比较法研究》2007 年第 7 期。
10. 李明欢:《跨境就业的杠杆作用:印度克拉拉邦的海湾工人》,载《东南学术》2005 年第 4 期。
11. 刘昌明:《菲律宾劳务输出的经验及启示》,载《国际人才交流》2008 年 6 月。
12. 王贵勤、陈步雷、周贤日:《欧盟法的基本自由与劳工权利保护》,载《中国劳动关系学院学报》2010 年 6 月第 24 卷第 3 期。
13. 王明:《论我国外派劳务人员的法律保护》,2010 年安徽大学硕士论文,中国知网,http://cdmd.cnki.com.cn/,下载日期:2012 年 8 月 1 日。
14. 朱晓青:《公民权利和政治权利国际公约的实施机制》,载《法学研究》2000 年第 2 期。
15. 王利明:《雇主就其雇员的行为所承担的侵权责任》,载《民商法论丛》

2002 年第 22 卷。

16. 蒋玉虹、顾和华:《关于对外劳务合作代理的法律思考》,载《对外经贸实务》2004 年第 3 期。

17. 李长勇:《日本个别劳动争议处理机制对我国的启示》,载《北京联合大学学报》(人文社会科学版)2007 年 6 月第 5 卷第 2 期(总第 16 期)。

18. 王天玉:《借鉴与整合:从英国 ACAS 看我国劳动争议调解制度改革》,载《中国劳动关系学院学报》第 22 卷第 1 期。

19. 翟玉娟:《劳动争议 ADR 研究——兼及〈中华人民共和国劳动争议调解仲裁法〉之解读》,载《法学评论(双月刊)》2009 年第 4 期(总第 156 期)。

20. 单海玲:《我国涉外劳动合同立法之完善》,载《政治与法律》2002 年第 4 期。

21. 阳小华:《湖北国际劳务输出扫描》,载《改革纵横》1997 年第 5 期。

22. 倪弦:《我国外派劳务关系的法律规制》,2011 年华侨大学硕士论文,中国知网,http://cdmd.cnki.com.cn/,下载日期:2012 年 8 月 1 日。

23. 赵晶:《我国对外劳务输出存在的问题及法律对策探析》,2013 年河北大学硕士论文,中国知网,http://cdmd.cnki.com.cn/,下载日期:2012 年 8 月 1 日。

24. 董仙峤:《鸡西市对韩劳务输出的问题及对策研究》,2012 年中国农业科学院硕士论文,中国知网,http://cdmd.cnki.com.cn/,下载日期:2012 年 8 月 1 日。

25. 宋玮玮:《论对外劳务输出合同的违约救济》,2012 年烟台大学硕士论文,中国知网,http://cdmd.cnki.com.cn/,下载日期:2012 年 8 月 1 日。

26. Ryszard Cholewinski, *The legal status of migrants admitted for employment: a comparative study of law and practice in selected European states*, Strasbourg: Council of Europe Publishing, cop. 2004.

27. Piyasiri Wickramasekera, *Asian Labour Migration: Issues and Challenges in an Era of Globalization*, INTERNATIONAL MIGRATION PAPERS,国际劳工组织网站,http://www.ilo.int/public/english/protection/migrant/download/imp/imp57e.pdf,下载日期:2012 年 5 月 30 日。

28. 中国商务部:《2010 年我国对外劳务合作业务简明统计》,中国商务部网站,http://fec.mofcom.gov.cn/article/tjzl/lwhz/201101/1186064_1.html,下载日期:2012 年 5 月。

后 记

我国对外劳务合作法律关系复杂,法律争议多,本书试图阐述其中的一些理论问题,并结合不同领域的案例进行分析。这些领域包括合同、侵权、担保及刑事等。但对外劳务合作就其法律关系等方面的复杂性而言,并非本书中列举的有限案例所能阐明。无论从案例的选取数量上,还是案例的质量上,本书均存在许多局限性。因此,本书的结构与体例,仿佛处在理论与实践之间游移,有一种不上不下的尴尬。这一方面是由于我们对对外劳务合作理论与实践掌握不够,另一方面也因为我国对外劳务合作法律研究比较薄弱。出于对该领域法律问题的兴趣,利用为完成课题所搜集的一些资料,在走走停停中完成了书稿。因此,书稿一定还有许多不完善的地方,请读者多提宝贵意见。同时,本书对案例的选用,大多从网上选取,尤其是110法律咨询网,在搜索到该网站比较集中的对外劳务合作案例后,通过研读,认为如果根据笔者掌握的对外劳务合作法律理论,对这些案例进行评析,也许可以使理论问题更加明晰。因此,虽然我们试图实现这一目标,并为此努力,但是否恰当阐释了有关理论,我们也不能做出肯定的回答。因此,本书中的许多观点,仅仅是我们的观点。书中对我国司法实践中一些案例的评述,也许不是很具有针对性,仅仅供我国对外劳务合作实务人员或法学研究人员参考。我们相信,我国司法机关通过不断的实践与探索,一定能为我国对外劳务合作纠纷的解决提供更多有益的实践资料,以促进我国相关立法的建立与完善。

本书在结构上分为两编,第一编为理论编,第二编为实务编。随着我国对外劳务合作法律理论与实践的发展,将二者充分融合起来,更深入地分析我国对外劳务合作中的法律问题,一定是后来者会完成的工作。在此谢谢对本书出版提供帮助的老师、同仁及学生;感谢为本书出版提供帮助的资助方;感谢厦门大学出版社及邓臻和甘世恒编辑的辛勤劳动。

范姣艳　付军华
2014年1月20日

图书在版编目(CIP)数据

我国对外劳务合作争议解决的法律问题实证研究/范姣艳,付军华著.—厦门:厦门大学出版社,2014.8
ISBN 978-7-5615-5038-0

Ⅰ.①我… Ⅱ.①范…②付… Ⅲ.①对外贸易-劳务合作-经济纠纷-研究-中国 Ⅳ.①D922.504

中国版本图书馆 CIP 数据核字(2014)第 064003 号

厦门大学出版社出版发行
(地址:厦门市软件园二期望海路 39 号 邮编:361008)
http://www.xmupress.com
xmup @ xmupress.com
厦门市明亮彩印有限公司印刷
2014 年 8 月第 1 版 2014 年 8 月第 1 次印刷
开本:720×970 1/16 印张:14.75 插页:2
字数:249 千字 印数:1~1 200 册
定价:39.00 元
如有印装质量问题请寄本社营销中心调换